جبرا إبراهيم جبرا
وجوه المثقف الرومانسي

د. فيصل دراج

جبرا إبراهيم جبرا
وجوه المثقف الرومانسي

دار جامعة حمد بن خليفة للنشر
HAMAD BIN KHALIFA UNIVERSITY PRESS

الطبعة العربية الأولى عام ٢٠١٨

دار جامعة حمد بن خليفة للنشر
صندوق بريد ٥٨٢٥
الدوحة، دولة قطر

www.hbkupress.com

جبرا إبراهيم جبرا

حقوق النشر © د.فيصل دراج، ٢٠١٨
الحقوق الفكرية للمؤلف محفوظة

جميع الحقوق محفوظة.
لا يجوز استخدام أو إعادة طباعة أي جزء من هذا الكتاب بأي طريقة بدون الحصول على الموافقة الخطية من الناشر باستثناء في حالة الاقتباسات المختصرة التي تتجسد في الدراسات النقدية أو المراجعات.

الترقيم الدولي: ٩٧٨٩٩٢٧١٢٩٠٠١

مكتبة قطر الوطنية بيانات الفهرسة– أثناء– النشر (فان)

دراج، فيصل، 1943- مؤلف.

جبرا إبراهيم جبرا : وجوه المثقف الرومانسي / د. فيصل دراج. – الطبعة العربية الأولى.

الدوحة : دار جامعة حمد بن خليفة للنشر ، 2018.

صفحة ؛ سم

تدمك : 978-9927-129-00-1

1. جبرا، إبراهيم جبرا -- نقد وتفسير. 2. الأدباء العرب -- فلسطين -- تراجم. ج. العنوان.

PJ7840.A322 Z57 2018

892.78609– dc23

201826228270

تقديم

لماذا العودة إلى جبرا؟

حين كتب جبرا في «البئر الأولى» عن صباه المدرسي في القدس، كان يقترب من السبعين، متذكراً ما عاشه في وطنه، ومتأملاً منفى علّمه ما لا يتوقع. جمع بين الحزن والرضا، وآمن بذاته في الحالتين. استنهض، وهو يكتب، ذاكرة تحنّ إلى ما كان موحداً واندثر، ويوقظها شعور بعرفان حميم، فلولا الذين علّموه ورحلوا لما أصبح ما صاره، ولا كتب ما استذكره وسرده بأسلوب مضيء.

لم يكتب معلّموه، الذين تصرّف بهم الموت، عن ذواتهم، ولم يتركوا صوراً تخبر عما كانوا عليه، فالأموات لا أصوات لهم ولا أقلام، ولا رغبات قصيرة أو طويلة. أعار جبرا صوته إلى هؤلاء الصامتين إلى الأبد، ووضع قلمه في خدمة صوته وأصواتهم، وأعاد إلى الحياة صوراً مضى عليها خمسون عاماً وأكثر. كان عمره حين دخل إلى «مدارس القدس» أقل من عشرة أعوام، وكان ما قبل العشرين حين تخرّج منها، وكان يقترب من السبعين وهو يخلق جسراً من كتابة بين تجربته الحياتية، وذاك الزمان القديم الحميم، الذي أطلقته الحياة، ثم ردّته إلى ذاكرة وضجيج وغبار.

ترك جبرا سيرة ذاتية مجزوءة، تحدثت عن طفل نجيب، وعن صبي تشرّب ملامح المكان في بيت لحم والقدس، وعن كاتب استعاد حياة شعبه بصفاء كبير.. بيد أن الشيخ، الذي استيقظ فيه الطفل القديم، ترك وثيقة دافئة، رسمت مدرسته - «المدرسة الرشيدية الثانوية» - في مدخلها الخارجي وساحتها الداخلية والدَرَج المفضي إلى صفوفها ومكاتب موظفيها وألوان الضوء التي تخفق في غرفها، ورسمت مديرها، الصارم الأخلاقي، ومعلميها، في أناقتهم وطرق نطقهم وحركاتهم، وفي لطفهم المحسوب وغضبهم الذي يأتي على غير توقع. مرّ جبرا على معلّميه فرداً فرداً، ذكر أسماءهم والجامعات الإنجليزية التي تخرجوا منها، وشغفهم بالنظام الذي ميّزهم إلى جانب صفات أخرى.

استعاد جبرا، في «البئر الأولى»، ما كان عليه طفلاً وصبياً، وما كانت عليه فلسطين قبل الرحيل، ناطقاً بوفاء متعدد الوجوه: وفاء لأخيه وأمه وأبيه، ووفاء للمكان الذي غسله هواؤه، ولذلك الزمان

المليء بالغبش الذي كان يخبئ أكثر من مفاجأة، ووفاء لمعلمين تناثرت قبورهم، ولبسطاء من البشر، لعب معهم في حواري بيت لحم واختلط بهم في أزقة القدس... أبت ذاكرته أن تتخلى عن أسمائهم، وحملتها إلى «شارع الأميرات» في بغداد، الذي ستروّع الطائرات الأمريكية أهله، وتشعل النار بالمكان الذي «أجار جبرا»، بعد ضياع فلسطين.

في مروره على أسماء معلميه ورسم ملامحهم، كان جبرا يتذكّر، وفياً لذاته ولغيره، ويذكّر قرّاءه أن الوفاء فضيلة، وأن نسيان من هم جديرون بالشكر والعرفان فعل لا يليق بإنسان كريم. فهؤلاء الأموات، الذين لفّهم العجز والصمت، كانوا أحياء بيننا ذات مرة، علّمونا وبادلناهم الكلام وأدخلوا إلى قلوبنا المسرة، وأن حالنا من حالهم، وأن العجز والصمت سيضمّنا بعد حين.

زاملت رواية جبرا أصواتاً راحلة، استيقظت في فلسطين ولم تغادر ترابها، وتركت أقلاماً «منفية» تعود إليها بشجن. يعود الراحلون في رواية جبرا الأولى بعد المنفى، في شكل أنثى أهلكها الإرهاب، ويرجعون في الرواية التالية مع فنان جميل بدّدته الطلقات، ويراهم القارئ في «وليد مسعود» ويرى الأرض وأزاهيرها ولون التراب ومذاق النسيم، ويراهم في الأعياد والأفراح، وفي أحزان متوالدة.

تحتضن فضيلة الوفاء، التي تمسح شيئاً من غبار النسيان، فضيلة الانتساب، التي ربطت جبرا بالسابقين عليه، وبأوفياء له علّمهم وتعلّموا منه إنساناً وروائياً مثقفاً، وفلسطينياً ردّ على منفاه الشائك بتكامل إنساني خصيب. علّم غيره نعمة الوفاء وبطولة الإبداع، وتعلموا منه ما استطاعوا تعلّمه، وكرهوا الجهل والجحود والتعالم الفارغ. جاء جبرا من اجتهاده ومن شغف الانتساب، ومن شخصية والده، الذي ساوى الإنسان بخلقه وقيمه، وعلم ابنه أنه مسؤول عن ذاته وعن غيره.

كان جبرا يفاجئ غيره بتواضعه، يضع إنجازه وألقابه وجوائزه جانباً، معبراً عن بساطة واسعة، وعن ألفة تلغي الحواجز بين البشر، متبسطاً قدر ما يستطيع، حريصاً على الاحترام وقواعد الحوار. كان يغض الطرف عن نواقص الآخرين، مكتفياً بحركة من يده، تتبعها ابتسامة راضية. عارفاً أن ردّه قائم في إبداعه، وأن ما عاشه وتجاوزه إجابة كافية، وأن قيمته لا تأتي من «الخشاشي» القديمة ولا من «شارع الأميرات»، الذي أزهر في بغداد ذات مرة، موقناً أن مرجع الإنسان الحقيقي قائم في ذاته.

كان في تغاضيه البشوش عن نقد الآخرين وانتقادهم ما يقنعهم بمراجعة صامتة، وبالاعتراف بأن الإنسان الواسع فيه يفيض على الكاتب الشهير الذي أصبحه، وبأن جبرا يقوّم في تكامله الإنساني - الثقافي، كما لو أنه، في تسامحه وحرارة قلبه، كتاب كثير الإشارات والرموز، لا يقرأ دفعة واحدة. وما كان ذلك بعيداً من إنسان ساقه حب الألوان إلى الرسم، وأخذ بيده الرسم إلى الموسيقا، وأفضى به عشقه للرسم والموسيقا إلى الشعر ودوائر المطلق، فكتب الرواية شاعراً، واستعاض بمنظوره الشعري

عن السياسة والأيديولوجيا والحسبان الباحث عن مصلحة. لذا بدا لبعضهم أنه «ساذج في السياسة»، وأنه «لا يتحزّب إلا لنفسه». والحكم هذا ساذج مرتين: لم يكن هذا الأديب – الفنان مشغولاً بما تأتي به المواسم السياسية ويرحل معها، إنما كان شغوفاً بالقيم الإنسانية العليا، القائلة بالصدق والنزاهة، والتي تظل ثابتة في السياقات المختلفة. كان قلبه الحار، كما وعيه الوطني الأخلاقي، قد اطمأن إلى «الرؤيا»، حيث الحقيقة في ما يراه القلب، لا في ما تراه العين، مثلما أن إنجاز الحقيقة ماثل في فضاء لا تطاله السياسة ولا «يتلوّث» بالتاريخ.

ومع أن للثقافة غواية جذبت جبرا وانجذب إليها، فقد ذهبت إليه مدفوعة بـ «حدس الكمال»، الذي يعيّن الثقافة رافداً لـ «الرائي»، لا بداية له، ذلك أن بدايته التي تحضه على العمل وتحصيل المعرفة راقدة داخله ومحاطة بيقظة ساهرة. لم توقظ الثقافة جبرا، كان «يقظان» قبل التماسها، وإن كان في عناصرها ما أعانه على إتقان عمله وتوسيع منظوره للعالم. فحين اشتق روايته الرومانسية من ذاته، التي تعني مفرداً مبدعاً لا يطاله الخطأ، استعان بأناشيد الرومانسيين الإنجليز، ثم استلهم، وليم فوكنر ليكون طليعياً في مجاله الروائي، وسأل دستويفسكي إضاءة في موضوع الخير والشر، والتفت بصوفية دنيوية، إن صح القول، متأملاً «قدساً» من ذهب، تسمو فوق الأزمنة.

كان جبرا يهجس بمعرفة ما يحتاج إليه، وبما يوائم «رؤيا»، دينية الجذور، جعلت جبرا واضحاً وغامضاً معاً: واضحاً في غاياته الأخيرة، وغامضاً في الوسائل التي تفضي إليها. ولهذا ذهب إلى عالم الرموز والأساطير مبكراً، فترجم «الغصن الذهبي» لجيمس فريزر، وأضاءه بكتاب «ما قبل الفلسفة» لهنري فرانكفورت وآخرين مؤمناً، على الدوام، بأن إلى جانب «العقل» ملكة، تتجاوزه، وأن رحابة الخيال تتضمن الواقع وتمتد خارجه، وأن مملكة الروح مزيج من الألوان جميعها.

غير أن قيم جبرا الكلية والثابتة، التي يهيمن عليها كتاب مقدس لا ضفاف له، لم تمنعه من الاعتراف بالمستجدات الأدبية والفنية، فذهب إلى قديمه وجديده واستنار بشكسبير وشرحه بأكثر من ترجمة، ونقل إلى العربية «في انتظار غودو» لصموئيل بيكيت، ولم ينس ألبير كامو، الباحث عن حرية لا تقبل بالانتهاك، والشاعر الأمريكي «ديلان توماس»، الذي مات في التاسعة والثلاثين من عمره، وكان له، كما يقول جبرا: «وجه يمتزج فيه الملاك والشيطان امتزاجاً فذاً». [1]

كل أديب من المثال الذي ينظر إليه [2]. نظر جبرا إلى عوالم «الخصب والتجدد» وأعطى ديوانه «تموز في المدينة» – 1959 – واحتفى بالرومانسيين في «صيادون في شارع ضيق»، وجاور فوكنر في «السفينة»، ورأى في تعددية الأصوات ما يحجب المعنى ويجعله أكثر وضوحاً، ومزج بين الشعر والرواية واللاهوت ورسم «وليد مسعود».... استبقى، في الحالات جميعاً، مثالاً ثابتاً و«رؤيا» عصيّة على التغيّر، وإن كان التقدّم في التجربة أرخى عليها بعض الظلال. وبقي مخلصاً للشاب الذي كانه

في القدس، يرسم باللون وبالكلمة وبالصورة الشعرية، ويتأمل رسوم غيره، ويعهد إلى الرسم، في أشكاله المتنوعة، بإصلاح هذا العالم.

ساوى جبرا بين الثقافة والحقيقة، وأخلص لأدوات الثقافة، حاذفاً المسافة بين العمل والموهبة، وبين الإبداع الفردي والهاجس الجماعي. عبّر عن إخلاصه بترجمة كتاب «صناعة الأديب» - لعشرة نقّاد أمريكيين - معترفاً بأن الأدب صناعة، وبأن تطوير الأدب من تطوير التقنيات التي تنتجه. وبقدر ما كان يحافظ على رؤيته الرومانسية، التي لا سبيل إلى تغييرها، كان يلجأ إلى الأدوات الثقافية المتغيّرة مصالحاً، قدر ما يستطيع، بين الثابت «الرؤيوي»، الذي لازمه، وديناميةالإبداع، التي تختلط فيها الفنون جميعاً، دون أن تأخذ صيغة أخيرة. لكأنه كان يقول: من لا يخلص لإبداعه لا يخلص لأحد، والمبدع الذي يخذل عمله، يخذل قضاياه الإنسانية، وقضيته الوطنية.

عمل جبرا، في مساره الطويل، على الكشف عن جوهره الفردي الخبيء الذي هو، كما أخبر أكثر من مرة، جوهر فلسطيني من «القدس» بامتياز، وعمل على الاحتفاء بالجوهرين معاً. بل إنه خلق جوهراً «فنياً» يلبي أحلامه، يصل بين الماضي والحاضر، ويشتق من الزمنين مستقبلاً ذهبياً، يعيده إلى القدس. أقام عمله الأدبي والثقافي على تجربة النفي ومعاناة المنفي، وإصراره على «تجاوز» المنفى واستعادة زمن سوي قديم لم يكن الفلسطيني فيه منفياً.

مايز جبرا بين القضية والتجربة، إذ الأولى من اختصاص مؤرخين يبحثون فيها عن الوقائع والأسباب والنتائج، ويتفقون أو لا يصلون إلى اتفاق، بينما دعا «الأدباء» إلى كتابة التجربة، التي عاشها إنسان محدد، اختبر المنفى واختبره المنفى، وظل معلقاً بين الأمل والشقاء. كيف يجتمع الأمل والشقاء داخل إنسان منقسم يشتهي أن يكون موحداً كبقية البشر؟ يأتي الجواب من وعي الذات المنقسمة لأحوالها، ومن سعيها إلى امتلاك جواب غير مسبوق، لا يأتي غالباً بشكل صحيح. وإذا كان جبرا قد اتخذ من الرواية موضوعاً للتيه والخلاص، فقد وضع في شعره «قلباً فلسطينياً» مزّقه العتب والعذاب والظلم والشوق الشائك والفعل المقاتل المرغوب الذي يحفظ الكرامة. تجلى ذلك في لغة شعرية «خشنة» وفي صور شعرية «مكسوة بالأنين».

أعطى في شعره صورة المأساة، في شكلها الأقصى، وصورة الأمل، في شكله الأكثر عذاباً. يقول في ديوانه «لوعة الشمس»:

أأعدّ الآن السنين

لأؤكد أن النصفين فينا

يتناقضان ويتلاحمان

يترافضان ويتكاملان،

كالصمت يحوي الرعد في جوفه

أو الرعد يتعلق صمت الصاعقة. [3]

وجود منقسم مغترب يرهقه تناقضه، فيتوحد منقسماً وينقسم موحداً، ويصمت راعداً ويرعد صامتاً، فـي حركة دائبة، أشبه بالمتاهة، عمرها سنون، تقاس بوجع الروح، لا بالأرقام البسيطة.

أنطق جبرا «أشواقه» شعراً وروايات وحكايات ومقالات ولوحات، وحمل الفلسطيني الذي فيه إلى جميع الجهات: المنفي والصابر والمتحدي والفَرِح الحزين والمبدع بلا حساب. هذه أمور جديرة بالوفاء، وجديرة أكثر بالتذكّر. فقد حكى أحلامه، وأنطق الذين حسمهم الموت وهم يحلمون، وظل بريئاً وصادقاً، طفلاً حكيماً فـي هيئة كهل، أو كهلاً شاب شعره وظل طفلاً. فقد خرج مثل غيره إلى المنفى، ومات مثل غيره فـي المنفى، وعاش كما لم يعش غيره، في المنفى، وجعل من أحلامه أسلوباً فـي الحياة.

فـي تذكّر جبرا، بعد عشرين عاماً على رحيله، نلامس «ضفاف الذاكرة»، الفردية والجماعية، ذلك أنه ولد عام - 1920 - فـي زمن الانتداب - وتذكر ثورة 1936 التي أجبر فيها الفلاحون المقاتلون الشعب الفلسطيني على ارتداء الزي الفلاحي الممثل بـ «العقال والكوفية»، وغمس قلمه فـي نزيف الرحيل، وأصمته الموت فـي بغداد - 1994 - ولم يرَ من حلمه المنشود شيئاً. وفـي تذكّره نقترب من «تفعيل الذاكرة»، مطالبين أنفسنا بالدخول إلى عوالمه، التي هي من طبقات الإنسان المضطهد، الذي مر عليه ظلم كثير وعدل قليل. وفـي تذكره نقوم بـ «إنطاق الذاكرة»، حيث وراء المنفى أطياف بيت لحم وأشتاتٌ من القدس، بقدر ما أن أمامه شعباً توزّعت أوصاله على العالم بأسره.

انتهت الذاكرة الفلسطينية إلى «ذواكر»، راضية أو رافضة استبداد المكان، وانتهى جبرا إلى ما انتهى إليه: رسائل فـي الأدب والفن وإبداع حالم، يهجس بالعدل ويرفض الإجابات الجاهزة، التي يدور حولها المؤرخون. فلا تمكن مساواة الذاكرة بالتاريخ، إلا إن أخطأ الفكر فـي تعريفهما؛ لأن فـي الذاكرة ما يفيض على تعاليم التاريخ، حتى لو كانت جليلة[4]، ففي مواجهة الوقائع التاريخية، الممتدة من فترة إلى أخرى، تعيش الذاكرة مرور الزمان، الذي يلتبس بالعقل والروح وآثار الراحلين.

انصرف جبرا إلى دلالات الحق والكرامة والتمرد، ولم يتوقف طويلاً أمام العلل والأسباب والمقدمات المنطقية.

كل «أرشيف» مرآة لدروب وآثار، وقيمة «الأرشيف» من الدروب والآثار التي احتفظ بها. خلق جبرا «أرشيفه»، وقصّر المسافة بين الدروب والأحلام، ذلك أن الفلسطيني الذي حلم به، مجرد احتمال لا أكثر.

نرى في جبرا اليوم وجوهاً من فلسطين راحلة، كانت واضحة واندثرت، وأديباً شاملاً أزهر في المنفى، وتلقي علينا أطيافه أسئلة مرة المذاق، فقد جاء ورحل، مخلفاً وراءه فراغاً لا تملؤه الدعوات الصادقة، ولا «الشعارات» التي تبدو «متماسكة» وتذوب إن سطعت الشمس.

المراجع

1. **ديلان توماس**، ترجمة جبرا إبراهيم جبرا، بغداد، 1982، ص 6.
2. **القلق وتمجيد الحياة**، كتاب جماعي عن جبرا، المؤسسة العربية للدراسات والنشر، بيروت، 1995، ص 330 – 332.
3. جبرا إبراهيم جبرا: المجموعات الشعرية، رياض الريّس، 1990، ص 171.
4. Bertrand Müller: l'histoier 'entre memoire et épist émologie. Eds payot Lausan,

إضاءات

إضاءة أولى

وجوه القدس في كتابة جبرا إبراهيم جبرا

سرد جبرا إبراهيم جبرا في رواياته سيرة ذاتية مضمرة، تحكي ما عاشه في المنفى، وترتد إلى الوراء مستعيدة أطياف حياة ماضية. أخبرت رواياته عن شخصيته، في وجهيها الفكري والروحي، وعن عشقه لمدينة القدس، التي خرج منها عام 1948، وذهب إلى بغداد، وهو يقترب من الأربعين. ولعل وعيه الذاتي بالكتابة الروائية لسيرته، هو ما أقنعه برسم طفولته وصباه في كتابه «البئر الأولى»، ذلك أن رواياته رصدت، أولاً، حياته في المنفى، بعد أن ابتعد عن القدس، التي هي: مدينة الله، كما يقال.

وإذا كانت القدس واضحة الحضور في روايات جبرا، بعد المنفى، فإن مدينته الأثيرة لا حضور لها في روايته الأولى «صراخ في ليل طويل»، التي كتبها قبل «الخروج» بعامين. عاش تجربة الفقد والحرمان، وأدرك أن حقيقة المكان تأتي بعد غيابه، وأن دلالات المدينة - الوطن تبرز ساطعة إذا ابتعد عن ساحة الرؤية. كان في روايته الأولى يقيم في مكانه الطبيعي، وكان في رواياته اللاحقة يختبر الإقامة المؤقتة، التي لا تأتلف مع «الإنسان الطبيعي» ورغباته.

تحضر أطياف القدس في مطلع روايته «صيادون في شارع ضيق» التي كتبها في بغداد، ووصف فيها حنيناً موجعاً مشوباً بالأمل. قارن بين إقامته في مدينة مقدسة ومعيشه في مدينة «غريبة»، ورأى الفرق كما تقضي به الروح، لا كما يمليه البصر. ولهذا تأتي صورة القدس مشبعة بالمجاز، فهي «الذهب والفضة والزمرد والعسجد»، وهي «لؤلؤة» سقطت من يد الله فوق أرض فلسطين - نسب الفلسطيني الغريب مدينته إلى المعادن الكريمة، الغالية الثمن والأقرب إلى الندرة، ورأى فيها ألواناً غامضة تساكنها النعمة الإلهية. غير أنه في لجوئه إلى «مجاز الذهب» كان يفصح عن عجز اللغة عن احتضان موضوعها، وعن حاجته إلى الرموز، ذلك أن «المكان المقدس يضع المؤمن» في «مركز العالم» لأنه يمثّل نموذجاً سماوياً[1].

لا يتيح النموذج السماوي، خلافاً للأرضي، للغة البشرية أن تحيط به، ولا أن تقبض كلياً على معناه.

يذهب جبرا، في روايته التالية «السفينة»، إلى مجاز الصخر، إذ القدس صخرة مباركة، وألوان حجارتها من لون الجنة، الذي هو تآلف معجز بين ألوان مختلفة. يقول مستذكراً ما عاشه: «القدس أجمل مدينة في الدنيا على الإطلاق، ... ارتقيت كل ما فيها من تلال وهبطت كل ما فيها من منحدرات، بين بيوت من حجر أبيض وحجر وردي وحجر أحمر، بيوت كالقلاع تعلو وتنخفض كأنها جواهر منثورة، على ثوب الله. والجواهر تذكرني بزهور وديانها، فأذكر الربيع...»[2]

القدس ثوب الله، وبيوتها جواهر منثورة، وربيعها عابق بأريج أثيري. أمام الصخر، الذي يحيل على الماء والقوة، وعلى «فعل إلهي»، تأتي صور القدس الغامضة التي تتوسطّها «الصخرة الشريفة»، التي تمثل إحدى أكبر الصور الإسلامية والتي تستمد دلالتها من موقعها في رحلة الإسراء والمعراج، فمن الصخرة القائمة في المسجد الحرام «عرج» الله بالنبي إلى السماء، كما تقول الرؤية الإسلامية. [3]

تتضمن الصخرة، دينياً، بعداً روحانياً يفتح الأرض على السماء، ترجمه جبرا روائياً إلى مخلوقات جميلة الوجوه والأرواح، متكئاً على متخيل ثقافي - ديني، يساوي بين الطيبة والجمال والحقيقة. بل إن في هذا المتخيل ما يصالح بين «السر» والواقع، ويستحضر بشراً يقهرون مصائرهم ويستمرون في الحياة. عبّر الروائي عن «الفلسطيني الذي لا يموت» في روايته «البحث عن وليد مسعود»، حيث الفلسطيني المقهور إشارة جمالية، لا ينفصل عن مدينة مفعمة بالإشارات الجمالية والدينية.

ساوى جبرا بين القدس و«المؤمنين» الذين ينتمون إليها، وخلق شخصيات متعددة الطبقات، تجهر بالحق وتؤمن بحقيقة المدينة المقدسة. استأنس بتاريخ مدينته، الممتد في قرون متلاحقة، واعتمد على الإرادة الإلهية التي منحتها الوجود. يتكشّف تاريخ المدينة في الأسماء التي حملتها الممتدة من «أورشليم القديمة» إلى «إيلياء» وهو الاسم الذي أطلقه عليها الإمبراطور الروماني هادرويان (117 – 138)، وبقي متداولاً إلى أن جاء العرب المسلمون وأعطوها اسم: القدس. تقرأ دلالة الاسم، الذي أعطاه جبرا صياغة جمالية، في تصوره الإسلامي الذي اعتقد «أن الملائكة بنت المدينة بأمر الله وأعطتها اسمها» [4]. حمل الاسم «بعداً سماوياً»، أفضى في القرن الخامس للهجرة إلى «القدس الشريف»، حيث في الاسم ما يفصح عن القداسة والطهر والتبجيل وجمال المنظر، ذلك أن اللغوي ياقوت الحموي قال: «القدس في اللغة تعني المنتزه».

تظل المدينة، نظرياً، جملة إشارات تحيل على معالمها العمرانية، وشخصياتها التاريخية، حال القاهرة وبغداد. غير أن في القدس ما يضيف إلى الإشارات الدنيوية إشارات عالية المقام، مثل المسجد الأقصى، الذي بدأ بناءه عمر بن الخطاب، ومدينة الإسراء والمعراج.. وبسبب وضعها المقدس تنزع اللغة المحدثة عنها إلى المجازات والرموز، وتأخذ أبعاداً تنوس بين الشعر والتصوف. يتحدث جبرا في «السفينة» عن «وجه مقدسي كوردة تحت المطر»، وعن «وجوه بنات القدس كلهن كالورود بعد

رشات المطر»، فإن نظر إلى المدينة من عل قال: «إذا صعدت إلى هضاب القدس ونظرت غرباً، لن تعرف أين تنتهي الأرض وأين يبدأ البحر وأين يلتقي الاثنان بالسماء. فهي ثلاثتها متداخلة متمازجة ومتماثلة... ص: 23».

رأى جبرا في القدس، التي عاش فيها أطواراً من حياته، موضوعاً جمالياً وهوية مقدسة، لا تخذل أبناءها وتقضي على المقدسيين ألا يخذلوا مدينتهم. أسبغ على رؤيته إيمانية مفتوحة، لا يطالها الشك في الظروف جميعها. ولهذا يتجاوز الفلسطيني في «صيادون في شارع ضيّق» العقبات المتواترة ويرجع إلى «إقامة مستقرة»، ويعتصم في «السفينة» بوطنه وينتظر العودة إليه، ويختلط بتراب أرضه، في «البحث عن وليد مسعود» ويصبح شخصية غامضة، قادرة على الحضور والغياب معاً. يستأنس «وليد»، وهو يعيش غريباً في بغداد، بذكريات القدس وما جاورها، كما لو كان شيئاً من قدسية المدينة قد حل في روحه وجسده. إنه إنسان مغاير من مدينة «الجمال المطلق» الذي هو جمال إلهي، يبدّد سدف الظلام.

كتب الروائي في سيرته المجزوءة «البئر الأولى»: «كنا نرى في كل ليلة، في الناحية الشمالية، وهجاً ينتشر على امتداد من الأفق وراء الجبل. ولما سألت أخي يوسف عن ذلك الضياء الغريب، قال دون تردد: إنه ضياء مدينة القدس، ويريد الله لها أن تتوهج في وسط الظلام الذي يملأ الدنيا»[5]. كان جبرا آنذاك صبياً أقرب إلى الطفولة في مدينة بيت لحم، وسيحتفظ بما رآه وسمعه إلى نهاية عمره، فقد سجل ما استذكره عام 1988، وهو يقترب من السبعين. يؤكد القول إن وجوه القدس فعل إلهي قصدي، وإن القصد الإلهي نشر النور ومحاربة الظلام، وإن الاعتداء على الرمزية المقدسة اعتداء على الإرادة الإلهية. ولعل المساواة بين المدينة والإرادة الإلهية هو الذي أقنع جبرا، دائماً، أن مدينته عائدة إليه، وأن مدينة الله عصية على الدنس والخراب.

تستدعي علاقة جبرا بالمدينة المقدسة صفة: الاستحواذ الروحي - الذهني، إذ الروح مسكونة بما لا تقوى على التحرر منه، وإذ الذهن مشغول بتفسير ما لا يستطيع تفسيره تماماً. يجمع هذا الاستحواذ بين الغبطة والعذاب: الغبطة الشريفة من الانتساب إلى مدينة تحميه، وعذاب فقدها الذي يقرره الزمن ولا يمليه الإنسان. ينوس المستحوذ عليه بين الخلاص الديني والعجز عن امتلاك أسباب الخلاص. يقول رودولف أوتو في كتابه «فكرة القدسي»: «أما البقاء في حالات الاستحواذ الإلهي، الغريبة وغير المألوفة، فيمسي خيراً في حد ذاته، بل طريق خلاص، مختلفاً كل الاختلاف عن الخيرات الدنيوية....»[6]. تخبر جملة «يمسي خيراً في حد ذاته» عن ارتباك لا بدّ منه، ذلك أن «لحظة الخير» تسبقها لحظة أخرى مجهولة الهوية، وقد تتلوها لحظة أخرى، تخبر عن فقدان ما كان قائماً.

يظهر الاستحواذ في شخص الفلسطيني في، رواية جبرا، الذي أصابته «اللعنة» على غير توقع، وفصلته عن مكانه الحميم، وظل يؤمن بقوة المدينة التي تحميه، وارتاح إلى إيمانه وإلى مجيء مستقبل

سعيد. يقول أحد أبطال رواية «السفينة» مشيراً إلى الفلسطيني: «لو خطر لوديع أن يقول لي: اقفز إلى البحر، لفعلت. كدت أكرهه لتلك السيطرة التي بدا لي أنه يحققها علي، كأنه ينومني مغناطيسياً فيشل إرادتي. ص: 101». يعطي الاستحواذ، الذي يُشعر الفلسطيني بأنه يساوي مدينته، القوة والأمل، ويمنحه «غموضاً مباركاً»، بعيداً من العقل وقريباً من الحدس. يقول أوتو، في الكتاب المشار إليه، شارحاً العلاقة بين الإنسان المؤمن والاستحواذ الروحي: «ليس في وسعه أبداً، أن يشرح كيف أن «الألوهي» موضوع بحث، ورغبة وتوق، وأن ذلك إنما هو لأجله وحده، لا لأجل العون والسند اللذين يترقبهما الناس منه في الدوائر الطبيعية، وليس في وسعه أبداً، أن يفسّر كيف يحصل هذا، لا في أشكال العبادة الدينية «العقلانية وحسب، بل في تلك الشعائر الغريبة، شعائر الأسرار والطقوس، التي يسعى الكائن البشري من خلالها إلى الاستحواذ على الألوهية...».

يأتي الاستحواذ من الدوائر «غير الطبيعية»، من دوائر الأسرار التي يهيمن عليها الإلهي، ولا يعي معناها إلا القلب والشعور الخبيء. لذا تكلم جبرا، طويلاً عن «السر» وضرورة الرموز، وأخذ بصيغ المجاز، وأدرج في رواياته، بغموض محسوب، تجربة روحية، تقصّر المسافة بين الله وبين بطله الفلسطيني. تطلع في تجربته، التي لا تلمحها القراءة السريعة، إلى «الإنسان الكامل»، الذي يضمن له كماله انتصاره، ويضيء له اقترابه المثابر من الله الدروب المعتمة. كما لو كان بطل جبرا «قدساً أخرى»، تريد للنور أن يتوهج في عالم يغرقه الظلام.

الله والإنسان والقدس. هذه هي المقولات التي هيمنت على روايات جبرا. فقد خلق الله، في التصور المسيحي، الإنسان على صورته، ويسعى الإنسان المؤمن إلى أن يكون على الصورة التي أراده الله أن يكون عليها، والقدس وجود مضيء، مادي ورمزي، تقع على الأرض وتمتد إلى السماء. والفلسطيني هو «المقدسي»، الذي يعيش على الأرض وتنظر إليه السماء. ورغم إمكانية التأويل يصل المعنى واضحاً: تجسّد القدس الجمال والإرادة الإلهيين، ويمثل الفلسطيني مدينته، يحمل جمالها ويستظل وجودها، ويعيش مع القدس زمناً مباركاً مفتوحاً، باستثناء أزمنة مريضة طارئة.

عاش جبرا، كتابة، مع إطلاقياته، فالشوق مطلق إلى الجمال المطلق، ووجود مدينة القدس العربية – الإسلامية، مطلق، أوجدتها الإرادة الإلهية ولا تزول إلا بها، وهي لن تزول، لأن الله أوكل إليها وظيفة نشر النور، في عالم متجدد الظلام. مزج هذا الفلسطيني، الذي ولد في بيت لحم ودرس في كيمبردج ومات في بغداد بين الإيمان والجمال، وصيّر القدس مقولة جمالية، إلهية الحضور. إنه «أدب المضطهدين»، الذين يؤمنون بالله وبقوة الأمل. فقد خلق الأمل للذين أضاعوا ملكاً جميلاً وينتظرون عودته. وعن عذاب الضياع وجمالية الأمل صدرت الهوية الفلسطينية التي استولدها جبرا من «المرتجى» و«المؤجل»، مؤمناً بأن ما ضاع في منتصف الطريق يعود كما كان في نهاية الطريق.

جاء في الموروث الإسلامي: «إن موقع القدس كباب للسماء، وأن المقصود بالأرض المباركة هو أرض بيت المقدس، التي يخرج من صخرتها كل ماء عذب، وأن صخرة بيت المقدس وسط الدنيا، وأن اسم القدس هو الذي أطلقته عليها الملائكة حين بنتها بأمر الله، وأن القدس لغة هي المنتزه، وبيت المقدس هو المطهّر الذي يتطهّر به من الذنوب، وأن المراد بأرض المقدس هو المبارك...

استأنس جبرا، وهو يكتب «البحث عن وليد مسعود»، بصفات القدس جميعها، وتوقف في منتصف الطريق، فـ «الجمال المطلق» لا يمكن استنفاذ معناه.

المراجع

1. **الطريق إلى القدس**: شمس الدين كيلاني ومحمد جمال باروت، منشورات المجتمع الثقافي - بروكا، أبو ظبي، لا تاريخ، ص: 15.
2. **السفينة**، دار الآداب، بيروت، 2008، ص: 22، و35-52
3. **الطريق إلى القدس**، ص: 54
4. **محمد محمد حسن شراب**، بيت المقدس والمسجد الأقصى، دمشق، 1994، ص: 37.
5. **البئر الأولى**: دار الآداب، بيروت، 2009، ص: 99.
6. **رودولف أوتو**، فكرة القدسي، دار المعارف الحكمية، بيروت، 2010، ص 55.

حشد شمس الدين كيلاني وجمال باروت، في كتابهما «الطريق إلى القدس» مادة واسعة في هذا المجال.

إضاءة ثانية

روايات جبرا: رومانسية تنظر إلى السماء

تتكشّف في جبرا مفاهيم متعددة: مثل: رؤيا، انبعاث، حلم، رمز، المستقبل، الكمال، تعمل هذه المفاهيم، على تقصير المسافة بين الحلم والواقع، إذ الواقع شكل من الحلم والحلم امتداد للواقع وترجمة له، أو تنجز بصيغة أخرى: المصالحة بين الفعل والتأمل وتجسير الهوة بين المتناقضات المتعددة. هذا المنظور هو أساس «التصوّر الرومانسي»، ذلك أن الرومانسية تشكل بعداً حاسماً في تصور العالم عند جبرا.

ولعل هذه التصورات، التي لا يقوم الفن إلا بها، هي التي دفعت بالرومانسيين، والشعراء الإنجليز في القرن التاسع عشر بخاصة، إلى احتفاء غير مسبوق ببطولة الفن، فهو يجسّد الحياة وتجسّده الحياة، وينجذب إلى زمن تدركه الروح ولا يعترف بالزمن التاريخي المرتهن إلى المواضيع المادية وحدها. ولهذا ما يزوا بين شجرة الحياة، التي هي شجرة الفن، وشجرة الموت، التي تتفق مع معطيات العلم والتقنية.

وإذا كان الفن مساوياً للحياة، وهو تصوّر غير بعيد عن الشاعر الألماني غوته، فإن ظواهر الحياة المختلفة تصبح أعمالاً فنية، ويغدو الفنان مسؤولاً عن الحياة وراعياً لها. تنبثق الحياة، والحال هذه، من عناصر أهمها: الرمز، الموزّع على الأعمال الفنية وتفاصيل الحياة في آن. يكون العمل الفني نفسه رمزاً والفنان الذي أنجزه رمزاً آخر، وتمتد الرموز إلى اللغة والطبيعة وعوالم الإنسان المتنوعة. وبداهة فإن «الاهتداء إلى الرموز»، كما المواءمة بينها، فعل يستدعى الخيال، الذي هو قوة خلاّقة، تختلف عن قوة الذاكرة، وتنقطع عن أشكال التربية التقليدية التي تطمئن إلى المحاكاة ولا تعرف التجديد.

يتمتع الرمز، في منظور الشاعر كولريدج ولدى الرومانسيين بعامة، ببعدين: امتلاك الحقيقة، والإعلان عنها واضحة. لكنه قبل هذا وذاك منتشر في نواحي الحياة جميعها، الطبيعية والإنسانية، بما يجعل من الحياة المتعددة الوجوه غابة من الرموز، أو مرايا تعكس رموزاً متعددة. في هذا الاتساع الرمزي،

الذي يساكن المخلوقات جميعاً، ما يساوي بين هذه المخلوقات و«حقائق حيّة»، لا تأتلف معها إلا المخلوقات المبدعة، أي هؤلاء الرومانسيون الذين يعيشون في «ممالك الرموز» ويجسدونها[1].

ليست «الحقائق الحيّة»، القائمة في داخلنا وخارجنا، إلا المعرفة الرمزية، التي تعترف بوحدة الوجود، طالما أنه شبكة من الرموز، تكشف عن حقائقه، متوسلة ما يقف وراء الرمز، الممثل بملكة الخيال، التي تدمج العقل في الإحساس، وتنظم فيض الأحاسيس - إن صح القول - خالقة نظاماً من الرموز المتناغمة، تتوافق في الجوهر والمعنى. يحيل هذا التصور، في علاقاته المختلفة، على كون موحد، يتقارب فيه الإلهي والإنساني، اللذان لهما رموز خاصة بهما، بقدر ما أن فيه مكاناً للكتب السماوية، التي هي بدورها حزمة من الرموز.

ولكن ما هي طبيعة الإدراك الرمزي، الذي يشتق الخاص من العام، وما هي وسائله في تمثّل الحقائق العامة والخاصة، التي تسكنها الرموز؟ تتكئ الإجابة، في مستوى أول، على طبيعة الرموز المحتشدة بالحقائق المختلفة، اعتماداً على نظرية «الحقيقة»، التي يضمنها الخيال والرموز معاً. غير أن الإجابة لا تبدو «واضحة» تماماً ذلك أن «الحقيقة الرمزية» مركبة من الحدس والمعرفة القلبية، والصور الشعرية، وترتبط بشعراء يرون في العلوم منتجاً رمادياً «يعادي» الحياة. ويزداد الأمر تعقيداً إذا أدرك القارئ أن «الشعر» لدى الرومانسيين «منزّهاً» عن القصد والمنفعة، وأن للقصيدة وجوداً مستقلاً خاصاً بها لا تختلط، لزوماً، مع أشكال الوجود الأخرى. ولهذا نستطيع أن نسأل: هل المعرفة، في شكلها الرومانسي، بعيدة بدورها من أغراض المنفعة، وإذا كانت لا «منفعة» فيها، فما هي ضرورتها؟

ومن الأرجح أن الإدراك المعرفي الرمزي للحقيقة قريب القرب كله من «الإدراك الصوفي»، أو قريب من معرفة غامضة تبدأ بالقلب وتنتهي به، خاصة أن هذا الإدراك، وكما يعيّنه كولريدج، غير محدد المجال: خاص وعام، فكرة وصورة، جديد وقديم، ذاتي وموضوعي، وما يوحد عناصره هو الخيال القادر على احتضان الحقيقة الواسعة. وقد يكون الواضح في هذا «الإدراك الغامض» ماثلاً، كما يقول الرومانسيون، في الكشف عن تناغم الخاصيات المتضادة: التماثل مع الاختلاف، العام مع الخاص، الفكرة مع الصورة، الفردي مع النموذجي، والألفة الممكنة بين الأشياء القديمة والجديدة، ...

تصرف جبرا، على طريقته، بالتصوّرات الرومانسية في رواياته و«كتاباته الأدبية» ساعياً إلى المصالحة بين التأمل الشعري والفعل المادي، الأمر الذي سمح له أن يختصر المجتمع العراقي، في روايته «صيادون»، في أنثى أسيرة يحرّرها «البطل الرومانسي»، أو أن يمثّل «روح فلسطين» ببطل متميّز عابر للأمكنة والأزمنة. لم يكن في تصوراته ينطلق من إمكانيات الواقع المعيش، بل من صور شعرية له، «ظنّ» أنها سائرة إلى التحقق، ولو بعد زمن.

غير أن الأكثر وضوحاً في كتاباته الروائية يُقرأ في علاقة العام بالخاص، أو علاقة الموضوعي بالذاتي.

فإذا كانت فلسطين جميلة ومتفرّدة لأنها أرض الأنبياء، فإن صفاتها تنتقل إلى «الفلسطيني الذي ينتسب إليها، فيكون جميلاً وفاضلاً وله رسالة لا تغاير رسائل الأنبياء في شيء، ينشر الثقافة والمعرفة والتسامح، ويختزن طاقته كلها لاستعادة الوطن. وما ينطبق على الفلسطيني ينطبق على أرض و«قدسها»، فالأخيرة مضيئة وضوؤها يبدد ظلام العالم، بعيداً من إدوارد سعيد، الذي رأى القدس مدينة مظلمة ومتجهمة. ولهذا استطاع جبرا أن يشتق ابن «وليد مسعود» من والده، وأن يجعل منه روحاً مضيئة «تغيب»، ولا تغيب، وتقاتل أبداً من أجل فلسطين.

وهناك «الكمال» الذي جسّده «وديع عساف»، في رواية السفينة، ذلك أن الغريب المتحرر من أشكال الاغتراب، لا يعرف الانقسام والزلل، ولا يعاني القلق ولا يعرف حرقة الانتظار، لأن ما يريده قائم في «كماله».

وضع هذا «الكمال الضروري» على لسان جبرا جملة متفائلة: «على الإنسان ألاّ يفكر بعبور الجسر إلا حين بلوغه». يملي - الجسر القابل للعبور، مهما تكن المشقة، على «الإنسان الكامل» ترحيل القلق، أو عدم الاعتراف به، طالماً أن حل المشكلة «يوفّره الكمال» حين حضورها [2].

تكفل صورة الفلسطيني مقارنته بغيره، والمقارنة بينه وبين القدس الذي هو منها. استلهم جبرا، وهو يساوي بين الفلسطيني ووطنه، «سلسلة الوجود الجميل»، التي تقيم تشابهاً بين مواضيع لها جوهر واحد، فيكون الجزء جميلاً، والحجر جميلاً، والدروب جميلة، والمرأة التي يتصل بها الفلسطيني جميلة؟ وهذا الجمال، الذي تضمنه مدينة القدس، له «حقيقته» وليس «تخيّلاً». إنه الجميل الذي يرد إلى الله، الذي أغدق جماله على فلسطين، علماً أن في الجمال محبة، كما في المحبة جمال، وفقاً لما جاء في الكتاب المقدس: «الله حب». فالجمال واحد والحب واحد، والوجود واحد وهذه الآحاد متكاملة كما أرادها الله. أشار كولريدج إلى هذا المعنى حين تحدّث عن «وحدة الجوهر» في الوجود، رغم اختلافات وتباينات منتهياً إلى «وحدة الرمز»، الذي تصيّره اختلافات الوجود إلى شبكة من الرموز.

والسؤال: من أين جاء الاقتناع بـ«وحدة الجوهر»، في رمزيته المتعددة، أو بشكل أكثر تعييناً: ما الذي يجعل الفلسطيني، في روايات جبرا، مهما كان وضعه وموضعه، يعود إلى فلسطين متجاوزاً الحدود وعقبات كثيرة؟ يأتي الجواب من الإيمان ومن تسليم النفس، الذي يتضمن الثقة والحب والمعرفة، والذي هو فعل إيماني بدوره. لا يخاصم الإيمان، عند الرومانسيين، العقل ولا الإرادة والعواطف، بقدر ما إنه قريب القرب كله من الأمل والحب، الأمر الذي يحوّل الثقة بالمستقبل إلى فعل إيماني أيضاً، حالة من حال «إبداع القصيدة»، الذي يوحّد بين الشعر والشاعر، أو بين الرواية والروائي، وهو ما حاوله جبرا.

لا غرابة أن يكون في الرمز طابعه السري المقدس، وأن يكون للفلسطيني، من حيث هو رمز، سره

أيضاً، فهو قائم في ذاته، يعمل ويعشق ويصطدم بغيره، ولصيق بقوة تقف وراءه، «قوة مقدسة» تهئ له شؤونه في الحياة. وبهذا المعنى فإن السر، الذي يتحدّث عنه جبرا، رمز فاعل، يستقدم ما يعتمد عليه، ويعلن أن السر حقيقة، لأن فيه أبعاداً مقدسة، تحتضن لقاء الإنساني والإلهي، بلغة قريبة من اللاهوتيين.

كيف تصبح فلسطين منتصرة في نص أدبي؟ يشتق السؤال جوابه من أربع مفردات محتملة، لا تأتلف مع منظور جبرا للعالم، الأول منها التحريض، الذي يهيب بالفلسطيني أن يقاتل من أجل وطنه، والثاني هو التعويض الذي يقرّر أن هناك «فلسطينياً ما» يقاتل وسينتصر، والثالث حلم يراود الذي عاش غريباً ويتمنى أن يعود إلى «هناك»، والرابع مجرد وَهْم لا أركان له. لكن جبرا، الذي يعرف هذه المفردات جميعاً له منطلق مغاير: منطلق إيماني، لا يحتاج إلى البرهان والاختبار، لأن «ما يقف وراء إيمانه» إنسان صادق في حلمه ورؤاه.

ولعل مبدأ الحالم الصادق، الذي ينبني حلمه على إيمان لا يخذل صاحبه، يجعل جبرا ينزاح عن تصورات بعض الرومانسيين، التي اعتبرت الإبداع مقصوداً لذاته، وأن القصدية التي تدفع إليه مبرّأة من «المنفعة». جاء الانزياح، بداهة، من شروط المنفى والاغتراب، التي تلزم الأديب بنص له وظيفة محددة، تمزج الحلم بالإيمان وتخلق فلسطينياً منتصراً، شريطة أن يتسم بما لا يتوفر في غيره، بدءاً بالعمل والأخلاق الفاضلة، وصولاً إلى «الوعي الثقافي»، الذي هو مرجع الفكرة والعمل[3].

ومع أن في أدب جبرا ما يوحي بأن «الأدب يغيّر الواقع»، انطلاقاً من «المبدع» الذي يستلهم الحق ويطيعه، فإن جبرا، الرافض بالسهل والاستسهال، اعتقد بشيء أكثر تكاملاً يقول: لا يغير الأدب الواقع إلا إذا وضع في ذهن القارئ وجهة نظر أخرى عن الواقع. والواقع، بهذا المعنى، ليست الأشياء الملموسة المنتشرة فوق سطح المعيش، بل هم «اللاجئون الفلسطينيون» الذين عليهم أن ينظروا إلى أرضهم وإلى الذي «طردهم» خارجها، وأن يغيروا ذواتهم كي يندمجوا في «الجوهر الفلسطيني»، حيث الفلسطيني إنسان ورمز صادق ويتصل بالله.

المراجع

1. ح. روبرت بارت، اليسوعي، **الخيال الرمزي**. **كولريدج والتقليد الرومانسي**. معهد الإنماء العربي، بيروت، 1992.
2. E. Blundoen: shelley. Oxford paper backs. 1965.
3. Malcolm Elwixy: the first romantics. London. Macdonald and co. 1947.

إضاءة ثالثة

الإنسان - المثال في رواية جبرا

دفع جبرا ببطله الروائي، وهو مفرد متفرّد، إلى الحدود القصوى، ونسب إليه جملة من الصفات الخاصة، لا توجد في غيره. كان في تصوره عزيمة الأنبياء وشغف إلى إنسان لا نقص فيه، ربطهما بعنصرين متلازمين: الدافع في مرجعيه الخارجي، الذي يفرضه المجتمع، والداخلي المشدود إلى العقل والقلب، وتلك «الرؤيا»، التي تنظر إلى ما لا ينظر إليه غيرها. يتجسّد الدافع في فعل يرتبط به، مداه من الدافع الذي حرّض عليه. تضيء وحدة الدافع والفعل، في مآلها الأخير، شكل البطل الروائي ونوعه.

1. جمالية التحدّي والاستجابة:

أخذ جبرا في «صيادون في شارع ضيّق» بتصوّر ثلاثي العناصر: البطل في لحظة الاستهلال، المتميّز في أصله الفلسطيني، والاختبار الذي تمليه دوافع داخلية وخارجية، والبرهان الأخير، الذي يعيد تعريف الإنسان الفلسطيني، ويؤكد أنه إنسان مختلف.

تمثّل لحظة الاستهلال بداية السرد، إذ الفلسطيني ملقى في منفى يوهن وجوده، ويدفعه إلى انتزاع الاعتراف من محيطه الخارجي، بعد أكثر من لقاء وتجربة. ولهذا يتلو الاستهلال متواليات من الشخصيات، تلتقي بالفلسطيني صدفة، تدعو إلى المقارنة المباشرة، وتستدعي التنافس، الذي إذا كان شديداً أخذ شكل الصراع. وما دور الحوار، الذي يملأ فضاء روايات جبرا، إلا تحقيق المقارنة، التي تبيّن أن طرفاً أكثر إقناعاً من غيره، وأن فيه جاذبية عفوية يفتقر إليها غيره، وأن له من الصفات ما يؤمّن له سيطرة طوعية، يقبلها غيره بمودة واحترام.

لا ينافس جميل فرّان في «صيّادون» أحد، وهو لا تعنيه المنافسة ولا يهجس بها. لذا ينتصر على غيره بمحبة، ويقبل الغير هذا الانتصار بلا حقد أو كراهية. كما لو أن هناك اعترافاً بجدارته وتمتعاً بمرتبة «عالية» لها شكل البداهة [1].

وإذا كان هناك من صراع، وهو ضروري في رواية جبرا، فإنه يأتي من اتجاهين: اتجاه تفرضه بنية الرواية، التي تحتاج إلى ذروة، يصوغها تطور الفعل الروائي، وتجاوز للذروة، يعيد ترتيب الفعل الروائي. يؤثر جبرا كلمة «الذروة» على مفردات مثل العقدة والحبكة والصراع، ذات النبرة التقليدية. أما الاتجاه الآخر فله ضرورة حاسمة، يدور حولها الخطاب الروائي وتدور حوله، ذلك أن جوهر الفلسطيني، كما صورته الحاسمة، ماثل في صراع يخوضه وينتصر.

كان للبطل في «صيادون» دوافعه الخارجية، كالبحث عن عمل والقيام به وانتزاع الاعتراف، ودافعه الداخلي - السري الذي وضعه في مواجهة بنية اجتماعية تقليدية، وأتاح له الانتصار عليها. والسؤال: كيف ينتصر إنسان مفرد، حتى لو كان متفرّداً، على بنية اجتماعية أنتجها تاريخ طويل؟ لا يستأنس الروائي بالواقع، بل يهرع مباشرة إلى عوامل الشعر والحلم والرموز، ويخلق بطلاً أقرب إلى الحلم، تمليه الضرورة الفلسطينية.

يقترح الواقع «دوافعه»، ويرد عليها بالبطل وينتصر، وترعى «القدس» دافعاً داخلياً لا ينام، تمنح البطل انتصاراً جليلاً، «انتصاراً مقدسيّاً»، إن صح القول، يتجلّى في إنسان - مثال، لا يساير الأزمنة بل يقف فوقها، ذلك أن التصوّر الرومانسي المشبع برؤيا دينية، يعترف بزمن الروح، ولا يعترف بالزمن التاريخي.

يملي التصوّر الرومانسي، في مستواه الروائي، بطلاً أحادي الصوت، يستمع إلى أصوات أخرى لا تؤثر في مساره شيئاً، سائراً في طريق مستقيم اختار له بدايته ونهايته. وبسبب ذلك يكتسح البطل الرومانسي البنية الروائية كلها، فصوته يستدعي الأصوات ويطردها، فارضاً بنية بسيطة عمادها فرد، يدور حوله أفراد أقرب إلى الظلال. بطل تقوده أفعاله من تحدّ إلى آخر، تنعقد في نهاية المسارة انتصاراً أكيداً.

تأخذ حركة البطل مسلكاً تطويرياً، يتضمن الأدنى فالأعلى، ويحتقب البسيط والمركب. فبعد المرور على المقاهي الشعبية يصل البطل، سريعاً، إلى النخبة، وبعد صدامات أقرب إلى المعابثة يصطدم بصراع عاتٍ أخير، ويمتلك ما يشاء.

الإنسان - المثال حلم، يجذب فردية متطوّرة، تهجس بالاختلاف الفاضل، تلجأ إلى سير الأنبياء، وتسترشد بها. وبسبب هذا يكون لها دوافع روحية خفية، وشكل من الفعل تجاوره المعجزة.

2. جمالية التوازن:

لا مكان للمثقف الرسول في «السفينة»، فبطلها حقق ما يريد وينتظر العودة إلى فلسطين، فما خارجها سهل التحصيل، يحتاج إلى مفرد عاقل ونشيط، وللعودة إليها أدوات «سرية»، تستلزم أن يكون «المفرد» مفرداً وشيئاً آخر. ولهذا يأتي «الدافع الخارجي» شاحباً، يثير الاستخفاف ومنقطعاً عن «الدافع الداخلي»، الذي له طبيعة أخرى، وله إنسان لا يساوي غيره، ولا يساويه غيره، ....

في مقابل دينامية التحدي - الاستجابة، الواضحة في رواية «صيادون» التي تذكر بالمؤرخ البريطاني أرنولد توينبي، اقترح جبرا في «السفينة» متطوراً أكثر اتساعاً وخصباً عنوانه: «جمالية التوازن»، حيث الفلسطيني الذي تحرّر من «دافعه الخارجي» مرتاح، يعيش حياة مطمئنة بعيدة عن الحرمان، ضاحك، عاقل ومثقف، ومقبل على الحياة، قوي الجسم ومتفائل، محبوب من الآخرين وجدير بالثقة، ... إنه الطبيعة السوية القائمة على الرضا، لا تعرّف التزيّد، ولها قانونها العفوي، الضابط والمنضبط، لا يشوّه الأشياء ولا يكدّر البشر.

تحتشد «السفينة» بـ «حكايات الحب» التي تشقي أصحابها، محدثة عن اغتراب متوالد مرهق أو عن «وصال» قريب وبعيد، يقترب كأنه في قبضة اليد، ويتساقط قبل تحققه. بيد أن الفلسطيني، الذي له قصة حب لا مشاكل لها، يبدو مرتاحاً، لا يعاني من «انقسام داخلي»، ولا مما هو أقل منه، ذلك أن توازنه يصدر عن داخله، ولا يحتاج إلى مساعدة خارجية. كما لو كان على ثقة بأن الأمور تسير وفقاً لإرادته، وأنه لا يحتاج إلى ما يعانده، أو يملي عليه شروطاً لا يقبل بها. تنتهي الرواية وقد جاءت «امرأته» إليه، وارتضت أن تذهب معه إلى فلسطين وتعيش هناك [2].

ومع أن فلسطيني «السفينة» لا يبدو عاشقاً كالآخرين، فإنه في «توازنه الجميل» تجسيد للحب الأوسع والأكمل والأكثر خصوبة. فهو مشبع بحب يوزعه على الجميع، لا يأسره في علاقة ضيقة بين رجل وامرأة، كما لو كان حب الرجل للمرأة، فقير الحدود، إن لم يكن فيه حب للبشر جميعاً، رفاق السفر العابرين، وأصدقاء من زمن قديم، وحب لآخرين لم يلتقِ بهم بعد. في فضاء هذا الحب الحميم ما يسترشد بتعاليم السيد المسيح، وما يحيل على تجربة فلسطينية عانت الشقاء، فالحب الحقيقي يبدأ بالإنسان، من حيث هو، ويأخذ لاحقاً صيغاً مختلفة.

على خلاف غيره من الرومانسيين، الذين يوحّدون بين الحب والمعاناة، أقصى بطل جبرا المعاناة واحتفظ بالرضا، ذلك أن «جمالية التوازن»، التي تميّزه، من عن أن يكون واحداً مثل الآخرين. فهو الفلسطيني الذي له قضية أوكلت إليه «القدس» أن يدافع عنها، وهو الفلسطيني - المسيحي، الذي يجمع بين حب وطنه وحب الإنسانية جميعاً.

ليس في الحب، لدى الإنسان المتكامل، ما يؤرق ليلاً، ولا ما يثير فيه رعب الخسران والفقد، ولا ما يمزج بين الحب العاصف وأطياف المقدس. فللإنسان المتكامل عشق خاص يشدّه نحو الأعلى، وله مقدسه الغامض الذي يجذبه إلى تراب أرضه وبريق النجوم معاً. والحق أن لهذا الإنسان، المبني على توازن جميل، عالماً ثنائي المستوى، يكون في واحد منه مع غيره من البشر، ويكون في ثانيهما لوحده، له حبه ومقدسه واستقراره الروحي.

يقول روجيه كايوا: «كان القديس أوغسطين إذا وقف في حضرة الألوهية يستشعر رعشة خوف في

أوصاله ويجتاحه توق عارم إلى الحب، وقد عبّر عن ذلك بقوله: «إني أرتعش هلعاً وأضطرم حباً».. «ص: 59». اعتنق جبرا، في رومانسيته المؤمنة الفنية الملامح، تصوراً آخر، يشي ببعض الاختلاف، فاستبعد «رعشة الخوف» وحافظ على «توق عارم إلى الحب»، يشدّه إلى أرضه وإلى الآخرين، آخذاً بشعار: «المحبة»، حيث الوطن محبة، والتمسّك بذكريات الطفولة والصبا محبة، وحيث المحبة قوة روحية - أخلاقية تروّض مصاعب الحياة وتستقدم «المستحيل».

في تفريقه بين الحب والمحبة، والثانية أوسع مما سبقها وأكثر كثافة وثباتاً، يتكيّف بطل جبرا عن الآخرين وينفصل عنهم، ويكون ذاك الرومانسي الذي تزوّده رومانسيته بالمسافة والمرتبة، فيحب وينجو من المعاناة، ويقف في «حضرة الألوهية» ولا يستشعر بالخوف، يقول نيقولاي بيرد يائيف في دراسته عن دويستويفسكي: «لا يترك الحب إلا الخسارة، إنه ببساطة إعصار يقود الإنسان إلى الغرق، لماذا؟ إنه مظهر للإرادة الذاتية التي تفضي من حيث هي كذلك إلى تكسّر الإنسان وانشطاره إلى نصفين. ص: 113 - 114».

لا شيء مما قال به ديستويفسكي له مكان في «جمالية التوازن»، فالحب انتصار على الأنانية الضيقة والحياة الراكدة، والمحب هادئ متوازن ولا يعرف الانقسام، والمحبوبة مرفأ أمان ومرآة للحياة السعيدة وبيت وسكينة وعائلة قادمة. خالف جبرا بردیائیف ورأى في الله حافظاً جميلاً، واختلف مع ديستويفسكي ووحّد بين الحب والمرأة والأمان، وبين هذه العلاقات الثلاث والوطن.

3. جمالية الإنسان المتعدد واغترابه:

على خلاف الرواية، في معناها النظري، التي تساوق إنساناً يأخذ به مساره إلى الخيبة، حال بطل رواية البيركامو «الغريب» وبطل «الأحمر والأسود» ستندال أو مغترب نجيب محفوظ في «اللص والكلاب»، اختار جبرا بطلاً آخر، يبدأ قلقاً ويفوز بالنهاية، أو يبدأ وينتهي متوازناً وسعيداً، أو يدع الآخرين مع حساباتهم ويحلق في سماء قريبة من الله.

تتضمن رواية جبرا الفلسطينية حركة من الأدنى إلى الأعلى، ومن المعطى العادي إلى وضع غريب عن العادي والمألوف. ففي روايته الأولى، التي كتبها في فلسطين، ولها قضية تغاير قضية رواياته اللاحقة، يبدأ البطل غاضباً على ذاته ومجتمعه، ويتصالح مع ذاته أخيراً، دون أن يتصالح مع مجتمعه. ومآل بطل الرواية اللاحقة معروف، وكذلك وضعه فالرواية التالية، إلى أن يأتي «وليد مسعود» ويغلق القول الروائي.

في الرواية الأولى اغتراب وتصالح مع «الأنا الكبيرة»، وفي الثانية غربة وفوز ووعد بتغيير العالم العربي، وفي الثالثة غبطة واستعداد مطمئن للعودة إلى الوطن، وفي الرابعة إنسان متعدد في أوصافه

وإمكانياته وأسراره في التأويلات التي تثيرها شخصيته. تصف هذه الروايات، في علاقتها بالفلسطيني، صعوداً إلى الأعلى، أو تبدأ به عالياً تخطى من معه وتجاوزهم. غير أنها، وهي تشير إلى العلو والصعود، لا تقتصد في تبيان غرابة هذا الغريب التي تثير الفضول: إمكاينة التعلم والسيطرة على الآخرين، النجاح المهني والاتساع الثقافي، جاذبية لا تقاومها النساء، التحالف مع جماليات الحياة، التفوق على آخرين ينافسونه ولا ينافسهم، ... يحتضن تصور جبرا، في تعامله مع بطله، بعداً صوفياً عنوانه: المجموع في الواحد، أو المفرد المتعدد الأكوان، أو الفضيلة في احتمالاتها المتعددة التي تتضمن المعرفة والأخلاق والحضور الجميل، التي تضع في «الكائن المتناهي» أبعاداً فاضلة «لا متناهية». وواقع الأمر أن جبرا في رومانسيته المسيحية، أو في مسيحيته الرومانسية، هجس بـ «الإنسان الكامل»، أو بإنسان ينزع إلى الكمال يوحد بين الجسدي والنفسي والروحي، ناظراً إلى خير نفسه وخير الآخرين، محاذراً الوقوع في الخطأ والرذيلة. جاء في المأثور المسيحي: «إذا أساء الفكر إلى الروح، اختصر الإنسان في ما هو وحدة هو نفسي وجسدي، أي بقي ناقصاً، في حين أن وحدة الجسد والنفس والروح مرآة للإنسان في الكامل. ص: 23».

أدرج جبرا في بطله تكاملاً أخلاقياً ومعنوياً نادراً، أو يقترب من الندرة، وترجم مساره ببعدين: تحصيل الرزق الشريف، والعودة الرمزية إلى الوطن، وتأمين الحضور الاجتماعي الإيجابي، الذي يسمح له بإنجاز هدفين قوامهما: العمل الصحيح والوطنية الصادقة. انطوى المسار على فكرتي: الواجب والمسؤولية، وأكد أن أخلاق المسؤول من صورة «الواجب المقدس» الذي يساوق حياته[3].

من اللافت أن جبرا، الذي أغدق على بطله بالتفوق والفوز بامرأة جميلة ومخلصة، وبسعادة مستريحة تكررها شوائب عارضة، ترك لبطله «وليد مسعود»، الأكثر تعددية بين أبطاله، حزناً ثقيلاً وأسى عميقاً، وشعوراً بالوحدة الخانقة، فاستشهد ابنه الوحيد، وعذب في السجن، وذهبت زوجته الجميلة إلى مصحة عقلية، واستذكر طويلاً زمناً سعيداً في ضواحي القدس لن يعود، ... أراد جبرا، وهو يصل بين بطله والمعاناة الشديدة، أن يذكر، ربما، بسير الأنبياء، الذين وحدوا بين رسالة فاضلة ومعاناة مرهقة، ذلك أن «وليد» نذر حياته، مهما تكن دروبها، لقضيته الوطنية، وذلك في فضاء عربي لا يتسع ويوحي بالطمانينة، إلا ليضيق ويستأنف..... السابق.

قصّر جبرا، في رواياته، المسافة بين السارد والمؤلف، وبين البطل والسارد والمؤلف، وبين المثقف الرسول والنبي، وبين الإنسان الكامل والله.... صاغ صورة البطل الرومانسي بأشكال مختلفة، والتعامل مع الرومانسية بأشكال مختلفة أيضاً، وترك بطلاً لا ينقصه الالتباس. كان يسعى إلى «بطل غنائي»، ينتسب إلى زمن ملحمي لا تناقض فيه، ويعيش زمناً روائياً عامراً بالتناقضات، في انتظار زمن أخير منتظر يهزم المنفى وتناقضاته معاً.

وزع جبرا في روايته «صيادون في شارع ضيق» جملة من المتناقضات: جاء بفلسطيني فقير ومنحه روحاً غنية، وبلاجئ غريب يغزو بغداد بلا تعب، وبمثقف مسيحي تعشقه امرأة مسلمة، وبعربي فخور بعروبته يقترب من أحكام مستشرف إنجليزي ويرى فيه صديقاً، .... روّض البطل التناقضات وانتصر عليها مقترباً من «بطل غنائي» في زمن تحتشد فيه التناقاضات. حمل البطل «المرغوب» ملامح: البطل المستحيل، الذي لم يعثر عليه المؤلف في الواقع، فاستولد من الأحلام، حاذفاً المسافة: بين الكلمة المجردة وتجسيداتها الواقعية.

المراجع

1. Nicholas Berdyaev: Dostoevsky, Meridian books, New york, 1960.
2. Collection Logique du spiritual: La My stique, l'Har mattan, paris, 2002.
3. روجيه كايوا: **الإنسان والمقدس**، المنظمة العربية للترجمة، بيروت، 2010.

ثلاثة نصوص أساسية

البئر الأولى: بداية البدايات

1. مفتتح أول:

نسج جبرا سيرة طفولته، في «البئر الأولى»، من الحكايات، ومن إخلاصه لطفل ولد في «بيت لحم»، بدا مشبعاً بالبراءة والرموز. جاءت براءة الطفل من غياب التجربة ومن زمن الطفولة القريب من الله، وجاءت رموزه من مكان طفولته، الذي ولد فيه السيد المسيح، وشيّدت فيه كنيسة المهد المليئة بغموض مقدس.[1]

تلتقي في السيرة المكتوبة عفوية صادقة، لا تنفصل عن الطفل الذي أعار صوته إلى «الرجل» الذي أصبحه، وحسبان لا هرب منه يرمّم به الكاتب شقوق الذاكرة. فما يوحي به الطفل يعيد صوغه «الرجل» الذي صار روائياً، مضيفاً إلى صوت الطفولة ما يرغب به المتخيل الروائي. انتهى اللقاء إلى حوار بين الذكريات وأطياف مدينة مقدسة وتجربة فلسطيني في العراق، ينظر إلى مهد المسيح وبقايا كهولته. أعادت فتنة الطفولة، التي تضع في الروح أسراراً لا تموت، الغريب الفلسطيني إلى مدينته الأولى وزادتها فتنة، وأملت على الكاتب نصاً أدبياً يجمع بين الحنين والإخلاص ويفصح عن نظر ديني إلى الماضي والطفولة.

وصل جبرا إلى ما أوصله إليه نصه الأدبي، الذي يبدأ من عتبة بيت قديم، وينصاع إلى الذكريات والصفحات المتلاحقة، ذلك أن الكتابة تصغي إلى صوت الطفولة وتتصرف به. تبدأ عملية الكتابة، في «البئر الأولى» بجملة سعيدة تقول: أنا الطفل القديم أتحرر من ثقل السنين وأعود إلى ما كنت عليه، أقود الرجل - الكاتب، وأرشده إلى مواضيع كتابته. وتنتهي الكتابة، وقد غدت مهنة، إلى قول آخر: أنا الرجل الذي ابتعد عن براءة الطفل، أقايض البراءة بمشيئة الكتابة. فلولا فن الكتابة لتبعثرت ذكريات الطفل في الهواء. يحضن النص طفلاً كثير الحكايات يريد أن يكون دليلاً، وكاتباً يصغي إلى الطفل ويترجم حكاياته. لا ينأى الطفل، فهو باق مع حكايات بئره الأولى، ولا ينتصر الرجل - الكاتب، الذي لا تقمع بلاغته ضجيج الطفولة. وواقع الأمر أن الرجل، كما طفله، محاصر بطفولة مشبعة بالمقدس، وبمدينة صريحة الرموز. يخترق المقدس الحكايات جميعاً، وتبدو الكتابة عنه مفتتح النص الأدبي ونهايته.

يتكشف المنظور الديني في ثلاث مقولات: التناسب الذي يحتضن المقولات جميعاً، ويعلن أن الله خلق عالماً سوياً لا شذوذ فيه، والحب الذي يأتي من السماء ويقتفي آثاره المؤمنون، والجمال الذي يوحد بين الله ومخلوقاته، ويخبر أن الله خلق العالم على صورته. أذاب النص الأدبي مقولاته في حكايات يضيء بعضها بعضاً، كما لو كانت حكاية كبيرة متعددة الوجوه، تسرد سيرة النور بأشكال مختلفة.

صاغ جبرا طفولته من حكاياتها: عائلة موحدة تتلامح في حكايات متفرقة، فلكل ابن اسم وأكثر من حكاية، يمرّ بها الطفل وتمر عليه، ومدارس متجاورة تصادت فيها أصوات رحل أصحابها قبل الكهولة أو بعدها، والكنيسة هناك، قائمة في حكاية كبرى وحكايات فرعية تتحدث عن المعجزة والعتمة والضوء، وشوارع بيت لحم التي تنام على حكايات وتستيقظ على غيرها. فالشارع الذي لا حكايات فيه لا وجود له. أقام الكاتب نصه على متواليات حكائية، وأفرد لبعضها مكاناً أوسع من غيره، فلبعض الحكايات دلالات تفيض على غيرها. ومن هذه الحكايات وأكثرها إيحاء، كما يشير النص، تلك التي تدور حول الطفل الذي وزّع «عشاء» عائلته الفقيرة على الأطفال الذين يلعب معهم. ليس في الفعل، بداية، ما يلفت الانتباه، باستثناء لهو الأطفال البريء.

استأنف الطفل في كرمه العفوي اللعب مع أقرانه، كما لو كان أكل «الرز بحليب» احتفالاً بلهو الطفولة، يجمّل اللعب ويضيف إليه بعداً جديداً. غير أن في الفعل الطفولي ما ينقله من جوقة الأطفال إلى المدى الإلهي، اعتماداً على مفهوم النقاء، الذي يلازم وجوه الطفولة، فالنقي هو الخالص الذي لا دنس فيه، والطفل مخلوق قريب من النقاء الإلهي بعيد عن «رذائل» المجتمع. ولعل قرب الطفل من الله هو ما يجعله بريئاً، فالبريء لغة هو «الوليد» وفعل برأ يعني خلق، والبراءة هي القرب من السماء، والطفل بريء لأنه لم يبتعد بعد عن زمن خلقه.

تقود الطفولة البريئة إلى «طقس الإطعام الجماعي»، الذي يتضمن الكرم والمحبة والمساواة. صفات تأتي من الله أو تقود إليه، كما لو كان حضور الطفل الكريم بين أقرانه تعبيراً عن حضور إلهي. يستحضر الطقس «المالك الحقيقي»، الذي خلق الطعام، ويستدعي تلك الحميمية، التي ترى في العطاء فعلاً بديهياً (أعطيك كي تعطي)، وفي التضحية تقرّباً إلى الله. يتكشّف كرم الطفل البريء، ضحى بعشاء عائلته، مرآة ليد الله، التي خلقت الطفل على صورة خالقه، وإشارة إلى طفل - إشارة يوزّع الرز بالحليب، حيث: «الطعام الأبيض» - الحليب - الذي يستدعي الضوء والنقي والعذري والفضيلة. انتقل الطفل في فعله من الأشياء إلى جواهر الأشياء، ذلك أن الأبيض المضيء صورة عن «الطفل الكريم» الذي يشير إلى عالم النقاء. يبدو الطفل، الذي يركض حافياً في شوارع بيت لحم، مخلوقاً يلهو مع الأطفال، ورمزاً خافقاً في عالم الملائكة.

يقف وراء كرم الطفل سؤال: ما الذي جعل الطفل على ما هو عليه، ولماذا التبس فعله بأفعال سابقة عليها مرجعها: الكرم الإلهي؟ وهناك تسامح عائلته الفقيرة معه الذي يحاكي تسامحاً آخر، قال به النبي الذي عرف «كنيسة المهد». ترد الأفعال الكريمة إلى خالق يرى ذاته في مخلوقاته، أو إلى وجود - أصل تفيض منه الصفات جميعاً هو: الله، ترجم الطفل جماله وكرمه.

أحال جبرا الرجل على ذاته وهو يحيل على الطفل الذي كانه، متمسكاً بالقاعدة الرومانسية: إن الطفل والد الرجل. أما المسافة بين الطفل والرجل فماثلة في تجربة الكتابة التي أضافت إلى الطفل القديم تجارب الحياة، التي تحوّل البراءة إلى تجربة شاقة. كرّمت الكتابة الطفل والرجل مطمئنة إلى «الضمان المقدس» الصادر عن مدينة: بيت لحم. كأن في الأطياف التي سكنت جبرا ما يلغي المسافة بين الأزمنة، وما يشتق «الطفل» من زمن المسيح ومكانه، اللذين يلازمهما النور والبياض.

تبدأ الحكاية الأولى بإطعام جماعي وتنتهي إلى طفل - إشارة منفتح على السماء. لا تختلف الحكاية الثانية عن سابقتها. فهي تدور حول موضوع خارجي، حدوده الأخذ والعطاء، وتنطوي على بعد رمزي، يجسّر العلاقة بين البارئ والمخلوق البريء. والموضوع هو الحذاء الثمين - المكافأة، الذي منحته المدرسة للطفل المتفوق، وبادلته عائلته المعسرة بمبلغ من المال. يتراءى المقدس المباشرة في «المدرسة المتدينة»، التي تجاور الكنيسة، وفي المناسبة التي يتوسطها عيد ديني، وفي الطفل الذي أتاحت «هديته» لعائلته عيداً سعيداً. تعود «التضحية» مرة أخرى، منتقلة من موضوع إلى آخر، وتعود الصدفة المضيئة، التي تنير أحوال طفل مبارك. [2]

ترتبط الحكاية، في مستواها الظاهري، بعملية التبادل، بالمعنى الاقتصادي، حيث العائلة تبادل الهدية بمبلغ مالي، كي تشتري حذاء أرخص وتتصرّف بالباقي. توسع الهدية عمر الطفل ويبدو عوناً لأهله قبل الأوان. لذا ينزاح التبادل عن موقعه المباشر ويصبح تبادلاً إشارياً يحيل إلى المقدس؛ إذ الطفل الذي حصل على هدية، يشبه بدوره هدية إلهية، تشهد أن الطفل الخير ممثل لخالقه الكريم يسمح هذا الوضع للطفل أن يتحرر من عمره، فيعيل أهله ويعلّم من كان أكبر منه عمراً القراءة والكتابة، ويكون وسيطاً خيّراً لفتاتين تبحثان عن زواج.

يتجسّد الطفل - الهدية في موضوع: الهبة، الذي يصيّر الطفل قوة روحية، تحمل تأثير خالقها، وتنقل التأثير المبارك إلى العائلة والمجتمع، ذلك أن العلاقة بين الأشياء، في عالم الطفل - الهبة، علاقة بين الأشياء والأرواح، يتداخل فيها السماوي والأرضي والقديم والجديد، إعلاناً عن الرضا الإلهي، الذي قمط طفلاً فلسطينياً واسع العينين يدعى: جبرا إبراهيم جبرا. لا غرابة أن ينتسب الطفل إلى «فقراء القدس» الذين انتصروا على فقرهم، وأن يمنح ما وهب إلى طرف ثالث (العائلة)، مشيراً إلى التداول الدائري للمواضيع - الرموز، بلغة مارسيل موس في كتابه: «بحث في الهبة». والطفل،

في الحالين، راضٍ ومبتهج في لحظة الظفر بالهدية، وفي لحظة حرمانه منها، موحياً بأنه طفل - هبة، تصاحب روحه هديته وتعيد إليه الهدية بشكل مختلف.

إذا كان «الطفل هو والد الرجل»، كما يقول جبرا، فإن الطفل - الهبة هو الرجل - الهبة، الذي يسير في دروب الحياة ولا يضلّ. أقام جبرا رواياته الثلاث الأساسية على «الرجل - الهبة»، الذي يدخل الحياة منتصراً ويحتفظ بانتصاره مشيراً، برضا كبير، إلى قوة سحرية تضعه، دون أن يشاء، فوق الآخرين.

2. مدخل إلى السيرة الذاتية:

جاء في مستهل كتاب جبرا: «البئر الأولى» السطور التالية: «أردت في البدء أن أكتب سيرة ذاتية كاملة، لا سيما بعد أن طالبت أدباء جيلي أكثر من مرة بكتابة مذكراتهم، وتسجيل تجربة التغيير، والنمو، والصراع، التي تجعل لحياتهم، وحياة كل منا، بل للحياة في عصرنا كله، مذاقها، وبعض معناها...».

تلامس الكتابة، منذ البدء، موضوعة «السيرة الذاتية»، التي قد تأتي ناقصة أو كاملة، محاولة التعبير عمّا وصل إليه الإنسان، بفعل قوة الزمن، التي تنقله من طور إلى آخر، وبصراعه مع الحياة الذي يعطي وجوده معنى، ذلك أن قيم الإنسان مما أنجزه في حياته.

ربط جبرا بين السيرة الذاتية و«تسجيل تجربة التغيير»، سالكاً طريقاً كتابياً خاصاً به، يفضي إلى «مجد الطفولة» ويكتفي به. سجل جبرا تجربته الحياتية بشكل مختلف معارضاً، بشكل مضمر، بين ما أعقب زمن الطفولة الذي اخترقته شوائب الحياة، وبراءة الزمن الطفلي المنفتح على السماء. أعطى الأديب الفلسطيني صيغة كتابية تلائم منظوره، تجمع بين عين «الطفل القديم»، المشبع بالعفوية، وذاكرة الكهل التي يقودها الحنين إلى زمن مضى، ولا تلتفت، كثيراً، إلى خبرة الحياة المترسبة في تجربة الكاتب، ولا إلى الصيغة الكتابية الاحترافية، التي لا تلائم «روح الطفل» التي تلهو ولا تعطي أحكاماً.

3. عن معنى السيرة الذاتية:

ليس من السهل إرجاع السيرة الذاتية إلى تعريف وحيد، فلا الدراسات النظرية تقول بذلك، ولا السيرة المكتوبة تعترف به، فلكل سيرة تعاملها الخاص مع الحياة والتجربة، ولكل منها أسلوب كتابي، يختلف من كاتب إلى آخر. وما يقرّب بين السيرة جميعاً ماثل في زمن مضى ورغبة في استرجاعه كتابة، وما يباعد بينها مقاصد أصحاب السير المتنوعة وجماليات الكتابة، والرقابة الذاتية، التي قد تكون باهظة مقيدة، أو تغيب كلياً عابثة بالعرف الاجتماعي. (3)

وإذا كانت جماليات السيرة الذاتية قابلة للمساءلة والتعيين، فإن «الصدق في الكتابة» يفلت من التحديد والقياس، فالبعض يكتب ما عاشه وبعض يكتب ما توهم أنه عاش، وهناك الذي يقصد

الموعظة و«تعليم القرّاء»، بعيداً من آخرين يسعون وراء جماليات الحياة والقيم. فقد استرجع طه حسين في كتابه «الأيام» مصاعب حياته، في فترتي الطفولة والصبا، ليرد على أزمة نفسية خانقة، جاءت من الاتهامات التي حاصرته بعد نشر كتابه «في الشعر الجاهلي»، كما لو كان يستمد العزم من تحديات سابقة ليرد على تحديات لاحقة. كان في سيرته «صادقاً» يتوجه إلى روحه، قبل أن يتوجه إلى آخرين، على خلاف جان جاك روسو الذي لا توحي «اعترافاته» بصدق أكيد، فقد أضاف إلى حياته ما أراد أن يضيف، وحذف منها ما لا يرغب بذكره. (4)

يدور موضوع السيرة الذاتية حول وحدة القصد والكتابة، فالقصد الفقير لا تغنيه كتابة رفيعة المستوى، والكتابة المتهافتة قد تبدد قصداً رفيع المستوى. ولذلك فإن اختصار الموضوع إلى السرد والزمن والفردية الكاتبة يظل شكلانياً، يجيب عن سؤال ويترك غيره غائم الإجابة. يقول فيليب لوجون في كتابه «العقد السيري الذاتي» عن السيرة الذاتية: «سرد نثري استرجاعي يكتبه شخص حقيقي حول وجوده الخاص به، مركزاً على حياته الفردية، وعلى تطور شخصيته بشكل خاص».(5) يمر القول على القصد مرتين، مؤكداً الوجود الخاص لشخص معين من ناحية، وتطور شخصيته من ناحية أخرى. ومع أن «لوجون» يفترض أن كاتب السيرة صادق في القول وهو ينقل ذاته إلى حقل الكتابة، فإن ما يفترضه لا يقنع تماماً، ذلك أن «الحقيقة» لا تأتي من الكتابة في ذاتها، بل من اقتناع القارئ أو عدم اقتناعه بها، الذي ينجذب إلى ما يلبي نوازعه، وإلى الشخص الذي وضع أمامه سيرته الذاتية. يجعل عنصري الاقتناع والشخص الذي يترجم حياته كتابة القارئ العربي يساوي بين طه حسين وكتابه «الأيام» ويرى «أيامه» في شخصه، متطلعاً إلى الضرير المبدع وإلى أسلوبه الأدبي، الذي يتداخل فيه الجمال والإقناع. يأخذ العنصران في متخيل القارئ شكل البداهة، فما يكتبه طه حسين مقنع لجماله وجميل لقدرته على الإقناع، وهو جميل ومقنع معاً لكونه يدور حول القيم الإنسانية الإيجابية، مثل التحمل والعزيمة والصدق والنجاح، ويعين الضرير الشجاع تجسيداً لها. أعطى طه حسين السيرة الذاتية العربية أسساً حديثة، مرجعها الأول فردية إنسانية متطورة، تعترف بالمجموع ولا تحاكيه، ومرجعها الآخر نثر متألق يتاخم الفرادة يعبّر، كتابياً، عن فرد يريد أن يتصرّف بحياته.

تجاوز طه حسين، في العقد الثالث من القرن العشرين، أجناس الكتاب العربية المسيطرة، واستولد جنساً كتابياً لم يألفه الأدب العربي كثيراً. فقد كتب السيد أوغسطين، في القرن الرابع الميلادي، سيرته الذاتية الخالدة «اعترافات»، التي عالج فيها موضوعي الخطيئة والإيمان، اللذين يحيلان على سياق غربي مسيحي. بيد أن أهميتها الكبيرة لا تعود إلى الموضوعين المعالجين، بل إلى الجديد الذي جاء به القائم في «تاريخ الذات»؛ إذ للفردية المفكرة حيّز زمني خاص بها، يضيء الطريقة التي يعي بها الإنسان ذاته، ويحاور علاقته بالأرض والسماء، مبيناً أن «الإيمان لا يحتاج إلى برهان». لم يحتفِ السيد أوغسطين بالماضي، من حيث هو، بل قدّم شكلاً من المعالجة الفكرية عن تجارب ذاتية متكاملة، ويضيء تطوراً

فكرياً ذاتياً يسأل: من أنا؟ وكيف أصبحت ما أنا عليه؟ لم يسبق أوغسطين أحد في مجاله، ولم يرتقِ أحد إلى أسئلة الروح مثلما ارتقى بها، خالقاً نموذجاً اعتماداً على خصوصية تجربته، سيبقى فاعلاً وله سحره الخاص في الأزمنة القادمة.

أقام طه حسين عمله الأدبي الأشهر على «تأمل الذات»، في مجتمع يعترف بالجماعة لا بغيرها، وأنجز السيد أوغسطين تأملاته الكبيرة في سياق سابق للأزمنة الحديثة وللفردية التي أنتجتها. ومع أن حسين عاد إلى طفولته وأسهب في وصفها، فقد كان غرضه تبيان قدرة الإنسان على مواجهة الصعاب والخروج منتصراً. أما السيد أوغسطين فكان هدفه دينياً، قوامه الإيمان بالله عن طريق الروح والذات المؤمنة.

احتفى جبرا، وهو المنفي عن أرض طفولته، بالذاكرة، ورجع إلى الماضي كي يقابل ذاته ويعانق الطفل الذي كانه، بل إنه أراد أن يوجه تحية واسعة أخيرة إلى زمن لن يعود، وإلى أمكنة فلسطينية ابتعدت عنه ولم تغب عن قلبه أبداً.

4. جبرا في سيرته الذاتية:

في الخامسة والستين من عمره، كتب جبرا سيرة ذاتية مجزوءة، استبطن فيها الطفل الذي كانه في مدينة «بيت لحم»، واقتفى آثار صباه في مدينته الأثيرة: القدس التي علم فيها الأدب الإنجليزي في «الكلية الرشيدية»، وعمل رئيساً لنادي الفنون. كان قد مرّ على صباه المقدسي في أكثر من رواية، أبلغها أثراً «البحث عن وليد مسعود»، وكتب قصصاً بتفصيل ملحوظ، عن طفولته الفقيرة، نشرها في مجموعته القصصية الوحيدة: «عرق وبدايات من حرف الياء».

ما الذي أقنع أديباً عالج الأجناس الأدبية كلها، وترك نتفاً متفرقة من سيرته الذاتية أن يعود إلى طور حياته الأول وهو في الخامسة والستين؟ الجواب ربما: استكمال الأجناس الأدبية التي زاولها، فالذي يحسن كتابة الرواية لا يتلكأ أمام السيرة الذاتية، ذلك أن في كل رواية أطيافاً من السيرة الذاتية. والجواب الآخر محاكاة الذين يصيّرون السيرة الذاتية مجالاً للتأمل الذاتي، حيث آثار الزمن البليغة وأطياف فلسطينية لن تعود، وحوار مع الذات ناقص الإجابات. ووسيلة لبناء ذاكرة أخرى للاجئين.

يقول جبرا في «المستهل»، مستعيداً سحر الطفولة ووهجها: «وكلا السحر والوهج يغرينا دوماً بالشخوص إليه والاندهاش به مجدداً، محققاً للنفس انتعاشاً هي بحاجة إليه كلما راكمت عليها الأيام أحداثها، وحطّت السنون عليها أعباءها».

في الكلمات التي تلامس أحداث الأيام وأعباء السنين ما يشي بأزمة، أو بما يشبهها، وما يذكر، مباشرة، بالأسباب التي دعت جان جاك روسو إلى كتابة «اعترافاته»، وبالدواعي التي حملت طه حسين

على وضع «الأيام»، إثر أزمة جعلته يهجس بالانتحار. بيد أن قراءة «البئر الأولى»، التي استهلت بطفل يقترب من الخامسة وتركته وقد أكمل الثانية عشرة، يهمش «الأزمة» التي تنفتح على المجتمع وينفتح المجتمع عليها، وتتوقف أمام روح رهيفة، تخشى أن لا ترى مدينة «بيت لحم» مرة ثانية، وتخشى أكثر أن تنسى بعض تفاصيلها.

أنصت جبرا، وهو يعالج سيرته، إلى حنين تجمعت فيه أضواء الطفولة الغامضة، وأنصت إلى ثقل الزمن في المنفى الذي يوقظ الذكريات والصور المتلاشية، فالإنسان يحن إلى ما عاشه حين يوقن أنه رحل ولن يعود. واجه جبرا غربته وهو يتذكّر طفولته، واعتصم بها في زمن واسع الإثم قليل الفضيلة. التمس العون من زمن البراءة، وسأل الطفولة معرفة يحتاجها في تحمّل شقاء الحياة. لذلك استعار من الشاعر الإنجليزي الرومانسي وردزويرث قوله: «إن الطفل هو والد الرجل»، معترفاً أن في حكمة الطفل الفلسطيني «القديم» ما يسعف الرجل على تحمل الحياة. كان لجبرا الطفل، المرقّع الثياب والحافي القدمين، حكمته الغامضة، التي جابهت العيش برضا مستديم، وكانت له قيمه الشفافة، التي امتدت في الرجل الذي أصبحه لاحقاً.

5. الحنين إلى براءة مفقودة:

في روايتي جبرا «صيادون في شارع ضيق» و«البحث عن وليد مسعود» ما يعطي «البئر الأولى» إضاءة كافية؛ إذ في الرواية الأولى فلسطيني يخلّف الجميع وراءه، وفي الثانية فلسطيني أقرب إلى الحلم والمعجزة. توحي الروايتان، وفقاً لما قال به «وردزويرث» بصورة الصبي الواعد الذي يضارع حاضره «المنتصر» مستقبلاً أكثر انتصاراً. تتراءى في المنظور ذاتية فردية تتأمل قامتها في مرايا مختلفة، وتعتقد أن زمن الطفولة الفلسطيني لا يغيب، يقول جبرا «إن الطفولة تبقى مبعث سحر يستديم فعله الغامض، ومبعث وهج يعجز عنه التفسير». [6]

ما يستعصي على التفسير هو «الأصل المضيء»، الذي عطفه جبرا على السماء وعلى السر الإلهي، معترفاً أن روعة الطفولة آتية من «قربها من أصل الكينونة، لا سيما إذا ذهبنا مع وردزورث إلى أن هذا الأصل نبتة في السماء، عند الله، لقد حاولت أن أعود فأحيا تلك الفترة طفولياً ص: 12». إن عالم الطفولة إلهي، مشدود إلى «أصل مقدس قديم، يستمر في القلب ولا يتحول. رغب جبرا، باستعادة زمن طفولي سمته الطهر والنقاء، مختلف عن زمن «الكهل الذي راكمت الغربة فيه أشياء قاسية». فأراد أن يسائل روحه، وأن يعانق نقاء مفقوداً، تطرده الحياة وتستبقيه الروح. يصبح الطفل القديم، في هذه التجربة، موضوعاً لمعرفة روحية شاقة، و«مصدر وهج يعجز عنه التفسير»، فالمعرفة العادية تظل صامتة أمام «أصل منبته السماء» فما هو «روحي لا يعالج إلا بوسائل روحية». وبسبب هذا الروحي، المقترن بطفولة قريبة من الله، استبطن جبرا، الكاره للدنس، طفله القديم واستغرقته حكاياته وانصاع

إلى غموضه المضيء، وتملّى طويلاً «العشق الطفولي لكل دقيقة من دقائق حياة، كانت قاسية وظالمة ومرفوضة.» هذا العشق الذي يحتاجه الفلسطيني الذي قذف به إلى المنفى.

إذا كان في السيرة احتفاء بمدينة مقدسة، تتوزع على بيت لحم والقدس، عاش فيها صبي نجيب فقير الحال، فإن فيها بحثاً عن طمأنينة لن تأتي، فـ«أصل الكينونة» لا يمتد في «الرجل الكهل»، والبراءة الأولى تتلوها «أحداث الأيام وأعباء السنين». ولعل تحولات الحياة هي التي جعلت من حكايات جبرا احتفاءً ورثاءً معاً.

صاحب السارد - جبرا - طفله القديم، واتكأ عليه وهو يزور الماضي، متوسلاً آثاراً تعقبها آثار. وأول الآثار هي: البئر في دلالاتها المتعددة: فالطفولة بئر تمد الإنسان الذي غادر الطفولة بوهج لا يقاوم والطفل بئر زاخر بالحكايات، والبيت الفقير، الذي ضمّ الطفل والبئر، بئر ثالثة، والآبار جميعاً طبقات من الحكايات، لها أسئلتها، وإجابات لن تأتي، ذلك أن الطفولة غموض مضيء. يتعين البئر مكاناً، يمدّ الإنسان بالماء، وزمناً متعدد الطبقات، ومجازاً واسعاً مدخله الحنين إلى مكان عامر بالأسرار.

كتب جبرا في المقدمة: «كلما أردنا التحوّل إلى دار جديدة نسكنها، كان أول ما نسأل عنه هو البئر». والبئر هي زمن الحاجة التي أوجدته، وهو زمن الذين تعاقبوا عليه وزمن رفيقه الأخير. هل البئر لم تنزح من طينها منذ سنين؟ يسأل السارد، ويقول: «آبار كهذه هي التي حفظت الحياة في المدن والقرى في المناطق الجبلية من فلسطين طوال العصور»، ويضيء معنى الزمن متحدثاً عن «خرزة البئر»، التي هي أشبه بدفتر يسجل تاريخ الدار والبئر معاً: «مع تقادم السنين، تترك حبال الدلاء، وهي تنزل في البئر وتصعد، آثارها في «فم الخرزة»، فتصقله أولاً، ثم تحفر فيه أخاديد تعمّق مع مضي الزمن وتتكاثر...».

تساوي دلالة «الخرزة» الكهل الذي عاد إلى طفله، فله أيضاً «سجله التاريخي» الذي تحكي عنه غربته عن وطنه وغضون وجهه، والحنين إلى أصوات تلاشت ولن تعود. والسؤال كيف يستعيد الكهل عالم الطفل، البعيد عن الخطيئة والمسوّر بالنقاء؟ لا جواب، فالعالم الطفولي المتصل بالعالم الإلهي لم يتبق منه إلا أسماء وحكايات وذكريات يخالطها البكاء لذا تنفتح السيرة مباشرة، ومن الفصل الأول، على الأسماء والحكايات: الراهب يوسف بلباسه الأسود ولحيته القصيرة، والأب الذي يعلّم ابنه معنى الكنيسة، والقس أبو حنا الذي يرتّل بصوت يخالطه النشاز، والأم التي تعالج «البابور» بإبرة خاصة، والأخ يوسف الذي يخرج من الشارع حافي القدمين، ورفاق الطفولة الذين يتجمعون في «باب المهد»، وحكاية التلاميذ في «مدرسة الروم» الواقعة خلف كنيسة المهد، .... ليست السيرة إلا متواليات حكائية تدور حول طفل ينتقل من «خشة» إلى أخرى، ومن وجه يعرفه إلى وجه جديد، ومن مقدس فلسطيني إلى آخر، وهي مسلسل الأسماء التي تستدعي الوجوه، وتستدعيها الوجوه. ولكل وجه حكاية ظهوره وغروبه، ولكل اسم حكايات تتجمع حوله أو تنغلق منه، وتستعيد جميعاً زمناً فلسطينياً مضى.

يتصل السارد بالطفل وهو يسرد حكاياته، وينفصل عنه وهو يكتب حكاياته، والفاصل بينهما هو الزمن الواسع الذي صيّر الطفل القديم كاتباً محترفاً. يفسّر فعل الكتابة «الشيء الذي لا يفسّر: فالبراءة شعور لا تحتويه الكتابة تماماً. ففي مقابل العفوية الطاهرة، التي يعبّر عنها اللهو الطفولي الحر، تأتي صناعة الكتابة، التي تحاصر سيولة التجربة، مؤثرة إيقاع الكلمات على الومض الشعوري. بل إن على الكتابة، التي تتكئ على ذاكرة مطيعة، أن تجسّر فراغات كثيرة، وأن تحذف وتضيف، مقرّبة ما كان تقريباً لا يكتمل. تنطوي السيرة، بهذا المعنى، على نصين: نص ينصت إلى ذاكرة يقظة ويثبت ما تقوله بالكلمات، ونص مراوغ تأتي به قواعد الكتابة وسيولة التجربة. يحاول النصان إشباع حنين لا يمكن إشباعه، فما كان محسوساً في بيت لحم، أقصاه عن النظر رحيل إجباري إلى: بغداد، وما كان مرئياً في القدس اضطرب بعد الرحيل عنها. بعد حضور المعيش الأليف، حيث المكان امتداد لإنسان عفوي العادات، يأتي الغياب القاهر، والفلسطيني الغريب الذي هو متهم وموقع شبهة لا تزول.

المكان هو ما عاش فيه الإنسان من ذكريات، وما ترسّب منه في القلب والوجدان. لذا يبدو المكان في تجربة التذكّر مهيمناً تتصادى فيه ضحكات وآهات وحكايات الأب، ويتداخل، فيه البيت والكنيسة والمدرسة الثابتتان. بعد البئر، المكان السيّد المنفتح على الأعلى يأتي «الخان»، الواقع في الطابق الأرضي من مبنى عتيق، يتصل بحاكورة فيها شجرتا رمان، وبـ «خشّة» بنيت من حجر خشن، ويعلو المكان بيت الله - الكنيسة، غير البعيدة عن «دير أبونا أنطون». المكان هو المجال الأولي الذي شهد على «التعلّم» وأيقظ في متخيل الطفل بدايات الأسئلة. ففي الحاكورتين «قرأت أولى الكلمات، وخططت أولى حروف الأبجدية»، يقول السارد، و«غنيّت أولى الأغنيات، وأنشدت أولى الأناشيد»، و«جمعت لأول مرة عدداً من رفقتي لنمثّل مسرحية»، وفي «الخشاشي» «وعيت لأول مرة قسوة الطبيعة».

أولى الكلمات، أول حروف الأبجدية، أولى الأغنيات، أولى الأناشيد، أولى المسرحيات، الوعي الأول بقسوة الطبيعة، ... يتناتج «الأول» مشكلاً صورة «الأصل»، مخبراً عن «المكان القريب من الله»، ومضيئاً «رواية التعلّم»، التي ترصد تفتح الطفل وارتقاءه في مدارج الوجود. أراد جبرا أن يكتشف ذاته في الحاضر، وهو يعيد اكتشاف عوالم طفل ترسّبت في ذاكرته حكايات كثيرة، بوضوح قليل أو كثير. لكنه لم ينظر إلى ذلك «الوراء» إلا بسبب حاضر سكنه إثم لا مكان له في زمن الطفولة. لن تكون صورة المكان في تفاصيله الكثيرة إلا عودة حالمة إلى مكان لن يعود.

في زمن البراءة الأولى عاش الطفل مع أشيائه، وفي زمن الإثم أصبح الرجل يحلم بما كان يعيشه، جامعاً بين المأساة والأحلام وعالقاً، شاء أم أبى، بأحلام مأساوية تخبر عن الظلم الواقع على اللاجئ الفلسطيني. فالإنسان في الأزمنة السوية يحلم بما سيأتي، على خلاف الفلسطيني الذي يحلم بما ذهب. وبسبب هذا الفرق الحزين يتكئ «الرجل» على الطفل الذي كانه، مستمداً منه القوة والحكايات الدافئة المشبعة بالإيمان.

6. الرجل والطفل والأب، جمالية الانتساب:

إذا كان الطفل هو والد الرجل، كما يقول الشاعر، فإن الأب هو والد الطفل والرجل معاً كما تقول الحياة. فلو لم يرعَ الأب ابنه لما استمر في الوجود، وغدا الرجل الذاهب إلى المستقبل، الذي يكتب سيرته. يبدو الأب «إبراهيم» أصلاً، تشتق منه فضائل الرجل والطفل معاً. حرص جبرا على الانتساب المعنوي والروحي إلى «إبراهيم»، ذلك الأب الذي بقي يفتن ابنه وهو في الخامسة والستين.

أخذ الأب في رواية «صراخ في ليل طويل»، ملامح غنائية مطمئنة، فهو قروي يمتد في الطبيعة النقية وتمتد الطبيعة فيه، يعيش بجهده العضلي، يحب الغناء ويؤمن بربه ويرى في الإيمان منهجاً في الحياة، غريب عن رخاوة أهل المدينة، وغريب أكثر عن مفاسدهم المتعددة.

يستأنف الأب، في «البئر الأولى»، صفات الإنسان النقي ويعطيها أبعاداً أكثر اتساعاً، تتجلى في حكايات متدفقة، وفي إصرار الطفل - الرجل على كشف الإنسان الرائع - الفاضل الذي كانه أبوه: وسيم موفور الكرامة قنوع معطاء، عفيف اللسان، يعمل على إسعاد عائلته، ويواظب على الصلاة والذهاب إلى الكنيسة، ومفتون بالقيم الدينية التي تحض على الاستقامة والتقشّف ويقبل بحياة فاضلة مؤطرة بالعوز، لازمها إجهاد مبكر، هدّ الرجل قبل الأوان وقرّبه من العجز.

عايش الطفل الإيمان وهو يعايش أباً مؤمناً،علمه ما آمن به وأطاعه. يستذكر الطفل «الخشاشي»، مرة أخرى، فيقول: «وفيها بدأت أعي الفوارق بين الناس وتصرفاتهم، وأعجب كيف أنهم لا يطيعون تعاليم آبائهم، ولا مواعظ قسسهم ورهبانهم». في عدم إطاعة تعاليم الأب ومواعظ القسيس ما يثير العجب، فهو عصيان لإرادة مباركة لا يجوز عصيانها، تتوزع على الأب والقسيس معاً، كما لو كان القسيس أباً والأب قسيساً آخر. والفرق بينهما هو القراءة وعدم القراءة، فالأب «أمّي»، وإن كان في إيمانه الواسع قدرة على التعلّم، وإرادة تستدرك النقص في «أبناء» يحسنون القراءة. تفرض صورة الأب على ذاكرة الكاتب أن تزور الأب مرات متعددة، في مناسبات لا يمكن تحديدها.

يأتي ذكر الأب في الصفحة الثانية من الكتاب، مرتبطاً بما يجب أن يرتبط به، أي الإيمان والعمل: «أفهمني أبي أن تلك الغرفة هي كنيسة، وأنها بيت الله. كان أبي يخرج إلى الشغل وأنا نائم»، ويحضر الأب بإيقاع ثابت وهو يأخذ ابنه إلى الكنيسة، وله الحضور كله وهو يصلي لربه في أيام الكفاية وأيام العوز أيضاً: «وقبل النوم، يقف في ركن الغرفة ويصلي، ويحمد الله على نعمته ورزقه، ولن يرقد في فراشه إلا بعد أن يتأكد من أننا، أنا وأخي صلّينا.. وذلك بتلاوة «أبانا الذي في السماوات» عدة مرات، حمداً لله على نعمائه. ص: 78». الأب والد الطفل «بيولوجيا»، وهو والده على مستوى الروح والرؤيا، وهو الأب - المثال الواجب محاكاته.

تتعيّن الصلاة في البيت المؤمن بعداً من أبعاد الحياة اليومية، بل البعد الأكثر ثباتاً وستتعين حضوراً

حميماً في وجدان الرجل القادم، الذي رأى في أبيه «القدوة العليا»، التي يستلهم قيمها المؤمن المثالي. تحدّث جبرا عن انجذابه إلى حكايات أبيه، وأفرد «لحكاية الناسك مالك» الفصل الحادي عشر من سيرته، مؤكداً الحكاية مرآة لطبيعة أبيه، ولصورته في ذاكرته. والناسك - المثال إنسان متعبّد هجر الدنيا واستقر في كهف جبل، يناجي الله ويعيش على القليل من الطعام والماء، ويحاذر مباهج الدنيا وفتنتها، ويقتنع أن الإيمان يعالج آفات البشر جميعاً، وأن إذعان الإنسان لرغباته طريق إلى الخراب. في الحكاية برهان عن قوة الإيمان الحقيقي ومآل «المؤمن» الذي تخدعه رغباته، ويخاصم نعمة القناعة.

كتب جبرا معقّباً على الحكاية: «هذه حكاية من حكايات كثيرة كان أبي يرويها لنا، ويعيد روايتها، في الأماسي، بعد أن يعود من عمله. وكما تبيّن لي بعد أن كبرت، كانت الحكايات عن تمجيد الفضيلة والزهد والفقر. وأغلب الظن أن مالك الناسك كان أحد أبطال أبي النموذجيين، دون أن يعي، ...، وكان يهمه أن يدخل الجنة لكي يرى وجه ربه. ولم يطلب يوماً من الدنيا إلا ما يبقيه هو وعائلته على قيد الحياة، بأقل ما تعطيه. ففي ذلك غنى له وكفاية».

رأى الأب في الناسك بطلاً له، ورأى الابن في أبيه بطله الأثير، وأراده أن يكون بطلاً لغيره أيضاً. تسير البطولة صعداً وتنفتح على السماء، حيث الله والملائكة، كما هجس الطفل يوماً، وتتوقف أمام السيد المسيح، الذي ينتمي إليه «الأبطال المؤمنون»: الأب في عمله، الناسك في جبله، والطفل الذي تأخذه الحكايات. لهذا يقارن الطفل بين أحواله وأحوال السيد المسيح، فقد كان مثله «فقيراً، معدماً»، ولد في مغارة، هي صورة أخرى عن «الخشية»، و«عندما كبر كان يمشي في طرقات بيت لحم والناصرة والقدس مثلنا حافياً، وبثياب قليلة، وممزقة، وعلينا رغم كل شيء أن نهتدي به وطوبى للفقراء، ولأنهم سيرثون جنة الله...».

عاش الطفل عالمه الروحي مسكوناً بقوة المثال المتعددة الأطراف، فالأب ناسك آخر، والابن يحاكي السيد المسيح، والثلاثة يشخصون إلى السماء ويتلقون الحماية منها. حين يقول الابن: «كنت أعرف أن أبي لا يملك من الدنيا إلاّ الثياب التي على ظهره...» يساوي، ضمناً، بين الأب والناسك، وحين يتحدّث عن: «حبه كل شيء حوله»، يشبّه أباه بالمسيح الذي قال: «دعوا الصغار يأتون إليّ، فمن مثل هؤلاء الأنقياء يألف ملكوت الله». في استذكار القول ما ينسب الطفل النقي إلى ملكوت الله، وما يسبغ النقاء على المؤمنين جميعاً.

كل مؤمن يحاكي مثاله، دون تراتب ومراتب وفروق، فالكل ينتمي إلى المسيح، الذي هو صورة عن إرادة الرب ومشيئته. تتكشّف روح الطفل الخيّرة في أمثلة ثلاثة: توزيع الطفل عشاء عائلته، ببراءة عالية، على أقرانه، غافلاً عن فقره وعن عقاب محتمل، وفي «البوتين» الذي أهدته إليه الكنيسة، وشغف به، وباعته عائلته لتدبّر أحوالها في عيد الميلاد، وانصاع إلى إرادتها راضياً. وفي لهوه بدفتره الأول،

الذي حصل على ثمنه بمشقة، وتحويله إلى لعبة يتسلى بها مع أقرانه، .... والواضح هو الفرح والرضا والسير مع حياة يعالج عسرها بإسعاد الآخرين، والواضح أيضاً مكافأة في نهاية الطريق. ليس المنطق السردي، في «البئر الأولى»، إلا هذا اللقاء المستمر بين «العطاء» و«المسرّة». الذي يضع القارئ أمام طفل - مبارك، يشخص إلى الخير ويجسده، وطفل - رسول، يوصل الآخرين إلى ما يرغبون به، كأن يساعد الطفل، حين أصبح صبياً، الرجل الذي يجاوره على تجاوز أميّته، كي يقرأ الجريدة التي واظب على شرائها، وأن يكتب «رسالة حب» لجارته العانس ساعدتها على الزواج.

يمكن اعتبار الطفل «التلحمي» مرجعاً ثابتاً للبطل الروائي في «صيادون، ورواية السفينة، والبحث عن وليد مسعود»، هذا الطفل الذي تلتبس صورته، في ساعات الصفاء، بصورة السيد المسيح، وبصورة «الأب»، الشامل، الذي اختزن في ذاته «جوهر الأبوة». [7]

يكتنف الغموض الأب بسبب جماليته الروحية والجسدية «شبه» المطلقة: «لم أسمعه يوماً يفوه بشتيمة، وأرادني أن أكون مثله، له إيمان بالله لا يتطرق إليه الشك مهما لقي من مكروه، بدا لي كسنديانة أسقطتها الريح، وكانت من قبل عصية على رياح الدنيا كلها، ....، بدا لي عملاقاً شامخاً، جميلاً، ....، يشع بالقدرة والعنفوان...». يصف الرجل أباه، ويعطفه على «الإنسان الكامل»، ثم يقول: «أرادني أن أكون مثله»، مقرراً استمرارية الأب في ابنه، وبداهة العلاقة التبادلية بينهما؛ إذ الأب هو ابنه والابن هو أبوه، والطرفان مخلوقان فاضلان يكتنفهما الغموض، عبّرا عنهما، لاحقاً، «وليد مسعود»، الموزع على الأرض والسماء وفلسطين وساحات «بيت لحم» التي تتصادى فيها نواقيس الكنائس.

إلى ماذا تصير جملة وردزورث «الطفل والد الرجل»؟ الطفل روح الرجل الذي سيصيره، و«الأب» روح الطفل والرجل معاً، والكمال المؤنسن روح الثلاثة معاً، الذي مهما كانت ألوانه يحيل على السيد المسيح. ينتهي الثلاثة معاً، إلى روح خير «قديمة»، تبطل معنى الزمن، كما لو كانت روح بيت لحم - القدس - قد تجسدت في روح واحدة «لا تاريخ» لها. ولعل هذا القديم، الذي لا يطاله النقص، هو الذي سيملي على جبرا الروائي أن يخلق «بطلاً معطى دفعة واحدة»، يتغير غيره ويبقى ثابتاً، وينتهي كما بدأ «شامخاً، جميلاً، يشع بالقدرة والعنفوان»، ويؤمن بأن فلسطين لا تموت.

تنطوي تبادلية العلاقات بين المسيح والأب والابن على أمرين: بطولة الإنسان المؤمن، الذي يرى أبطالاً مؤمنين خارجه، ولا يرى في ذاته بطلاً، فهو مندفع إلى «رضا الله» لا إلى إرضاء الآخرين. إنها بطولة الروح المنصرفة عن المصالح المادية، وتتطلع إلى الإنسان و«ابن الإنسان» وفضائل الإنسان، ولا تهجس بالمراتب الاجتماعية. والأمر الآخر: بطولة الانتساب في جمالياتها المختلفة، التي تجتمع فيها بطولات الفضيلة والنقاء والعمل الصادق، الذي لا يعنى بالمنافسة و«إخضاع الآخرين».

7.جمالية المكان والأرواح:

يوحّد المقدس، في سيرة جبرا، بين المكان والبشر؛ إذ للمكان قدسية لها بعد سماوي، وإذ أرواح البشر مرايا للمكان الذي يتحركون فيه. فالمؤمن الذي يسير في درب سلكه السيد المسيح يستعيد أطيافه وينزع إلى محاكاة أفعاله، كما لو كان المؤمن يترجم في سلوكه روح المكان. تعود إلينا القاعدة القائلة: إن الأمكنة بأهلها، مشتقة ملامح المكان من سلوك أهله، أو أن انبعاث المدن من انبعاث أرواح ساكنيها، مؤكدة أن وجوه المكان من وجوه ساكنيه. غير أن في المكان المقدس ما يفيض على القاعدة في شكليها، ذلك أن نور المكان المقدس ينبعث من داخله، ويسبغ النور على وجوه المؤمنين بقدسيته.

تتراءى طبيعة المكان - بيت لحم، في السيرة بشكلين؛ الأمكنة المقدسة متمثّلة بمتواليات من الكنائس والأديرة، وحضورها المستمر في نفوس روّادها، الذي يعيّن المقدّس بعداً من أبعاد الحياة اليومية. ولذلك يبدو «بيت الله»، أي الكنيسة، امتداداً للبيت الفقير، صاعداً إلى فوق، فهو «العليّة المغمورة بالنور والضياء»، التي تعلو «الخان»، الذي يصله شعاع الشمس صدفة. بل إن في المكان المقدس ما يعين أوقات النهار: «راحت قباب الأديرة المنبثة في البلدة تقرع أجراسها لتعلن انتصاف النهار، وأصوات الأجراس تتمازج عبر الفضاء، وهّاجه فرحة». في المقدس ما يضبط الحركة في النهار، وفي «أجراسه» ما يشيع الفرح في الفضاء. أملت وحدة الإنسان المؤمن ومكانه على السارد أن يكرّس الفصل السابع لتاريخ الأديرة المتنوعة، المرتبطة بطوائف دينية «شتى»، هذه الأديرة التي أعطت بيت لحم الكثير من شخصيتها العمرانية والاجتماعية. وأولها الخاصة بالروح الأرثوذكس المتمثلة بكنيسة المهد المشيدة فوق المغارة التي ولد فيها السيد المسيح. وهناك «أديرة الفرنسيسكان، المتمثلة في دير نجمة الشرق (وكان الأهلون يسموّنه «دير شرقا»)، وأديرة السالزيان وأكبرها «دير دون سكو، ولكن الأهلين يعرفونه باسم «دير أبونا أنطون»..... واللافت في الكلام تعبير «ولكن الأهلين يعرفونه أو يسمونه»، الذي يوحي بألفة بين المكان والأهلين، كما لو كان الأهلون هم الذين بنوها وعاشوا معها، سواء بناها الإمبراطور قسطنطين في زمن قديم، أم بنتها طوائف دينية في القرن التاسع عشر.

بيت الله مكان يصل بين الإنسان والسماء، زمنه من قدسيته، وهو كما جرى العرف، في ذاك الزمان، مدرسة تعلّم القراءة والكتابة وتعاليم الصلاة، والموقع الذي لا «عيد» من دون الذهاب إليه، والمكان الذي تستهل العطلة الأسبوعية به. يؤمّن «بيت الله» تديين الحياة اليومية، ويعطي لرجل الدين مكاناً واسعاً في الحياة اليومية.

ومثلما أن في «الخشاشي» ما يوصل بين الطفل وبدايات حياته، بدءاً بـ«بوابة البيت» الأولى وصولاً إلى دفتر المدرسة الأول، فإن في الكنيسة ما يبني طبقات الطفل المؤمن، التي تستهل برائحة البخور وبصلاة «مغلقة» اللغة يردّدها الطفل مسروراً ولا يعرف معناها.

حين يصل الصبي، للمرة الأولى، إلى كنيسة القيامة، يبدأ بالترتيل والدعاء، تعقبه «الرسامة»، فالثوب الذي «يرمز إلى أولى درجات التدشين». جملة من الطقوس، تحرر الصبي من زمنه اليومي، وترفعه إلى زمن علوي مفتوح البداية والنهاية، ذلك أن في الطقوس وساطة بين العلوي والأرضي، والأبدي والعارض، وبين الإنساني والإلهي. تمثّل «الرسامة» التوسط المقدس، فهي تعني، كما يقول جبرا، «وضع اليد»، الذي «تسلسل من السيد المسيح إلى بطرس الرسولي، ونزولاً منه إلى آبار الكنيسة منذ قرابة ألفي سنة حتى اليوم. إذن، سيضع الأسقف يده على رأسي، ويصلني ببركة يسوع المسيح نفسه... ص: 104».

تصل «الرسامة»، بشكل متسلسل، بين الطفل البريء وبركة السيد المسيح، وبين الطفل وأبيه والناسك النقي الروح، وبين المؤمنين وأمكنتهم القديمة المقدسة المعمورة بأطياف الأنبياء. تقرأ المدن الفاضلة في وجوه الذين نشؤوا فيها، وتقرأ وجوه أهلها في تراتيل الأديرة الحديثة والقديمة، المشبعة بالإيقاع والنور، ففي الأبعاد الثلاثة ما يشدّها إلى «يد مقدسة». وإذا كانت «اليد» عضواً محسوساً يتوزّع على جميع البشر، فإن لليد المقدسة مجازها المتمثل بـ: النور. فالكنيسة مؤثثة دائماً بالشموع وبإشارات دينية لها ضوؤها الداخلي، ولها ذلك النور الغامر الذي يتوهمه المؤمنون في كل مكان. يصف الصبي الكنيسة في عيد الميلاد في «مشهدها الرائع» فيقول: «ففي وسط المنصة المنخفضة شجرة كبيرة مزدانة بالنجوم والكرات المتلألئة، والكهارب الوامضة والشرائط الملونة، ...»، فإن دخل إلى كنيسة المهد اتسعت مساحة النور: «مئات القناديل الزيتية الملونة التي تتراقص فيها الشعلات الدقيقة كوميض النجوم بين الأعمدة الرخامية الملساء الكبيرة، وكان الهيكل السامق في الصدر يشتعل بالشموع...»، ولن يختلف الأمر حال الاقتراب من كنيسة القيامة في القدس: «في الدير أدهشتني الكنيسة بهيكلها المنقوش بالزخارف المذهبة وشمعداناتها الضخمة، وقناديلها المتلألئة....»

نستنتج صورة المقدس المكاني من المتلألئ والوامض والمشتعل، مستدعية النجوم والكهارب والشموع وبعداً رابعاً يدعوه جبرا بـ «السرّي»، الذي كلما تصالح مع النظر أقصاه من جديد. تترافد العناصر المضيئة وتنتهي إلى «النور الكلي»، الذي هو واقع ومجاز: واقع يدهش العين ويؤنسن الروح، ومجاز عن خالق يطرد الظلام وينير الأرواح المؤمنة. وكما أن في المكان المقدس، المحوّط بشموس مرئية وغير مرئية، ما يقصر المسافة بين الإنسان والله، فإن أنواره تبعث في القلب المؤمن نوراً أقرب إلى الإلهام، يعيد ترتيب العلاقة بين الإنسان ونفسه وبين الإنسان وعالمه مفصحاً، في لحظة الاستغراق، عن إشراق عميم، كما هو حال بعض المتصوفة.

يتجلى المكان المقدس في أنوار إلهية، تجمع بين العين والروح، في جملة من المرايا؛ إذ التراتيل والصلوات مرآة الإنسان المؤمن، وإذ الأخير مرآة لخالقه، الذي أراده نقياً وجميلاً. يقول جبرا في مطلع سيرته: «كينونة الإنسان جزء من محيطه»، مصرحاً، بلا غموض، بعلاقة بين الأماكن المقدسة والإنسان

الذي «يعيش» فيها، وبين أنوارها و«أشعة القلب» التي تروض صعوبة الحياة. غير أن معالجة الحياة، بأقساط من الرضا المطمئن والاجتهاد والقنوع، وفقاً لمنطق السيرة، يتأتى من إنسان عاش كما أراده الله أن يكون، وأمعن النظر في المرايا الإلهية المختلفة.

يذكر د. محمود رجب في كتابه «فلسفة المرآة» أربعة أشكال من المرايا المجازية: «مرآة تعكس الأشياء، كما هي موجودة في الواقع، ومرآة تبين الطريقة التي سوف تكون عليها الأشياء في المستقبل، ومرآة تبين ما هو موجود فقط في مرآة أو خيال الكاتـــب..» [8] تعكس المرآة الأولى واقع الحياة المعطى الموزع على البشر جميعاً، وتنطوي الثانية على ثنائية الرذيلة والفضيلة، حيث الأولى تحرّض على ما لا يجب أن يكون، بينما تدعو الثانية إلى تحقيق ما يجب أن يكون، وتشير المرآة الثالثة إلى الإيمان الواثق بصوابه، الذي يحذف المسافة بين المشتهى والمتحقق، وتومئ الرابعة إلى «المتخيل المؤمن»، الذي يربط علاقات الوجود المتنوعة بمرجع أول، يؤالف بين الحرية وبداهة الإيمان.

تأخذ المرآة، إذا قرئت من وجهة نظر نص جبرا، أبعاداً دينية أخلاقية، تحتمل الحسن والجميل والكامل، وما يترجم دلالة المكان المشبع بالنور. لذا يبدو السارد، في طوري الطفولة والصبا، ناجحاً وسعيداً، رغم مشاق الحياة، ويبدو والده راضياً رضياً، رغم فقره ومرضه. المكان في نص جبرا هو أنواره، التي تمحو السلبي وتلغيه، وتقنع «الفتى» أن سرمدية نوره من سرمدية مقدسة. وحّد جبرا بين بيت لحم والقدس واشتق منها مكاناً فلسطينياً متعالياً، لا يحاكيه غيره من الأمكنة، له حضوره الثابت في رواياته. ذلك أن سّر الكاتب من سر الطفل الذي كانه، الذي هو سر مكان منير لا يعطي معناه رفعة واحدة. يقول جبرا: «آثرت الاستمرار باستقصاء وكينونة واحدة تتنامى مع الأيام وعياً ومعرفة وعاطفة، تحيا براءتها، وتتشبث بها، والبراءة تزايلها. ص: 10». ليس فعلاً يتنامى، الذي يشير إلى صعود لا سبيل إلى إيقافه، إلا مجاز النور الغامض، الذي يراه الطفل ويشعر به ولا يبلغ قرار تفسيره ومعناه.

8. الملمح الديني في نص جبرا:

لا تحتاج الملامح الدينية في «البئر الأولى» إلى برهان. فالقدس وبيت لحم مكانان مقدسان، لهما الزمن السحيق والشواهد الدينية والأثاث الرمزي الممتد، الذي يفتح الحياة اليومية على المقدس. وللطفل الذي أيقظه جبرا، واستيقظت معه ذكرياته، تربيته الدينية الصارمة، التي يشرف عليها أب مؤمن، وله مدارسه القائمة في الكنائس أو القريبة منها، وله خيالاته التي تحاور الملائكة، وفضوله الذي يتطلع إلى أبواب الله.

لا يصدر الملمح الديني عن المواضيع التي يمر عليها السارد، إنما يصدر عن المنظور الكاتب، الذي يصوغ وقائع المدينتين، ويعطف عليهما حكايات، مشتقة منهما. يتعين المنظور في بعد يلازم

النظر الديني عنوانه: وحدة الجمالي والأخلاقي، حيث الجميل هو الحسن والطيب والخيّر، وحيث الأخلاقي جميل في جوهره. والعنصران انعكاس لـ «الإلهي»، الذي يجسدهما ويمضي على وحدتهما. شخصن جبرا وحدة الجمالي والأخلاقي في «أبيه»، الوسيم المتدين الذي تلازمه الصلوات، وفي «الطفل» الخيّر الذي تنتظره، دائماً، مكافأة ما. غير أن جبرا شاء أن يرى الجمال في المخلوقات جميعاً، باستثناء نماذج قليلة تسعى إلى الخسارة حال «العامل المدمن»، أو يسعى وراءها الشر ويدفعها إلى القتل. إن حساسية جبرا الخاصة التي توحد بين الرذيلة والخسارة جعلته يقفز زمنياً عن الفترة التي كتب عنها، ويصل إلى عالم 1939 ليتذكّر إنساناً بائساً قاده إدمانه إلى الرثاثة والتلف. بل إن إصراره على وحدة النجاح والفضيلة دفعه إلى الخروج عن النص ووضع حكاية «المدمن البائس» في هامش الصفحة.

في وحدة الجمالي والأخلاقي ما يقرّر قسمة العالم إلى أخيار وأشرار، وما يبني حيّزاً وفضاءً مسكوناً بالدنس. غير أن المنظور الديني الذي يؤمن بالرعاية الإلهية المهيمنة وسّع آماد الخير والرحمة والجمال منفتحاً على أطفال أبرياء ورجال دين كرماء وأساتذة أنيقين، واستحضر طبيعة رحيمة تتراءى في جبل بعيد (خريطون)، وآلف بين المطر والحيوانات، وبين الفقر والنفوس السعيدة الراضية. ولذلك يأتي «القبيح» هامشياً ينتظره عقاب عادل لا هروب منه.

في نص جبرا ما يستدعي مفهوم «المتخيّل المؤمن»، الذي يشير إلى فضاء مسكون بالرائع والمدهش والعجيب والملون و«أطيف الملائكة» وبكل ما تأتي به قدرة الله التي لا حدود لها. بيد أن هذا المتخيل، الذي ينفتح على ما يشاء، منضبط بإيمانه، الذي يتقصّى الخلق الإلهي، الذي لا تمكن مساءلته. بل إن فيه ما يضبط حركته وفضوله، فهو يؤمن بالفرق الكيفي الشاسع بين المحدود الإنساني واللامحدود الإلهي، وبالاعتراف بعجزه، الذي لا يستنفد الأسرار الإلهية.

يختلف المتخيل المؤمن عن «المتخيل الإنساني الطليق»، فالأول يتوقع ولا «يخلق»، فالخلق لله وحده، بينما يعترف الثاني بشغف الخلق وبتنصيب الإنسان خالقاً كاملاً، مرجعه في ذاته. ولأنّ هذا المتخيل مؤمن بأن الله خالق للأكوان كلها، فإن دوره التخييلي مقتصر على الاعتراف والتعرّف: الاعتراف بمحدودية الخيال الإنساني، والتعرّف النسبي المتصاعد على ما خلقه الله.

ولعل الإيمان بانتساب الإنسان المؤمن إلى الله، معتقداً وروحاً وشكلاً، هو الذي يدفع جبرا، إلى توليد البطل الجميل المكتمل، الذي يبدأ وينتهي كما أراده الله.

يفرض النظر الديني أولوية المضمون على الشكل، قائلاً بانتصار الخير على غيره. ولن يكون الشكل، والحال هذه، إلا جملة صدف ومناسبات تلبي مقاصد صاحب النظر، مبتدئة بما هو مضيء ومنتهية إليه. لكن جبرا الذي يترجم الدين إلى مقولات الفرح والمسرة والجمال والغفران، أعطى أولوية المضمون على الشكل صياغة فنية تحتفظ بها وتتجاوزها في آن: تحتفظ بها وهي تحتفي بالجمال الإلهي المتشجّر

في هذا العالم، وتتجاوزها بمتواليات حكائية تنشر الفرح العفوي البسيط، وتستبعد الوعظ والإرشاد والهداية والنبرة التلقينية، التي تضع صاحب السيرة فوق غيره من البشر.

لم يشأ جبرا أن يقيم تعارضاً باتراً بين عالمي الرذيلة والفضيلة، يأخذ به المنظور الديني الضيق، بل فتح عالم الإنسان المتناهي على العالم الإلهي المتناهي المسكون بالضوء مكتفياً بالإحياء ومستبعداً الإجابات القاطعة. استبعد الأديب التصوّر التقليدي، واعتنق تصوراً شعرياً، يعطف الإنسان على الله ويعطف الله على الإنسان، مضيئاً أحوال الإنسان بتجربة السيد المسيح، قارئاً التجربة بمفردات إنسانية واسعة تحتضن المسيحي وغير المسيحي في آن.

اقترب جبرا قرباً كبيراً من دبليو، ب، ييتس، الشاعر الذي واءم بين الدين والشعر والحداثة الشاملة. وكتب في عام 1937: «في مطلع شبابي كنا نتحدّث كثيراً عن التقاليد، وعن هؤلاء الشباب العاطفيين المرتبطين بالمسيحية...، ولكن كتاب الغصن الذهبي جعل المسيحية الآن تبدو حداثية وشديدة التنوع، فنحن ندرس كونفوشيوس مع عزرا باوند، أو نتبع ت. إس إليوت الذي وجد في المسيحية منهلاً رمزياً لفكر يلائم بعض الأفكار القديمة والجديدة...». [9]

استفاد ييتس من «الغصن الذهبي»، وصالح بين إيمانه المسيحي والأساطير القديمة، مفضياً إلى إيمان شعري لا يقبل بالانغلاق. ومن اللافت أن جبرا ترجم في مطلع شبابه شيئاً من الغصن الذهبي (أدونيس)، ملبياً فضوله المعرفي المبكر، مقتفياً آثار الشعراء الإنجليز الكبار الذين جمعوا، أكثر من مرة بين الرومانسية والمسيحية، أو بين الرومانسية ودين متعدد الألوان، يحتفي بـ «القلب الإنساني».

يتكشّف جبرا في بيئته الفلسطينية الأولى، وفي ثقافته الأوروبية الموزعة على الشعر والأسطورة والفلسفة والرواية، وفي مصادرة المسيحية - الفلسفية، الممتدة من القديس أوغسطين إلى توما الأكويني. لكنه يظهر، أولاً، في نجابته المجتهدة، التي حملت صوت «الطفل الفقير» إلى محافل ثقافية عالمية متعددة.

المراجع

1. **البئر الأولى**، دار الآداب، بيروت، 2009
2. يمكن العودة في هذا الموضوع إلى الكتاب التالي: Marcel Kénaf: Le prix de la verité, seuil paris, 2002
3. انظر دراسة د. خليل الشيخ الممتازة في السيرة والمتخيّل، أزمنة، عمّان، 2004، ص: 133-163.
4. Linda Anderson: Autobiography, routledg, London , 2001, p.44.
5. المرجع السابق، ص: 19 – 23.
6. Autobiography: toward a poetics of experience. University of pensylvania press, 1982, p: 30 - 36.
7. Christ the form of beauty, Francesca Aran Murphy, Tand T clark, Edinburgh, 1995, p: 50 – 57.
8. د. محمود رجب: **فلسفة المرآة**، دار المعارف بمصر، 1992، القسم الأول من الكتاب.
9. جبرا: **الحرية والطوفان**، المؤسسة العربية للدراسات والنشر، 1979، انظر: **ما هي الرومانسية**، ص: 76 – 88.

صراخ في ليل طويل
الغريب والحداثة الرومانسية

أنهى جبرا إبراهيم جبرا روايته الأولى «صراخ في ليل طويل» مشيراً إلى مكان الكتابة: القدس، وإلى زمنها: صيف 1946. لم يكن يدري ذاك الشاب الرومانسي، الذي أكمل السادسة والعشرين، أن روايته لن تظهر في القدس، وأنها، بعد تلكؤ، في بلاد الغربة. ولم يكن يدري أنه سيحتفظ، طويلاً، بعناصرها الفنية، التي تبدأ بمدينة ملوّثة، وأنه سيضيف إليها فلسطينياً، مديد التمايز والاختلاف، أملته تجربة المنفى وفرضته ضرورة الأمل.

أعلنت روايته الأولى عن مثقف حديث، تتساكن فيه رغبة التجديد وغضب صريح على مجتمع تقليدي لا يعرف التجدد. حافظ جبرا، بعد رحيله القسري عن وطنه، على دعوته إلى التجديد وأخلص لغضبه القديم، ناظراً إلى قديم فات زمنه وينتظره الحريق. لم يضف، في المنفى، جديداً فكرياً إلى ما اقتنع به وهو في السادسة والعشرين، ووضع جديده كله في فلسطيني لا ينسى أرضه، ذلك أن الغرباء الذين ينسون منازلهم الأولى يموتون على قارعة الطريق، وأن الوقوع في النسيان لا يسمح بأحلام عاقلة. حمل جبرا أحلامه الأولى ومات في لامكان، لم ينسَ فلسطين ولم يعد إلى بيته المقدسي.

1. الإنسان الغريب والمدينة الآثمة:

استمع «أمين سمّاع»، في جزء الرواية الأخير، إلى إنسان ميّت، يشبه أمواتاً آخرين يضعون أيديهم في جيوبهم، ويدخنون سجائرهم في زوايا مظلمة. شهد الأموات، الذين يتحرّكون، على مدينة ميتة، تغاير مدينة أخرى ينتمي إليها البطل الروائي. رصدت الرواية، المحمولة على قصة حب مريرة، أمواتًا كالمدينة الزائفة، ووضعت خارجهم إنساناً يدافع عن الحياة ويتطلع إلى مدينة تحتفي بالحب والفضيلة و«البراءة الأولى».

تستهل الرواية وتنتهي، وزمنها أربع وعشرون ساعة، بإنسان مأزوم يمر على أرجاء المدينة، في

ألوانها المختلفة، منجزاً دورة خارجية، تأخذه من موقع إلى آخر، وجولة في الروح تستعيد الذكريات وتنصت إلى أسئلة مربكة. ولأن العين تحدّق في ما لا تريد أن تراه، مرت عين البطل الغريب على متواليات من القبح والقذارة. فبعد «بغي» تفتتح الدخول إلى المدينة، يأتي عامل المقهى المثقل بالإعياء، وآخر يخطئ التعرّف على الناس، فرابع مشبع بالإحباط والرخاوة. ولن يتغيّر السلب في أماكن خاصة، لا شرطي فيها ولا مارة تائهون، فالتاجر الحديث النعمة فاسد الذوق، والمثقفون مزيج من الأصوات المرتفعة والكلمات الفارغة، والنساء اللواتي تقع عليهن العين صدفة مثقلات بالبلادة، ... والأمكنة على صور القاطنين فيها، وإن كانت مبرأة من الكذب والخديعة: «كنت قد أبطأت في المشي، عندما وجدتني أنظر إلى لافتة مضاءة «مقهى المدينة». كان على المرء أن يلج زقاقاً ضيقاً معتماً، تفوح منه رائحة القمامة المتراكمة، ...، في وسط حي أدارت له الظهر بضع عمارات شاهقة... ص: 31».

تفضح السطور السابقة وجوه المدينة الزائفة وتفصح عن المنظور الروائي في آن. تتمثل المدينة في التعارض بين الأسماء والوقائع، وبين ما هو قائم وما يجب أن يكون، فوراء العمارات الشاهقة أزقة ضيقة، وإلى جانب المقهى قمامة متراكمة، وأمام «اللافتة المضاءة» أنابيب المياه والمجاري، ... كأن المدينة الزائفة وجوه يتنافى، وكأن في الأبنية الشاهقة وأكوام القمامة ما يلغي بعضه بعضاً وينتهي إلى عبث «القرى الكبيرة»، التي هي بناء هجين يفتقد إلى ما هو فاضل في القرية، وإلى الجميل الذي أنجبته المدينة. يتلامح في النتيجة موتان: موت القرية في المدينة، وموت الجمال المديني في المدينة الزائفة.

تضع الهجنة المتمددة في التصور الروائي، الذي يواجه القائم بما هو نقيضه، شيئاً من الارتباك يوزع المدينة إلى مدن قائمة وأخرى محتملة: المدينة الحقيقية الغائبة، بحسها الرهيف وتعدديتها الممتعة، و«مدينة الموت»، كما جاءت في الرواية، التي تمارس الحياة وتحتفي بالمرض، و«المدينة الفقيرة» التي هي مزيج من نقاء الريف وظلم أهل المدينة، تخنقها حرارة الصيف وتعذّبها مفاجآت الشتاء.

أراد الروائي أن ينفذ إلى جوهر المدينة المعادي للصدق والبراءة، أو أراد، بشكل أدق، أن ينفذ إلى مدينة متخلّفة تنقض معنى المدينة. قادته قصديته، التي هي وجه صادق الرومانسية، إلى «مدينة ذهنية»، تتسع لكل ما يريد قوله، ولا مكان فيها لما يعارض تصوّره و«رؤياه». فلا هي بالمدينة الواقعية المعروفة الاسم والمكان، ولا هي بالمدينة المتخيلة التي تحيل إلى الواقع وتختلف عنه. لذا تبدو حافلة بالصفات وأسماء الأشخاص والعائلات، وتظل مجهولة لا يمكن التعرّف عليها. إنها المدينة التي يشتقها الوعي الرومانسي من الأساطير والقصائد والرموز، وينقّل في أرجائها بطلاً لا ينتمي إليها.

تأتي صفات البطل من صفات المدينة التي يرفضها، فهو رافض للدنس والقبح والقذارة والعقول الكسولة، كما لو كانت المدينة مرآة والبطل مرآة مقلوبة، طبيعتان لا يوجد بينهما وصال، فإن أقنع البطل نفسه، في لحظة نسيان، أن في طبيعة المدينة ما يكاد يشبه طبيعته سقط في الخيبة واقترب من الموت.

ولذلك جاء السارد بقصة الحب المعذّبة، التي تبدأ مزهرة وقابلة للحياة وتسقط في ذبول أقرب إلى المأساة. ذلك أن الحب من طبيعة البطل، لا من طبيعة المدينة الزائفة، التي تستهل بـ «البغاء» وتنغلق عليه، وأن الوصال بين طبيعتين متناقضتين ينفتح على مأساة يجاورها الألم والموت. يكشف الحب عن غربة البطل عن المدينة، وعن غربة الأخير عن الحب واحتفائها بالخديعة، كما لو كان في طبيعة المدينة ما ينبذ الحب والحياة، وما يأتلف مع قيم مهشمة، تشبه القيم وتقتلها في آن.

تتكشّف غربة البطل في قيمه التي لا تعرفها المدينة ولا تتعرّف عليها، وتتكشف واضحة شفافة في الأصل الذي انحدر منه. فهو قروي الأصل، وبين القرية والمدينة فروق لا تصالح بينها، وهو ابن أبيه الذي تتجسّد القرية ساكتة فيه، بعيداً من تاجر المدينة الأقرب إلى «المسخ البذيء»، وعن أهل المدينة الذين يخلطون بين الحب ومتع الجسد. يقول البطل «أي هذر هذا الذي يتفوه به أهل المدينة حين يتحدّثون عن ملذات الجسد...؟ فقد فقدوا ما كان لديهم من عزيمة روحية، وفقدوا بالتالي حيويتهم...». فالمدينة وجود مريض لا أمل في شفائه، تمتد في الموت ويمتد الموت فيها وتنتظرها المقبرة. يحاور السارد أهل المدينة يقول: «غير أن أذهانكم ممروضة ولن يجديكم شيء من كل هذا»، والمريض الذي لا يجدي معه شيء ميت أجّل أدفنه، ويكمل القول بوضوح أشد: «هل لاحظت أن المدينة مبنية على خوف الإنسان من الموت؟». كما لو كان في طبائع أهلها ما يصرفهم عن الحياة ويأخذهم إلى موات بليد. على خلاف ذلك تبدو القرية كياناً منفصلاً يحتفي بالحب والجمال والحياة، إنها المرحلة الغنائية المستقلة بذاتها، لها زمنها وأفراحها وعشقها العفوي للحياة، إن لم تكن هي الحياة الخالصة التي تجهل الموت. وبقدر ما أن الإنسان الذي يعيش السعادة لا يلتفت إلى تعريفها، فإن إنسان القرية لا يهجس بالموت ولا يفكر فيه: «ففي القرية لم أفكر في الموت قط، ولم أعتقد أن في الإمكان أن أموت أو أن يموت أحد أعزائي»، يقول «أمين سماع» مساوياً، ضمناً، بين القرية والجنة.

يقيم السارد مقارنة نافلة بين القرية والمدينة؛ لأن المقارنة تستلزم المتشابه والمختلف، خلافاً للمدينة المغلقة الملتفة حول عمائها، وللقرية التي هي جوهر مغلق آخر بفضائها المتسع الذي لا تعارفه المدينة. ولعل هذا الفرق، المرتبط بطبيعتين مختلفتين، هو الذي يمايز مطر القرية عن مطر المدينة، فالأول وديع نظيف مخصب والآخر غاضب يحمل الموت أو يحمله الموت، بل إن «الوحل» يختلف اختلاف التربة المباركة عن شوارع الغبار والقمامة المتراكمة. إن هجعة الريف أيام الصيف «أشبه بالموسيقى، وإن آلات الموسيقى في المدينة مجرد زخارف تتسلى به الأرواح الميتة. والواضح أن في هواء الريف ما يستولد العاشقين الذين إن وصلوا إلى المدينة، خطأ، أصابهم العقاب.

صاغ جبرا الشاب روايته بوعي رومانسي «وافد»، ظناً منه أن في «القرية الزائفة» شيئاً من آفات الثورة الصناعية، التي هجاها الشعراء الإنجليز الرومانسيون وامتدحوا «هجعة الريف» وبراءة الطبيعة. حين يصف بطل «صراخ في ليل طويل» والده يقول: «عاش بكفيه الكبيرتين» في إشارة إلى وحدة العمل

والأرض؛ إذ العمل يسعف الأرض على النمو والتفتح، وإذ الأرض المحملة بالخير تجود على الفلاح بكفين كبيرتين تمنعان عنه التعب والشقاء. فمثلما أن ابن القرية لا يهجس بالموت، فإن عمله في أرضه لا يجهده، فهي منه وهو منها: «كان أبي جزءاً من الفصول: الربيع بأزهاره وأغانيه، والصيف بحصاده وشهواته، والخريف بزيتونه وأعراسه، والشتاء بزمهريره وتوقعاته. ص: 41». تأتي الأغاني مع الربيع ومنه، وتحضر الشهوة مع الصيف، ويحمل الخريف الأعراس. لا شيء يأتي من خارج الإنسان، فكل ميوله فيه، وكل ما فيه جاءت به فصول الطبيعة نقياً بريئاً ولا اصطناع فيه. ولهذا يغني «ابن الطبيعة» ويحسن الغناء، ويعشق ويشتهي ولا يخطئ، ويعيش مع الحياة، وتعايشه الحياة، ولا يعرف الإثم والخديعة.

يبدو البطل الرومانسي غريباً عن المدينة مرتين: غريباً عن ملامح المدينة التي تنهر الحس السليم وتستفز مثقفاً له ذوق جمالي رهيف. فالتاجر الذي تتوسط ابنته الجميلة الحكاية «مسخ بذيء»، وزوجته «تمثال عبوس فوق حوض تنصب من فمه القاذورات». يساوي البطل بين الأخلاقي والجمالي، فلا أخلاق لمن كان قبيحاً، ولا جمال لمن انتسب إلى مسخ بذيء، إلا إذا كان جماله عابراً، حال الفتاة التي خدعت عاشقاً قروياً، نسي تعاليم أبيه وسقط في مصيدة المدينة. لذا يكون العاشق جميلاً، وله «وجه كوجه المسيح»، صورة عن أبيه الذي أتقن العفوية والغناء، ويكون غريباً مرتين، فما نفذ إلى روحه الريفية مفتقد في المدينة. وليس بين «المسخ البذيء»، في تجارته المزدهرة، والفلاح الذي ذاب في فصول الطبيعة الأربعة، مجال للمقارنة، واللذان ينتميان إلى فضائين مختلفين في الوسائل والأهداف، وإلى زمنين متباينين، أحدهما يحتضن البراءة والطبيعة، وثانيهما مصاغ من الإثم وفتات التقدّم.

غير أن غربة البطل، في بعديها المختلفين، تحتشد بغربة ثالثة، تصرّح بها خبرته وهواجسه الذاتية. فقد جاء على لسانه وهو ينظر إلى البشر: «ولما رحت أشق طريقي بين الجمهور المتدفق، أحسست بعزلتي التامة عن الإنسانية. ومع ذلك، أولئك هم الناس الذين تأملت حياتهم وأشفقت على مصيرهم، ....، لقد جلست شهراً بعد شهر، كنبي أثقلت كاهله السنون، لا ريب أنني رأيت في شقائي شقاء البشرية، فبقيت أطيل النظر إليه. ص: 66».

يطرد السارد الجمهور من داخله، مؤثراً عزلة تامة، يتمازج فيها رغبة بالنقاء المطلق ورعب الاختلاط واحتقار للآخرين، لا يصرح به السارد تماماً. ومع أن فرانك كيرمود أشار، في مطلع كتابه «الصورة الرومانسية»، إلى انجذاب الفنان الرومانسي إلى العزلة، فإن سارد جبرا لجأ إلى كلمات «غامضة» الإيحاء، فقصّر المسافة بين «الناس»، وهي كلمة عامة، و«الإنسانية» التي تعني البشر جميعاً، ووطّد إيحاءها الغامض بتعبير «شقاء البشرية»، الذي تتصادى فيه نبرة نبوية. لا غرابة أن تترافد كلماته وأن تعلن عن مسار «نبي»، تأمل شقاء البشر من شقاء لا يستطيعون تحرير ذواتهم منه. بل إن المعنى يتجلّى بوضوح في جملة: «لقد جلست شهراً بعد شهر، كنبي أثقلت كاهله السنون»، التي تنطوي على طور أول سمته مراقب «الإنسانية» ومعانيه أولها، وطور ثان قوامه تهيئة الذات واختيار الرسالة، وطور اختيار

52

الإنابة اللاحق، الذي يعيّن «الإنسان المختلف» ناطقاً باسم الجميع، يهديهم ويدلهم على ما يجب فعله: «إن المدينة في حاجة إلى أذهان صحيحة، ...، تفعل في حياتنا فعل الشمس والنور.». وعلى الرغم من صيغة الـ «نحن»، التي توزع الرسالة على مجموع، فإن مرحلة «التهيئة» الطويلة، التي أثقلت كاهل الإنسان الغريب تعيّنه نبياً وحيداً، لا يحتاج إلى غيره.

تبدأ الرواية بسارد مغترب يجتاز مدينة، يعرف داخلها وخارجها، ويبيّن أنها مدينة آثمة، وأن دورها تخليصها من آثامها والتبشير بمدينة جديدة. غير أن عنفه في تقويم البشر، كما شهوته في تحويل المدينة إلى قرية جديدة، يكشف عن منظور مجرّد إلى العالم، يمحو المدينة القائمة ويفرض «مدينة ذهنية»، توجد ولا توجد في آن، يحوّم فوقها «مثقف ذهني» يلتبس بالنبوة.

2. مدينة الإثم في مجازات ثلاثة:

مدينة أقرب إلى اللعنة، أقصى أهلها أنفسهم عن مواقع الخير وارتاحوا إلى الخطيئة. يظهر قبح المدينة العاري في أهلها، ويظهر في عنف اللغة الساردة، التي تحوّل الظواهر إلى «جواهر» مغلقة، حيث القبح اليومي هو القبح في ذاته، وحيث الدنس يكون كاملاً أو لا يكون. ولعل عنف المنظور، الذي يجمع أجزاء السلب ويرفعها إلى شكلها الأعلى، هو الذي دفع بالتصوّر الروائي إلى المجاز، أو إلى ما يشبهه، تعبيراً عن احتجاج نبوي ودعوة إلى دمار كامل.

يتراءى المجاز الأول في قصر قديم على أطراف المدينة، يعود إلى أسرة أرستقراطية في طريقها إلى الانقراض، كان لها مجد تآكل، تبقى منه سيدة تقترب من شيخوختها، تنصت إلى دقات ساعة موروثة، وتصرف أيامها في ترتيب أوراق الأسرة الآفلة، وتوكل إلى أديب شاب (السارد) كتابة سيرة الآسرة، كي تصونها من الضياع والبرد.

ينطوي فعل الكتابة، الذي يروم تثبيت وجوه قديمة على الورق، على مفارق اللقاء بين الحي والميت، التي تثير ضحكاً هامساً لا يكف عن الاتساع. فعلى الشاب أن ينغمس في طيّات الذين فارقوا الحياة وعليه، وهو الروائي الذي يجاور الحياة اليومية، أن يخرج من زمنه وأن يحاور أوراقاً صفراء تثير الضجر، وأن يضع موهبته في خدمة أموات لا هيبة لهم: «كنت في كثير من الأحيان أضطر إلى خنق ضحكة شامتة تثيرها خديعة هؤلاء الأسلاف الموقرين وهم يعرضون ملابسهم الحريرية وعمائمهم المريشة على السوقة في زمانهم ثم ينصرفون إلى بيوتهم ويحاولون إغواء من في خدمتهم من النسوة القرويات. وكانت عنايت هانم تدون كل ملاحظة بجد عجيب، وعليّ أن أحذوا حذوها. ص: 111». يصدر الضحك الشامت عن عبث المجهود، وعن الاحتفاء بسخف غيّبه التراب، وعن حضور اللايقين الكاسح الذي ينشغل، في زمن الرواية، بأطياف العمائم المريشة. ذلك أن على الروائي المغترب أن

يضع متخيله في خدمة عائلة عثمانية الطراز استقرت حياتها المنقضية، الضيقة والقريبة من الابتذال، في أوراق منظمة، لا تقبل بالحذف والإضافة.

يعيش السارد، في علاقته بالقديم، اغترابه، ويعهد إلى المتخيّل الروائي بتسوية الأمور، متوسلاً الموت الطبيعي والحريق، فحفيدة أصحاب العمائم المريشة تقضي بموت مفاجئ، والقصر يلتهمه حريق غير متوقع. يتعين الحريق امتداداً «للضحكة الشامتة»، ذلك أن عوداً لاهياً من الثقاب يحوّل سيرة «الأسلاف الموقرين» إلى رماد.

عالج التصوّر الروائي السيدة القديمة بالموت، وعالج القديم المتجهّم المترصّن بالحريق، واستولد منهما رماداً، سيأتي فوقه بيت جديد متحرّر من اللعنة. بعد أربعة عشر عاماً سيأخذ الروائي وعالم الاجتماع حليم بركات بمجاز الحريق في روايته «ستة أيام» قائلاً بدوره بالرماد المبارك، الذي تنبعث منه حياة مبرّأة من الخطأ. حررت ثنائية الرماد والحياة الجديدة الأخت المتبقية من العائلة من قيودها، فهي التي أقدمت على حرق القصر، وعلى حرق ما كان يشل إرادتها ويضعها بين الأموات. تقول: «يجب أن نقضي على بقايا الأموات. أشعر بأنني عنقاء تنطلق من رماد ماضيها». ولم تكن حياة السيدة الجميلة الأربعينية رماداً. فقد كانت مقبلة بنهم على الحياة، وإلا لما عرفت أصابعها الطريق إلى عود الثقاب الحاسم، الذي أعلن انتصار الحياة على الموت. والأساسي في تصور جبرا الشاب ماثل في مفردة «العنقاء»، التي ارتاح لها، لاحقاً، الشعراء العرب «التموزيون»، الذين رأوا في اللهب المقدس طريقاً إلى النجاة. لا مكان في الوعي الرومانسي، وله ألوانه المختلفة، للمجزوء الذي يحتمل التأجيل، فلكل حكاية بداية يخترقها الخلل، ولكل حكاية نهاية برئت منه. وما حكاية القصر القديم، الذي يعانقه الموت في البداية والنهاية، إلا حكاية الحب المعطوب، التي هي مجاز آخر لبؤس المدينة. فبعد لعنة القديم تأتي لعنة الخديعة، التي تعد بمطر نظيف وتنتهي إلى بقعة آسنة.

تبدأ قصة الحب في فضاء أثير على تخيلات الرومانسيين، تتكامل فيه الريح والمطر والأشجار والجسر القديم، وتسير واعدة متحدية قائلة في النهاية: خاب سعي العشّاق. والخيبة لا تنظر إلى القرية، التي لا تخيب ظن أحد، بل تأتي من المدينة، التي لا ينصح وسطها المديني بالوفاء، لأن حسبانه التجاري يصيّر الحب إلى سلعة بين سلع أخرى. اشتق السارد الكاتب العاشق من أبيه القروي، الذي يوحّد بين الحب والمطر والهواء وفصول الطبيعة، واشتق المعشوقة من ذاتها المخادعة، ومن بيئة عائلية فيها متسع للقبح والذوق الرخيص: «الصور الزيتية الرديئة، التي لا تستحق الإطارات التي وضعت فيها». لا يختلف حال العاشق، في علاقته بابنة المدينة، عن حال الإطار الذهبي، في علاقته باللوحات الرخيصة، ذلك أن كلاً منهما سقط في مكان خطأ.

تعمل الفتاة إشارات تشي بقصة الحب المستحيل، فلباسها مزيج من الخضرة السعيدة ومن الصفرة

الذاهبة إلى الجفاف، ومن زمن عابر وآخر مقيم مقيد إلى العائلة. يبقى الفرد العاشق، في الحالين، مع خضرة أكيدة تهزم صفرة المدينة: «زحفت نحوي... غير أنني تراجعت عنها كأني في اقترابها مني عدوى مريعة وصحت: انظري إلى نفسك: صفراء كالموت، ذابلة كالموت، ولست أريد الموت بعد اليوم. ص: 110». العدوى المريعة هي أطياف القصر القديم، والشفاء من العدوى له ناره المطهرة. تبقى العنقاء المنبعثة من الرماد، التي خلّفت وراءها قصراً احترقت أركانه في المجاز الأول، وصفرت هامدة في المجاز الثاني. تعيش القصص الرومانسية على لقاء الإثم المهزوم وصرخة الخير المنتصر. أخذ العاشق المفرد، رغم اختلافه، موقع «الأخت المتمردة»، التي لا تريد أن تتعايش مع الأموات. عاش الطرفان اختباراً منتصراً، يرحّب به المستقبل، وإن كان للرومانسي الأصلي، الذي جاء من القرية، انتصار قائم فيه، يغفو قليلاً في ساعات النسيان.

بعد اختزال المدينة في مجازي القديم الميت والخيانة المميتة، يركن السارد إلى مجاز «المدينة القديمة»، كما يقول، مدينة الفقراء، التي تضم أشتاتاً جاءت من الريف، استنزفها التجّار وأصحاب البنايات الشاهقة، ورموا بها إلى الفقر والغرق. لذلك تبدو «مدينة الفقراء» مزيجاً من السديم والنقاء، فهي قرية سقطت في جحيم المدينة وتنتظر الخلاص. يفتتح الدخول إليها بإشارة إلى جهنم: «أود أن آخذ بيدك فأقتادك، كما اقتاد فرجيل دانتي، في جحيم المدينة القديمة، وأطلعك على أطفال ينافسون الكلاب على عظمة في القمامة، ....». تتكشّف «الجحيم» في ليلة ممطرة، تنتهك عري البيوت وتقضي على الأطفال بالموت، فمطر المدينة عقاب صارم وإماتة للنفوس. فإذا كانت مدينة الأغنياء تستهل بالدعارة، فإن مدينة الفقراء تفتتح بالوحل والمياه الآسنة. مدينة لا ترى إلا من داخلها، لأن بؤسها لا يوصف وإنما يعاش، فمن يكون في اللهب يختلف عن الناظر إليه.

تقتات المدينة الفنية بأجساد مدينة الفقراء، حال الأرستقراطيين الأموات الذين يتصرفون بوقت الأحياء المعوزين. فالمدينة الأولى تعيش ولا تعمل، والأخرى تعمل ولا تعيش، بسبب جشع مديني لا يرحم. يترجم اختلاف المعيش اختلافاً في القيم، فالذين يستدفئون بنقودهم لا يحتاجون إلى أحد. يصف السارد حياة المدينة الفقيرة فيقول: «فلا عزلة هناك، وليس من يطلبها. فالكل يعرف كل شيء عن غيره. فقد ضرب الجميع حولهم نطاقاً يشعرون من داخله أنهم وحدة، مهما استقلت الأجزاء وتبقى موحدة، ما يساوي منظور الفرد الرومانسي للحياة الحالم بعالم غنائي، لا قبح فيه ولا إثم، ولا فقر ولا غنى، أنجزه فرد عادل يصلح كل شيء. يقول البطل وهو يعرّف بنفسه في مطلع الرواية: «فبعد أن عانيت ما عانيت زمناً، حاولت أن أحدد موقفاً من الحياة يتعادل فيه الربح والخسارة، والامتلاك والإملاق، ويكون لكل منها في حياة الفرد غرض مماثل وقيمة متساوية». إنه الاعتراف المتبادل بين الأجزاء، أكانت متداخلة في النفس البشرية، أم كانت وحدة أفراد في جماعة إنسانية فقيرة.

اجتاز السارد، الأقرب إلى الشاعر، اختبارين وخرج منهما سالماً: زهد بالثروة وهو يرفض عرض

الأخت الغنية بالزواج، فهي لم تختبر ما اختبره، وتغلّب على تشهّي الجسد حين طرد زوجته الفاتنة، فهي بدورها تنتمي إلى ما لا ينتمي إليه. تصالح في الاختبار الثالث، الذي قاده إلى جحيم الفقراء النظيف، مع ذاته، فقد عرف حياة الفقراء وقاسمهم قيمهم، واندمج مع هؤلاء «الذين يرثون الأرض». عاين في تطوافه الثلاثي المراحل ثنائيات: القديم/ الجديد، والاستسلام/ التمرّد، والمعاناة/ الانتصار.

3. وجوه الحداثة الملتبسة:

انطوت المجازات الروائية الثلاث على خطاب نقدي، ينقض القبيح بالجميل والعادات بالإبداع المتجدد والزائف بالحقيقي. ففي المجاز الأول ما يطالب بالتحرر من قبضة الأموات والانفتاح على الحياة، وفي الثاني ما يدعو إلى محو التربية التقليدية والاطمئنان إلى عفوية القلوب الطاهرة، وفي الثالث دعوة إلى مساواة تنصف الفقراء من جشع الأغنياء. غير أن الخطاب النقدي، في شكله الأكثر وضوحاً، تجلّى في التمييز بين «الثقافة والتقدّم»، وبين إرهاف الحس والمال»، وتبين العمل الآلي المتبطّل والعمل اليدوي المبدع.

الثقافة، في التصوّر الروائي، هي: نقاء الروح، وذلك الحس الغريزي الذي يمتد في الطبيعة وتمتد الطبيعة فيه، بعيداً من عبث مديني، يشي في الإنسان طاقته المبدعة. نقرأ: «ولذلك فإنني أعتقد أن القرى والطبقات السفلى من الشعب تنتج السواد الأعظم من المبدعين في المدن وإن لم تعرف أسماؤهم. أما ذوو الفراغ، أما المتسقون بثمرات التقدّم، فهم مرتع السأم والضجر. ص: 41». يصدر الإبداع عن النفوس النقية، التي لا تعرف رخاء المدينة، وعن عوالم الفقراء التي ترى في «العمل العضلي منقذها الوحيد». ذلك أن العمل العضلي حوار وديع بين الإنسان وأمه الطبيعة، يحتفي بخيراتها وتطلق إمكانياته. أما: «إرهاف الحس» فيأتي من الأدب والموسيقى والفنون الجميلة ويأتي أولاً من الروح النقية التي تعيش الفن، من دون وسائط خارجية، كما لو كان نقاء الروح، في ذاته، قيمة فنية، تضيف إليه «الفنون الخارجية» ما تشاء، ولا تغيّر من طبيعته شيئاً. لذلك يبدو والد السارد القروي فناناً بطبعه، وتختفي المسافة بين الموسيقى و«هجعة الريف».

لن يكون التقدم، والحالة هذه، إلا محصلة لتكامل التقنية والاستهلاك؛ إذ التقنية المستهلكة جملة أدوات تسيّر حياة الإنسان «المديني»، وتدفعه إلى راحة رخوة وتبطل أقرب إلى البلادة، أو إلى إبداع مجزوء يعوقه الكسل. وعن الرخاوة البليدة والأجسام الكسولة، اللتين لا تنفصلان عن «المال»، يصدر زيف المدينة، التي لا تبدع ولا تعرف المبدعين، وتستهلك الأدوات الفنية، ولا تعيش معنى الفن.

أدار الروائي نقده الحاسم، المعادي للمدينة، متوسلاً عنصرين مدينين: المقهى والمثقفين. فالأول مجال مديني للتكسّب وتأمين لقاء البشر للحديث والتخفف من أعباء العمل، والمثقفون مقولة اجتماعية

ترتبط بالدولة وتقيم في المدينة. نقد الروائي العنصرين، إشارياً، قبل أن يلج المكان وأن يرصد «هذر المثقفين المتخلّفين»، الذين يدافعون عن التقدّم. فمكان المقهى محوط بالبنايات الشاهقة وأنابيب المجاري والروائح المزعجة، والمثقفون كومة من الأصوات العالية يحجبون فراغهم وراء كلمات كبيرة. غير أن ما يميّزهم هو البطالة والعمل المبتور و«الإقامة النهارية» في المقهى. فليس المقهى كما يجب أن يكون، ففيه من السوء ما يستدعي إزاحته إلى مكان آخر، ولا المثقفون الذين يرتادونه حقيقيون، والطرفان امتداد لمدينة ليست هي بالمدينة.

الخطاب النقدي الرومانسي، الذي قدمته رواية جبرا الشاب، مخترق بمفارقة صارخة، فقد أراد أن يكون حداثياً، من دون أن يقبل بأسس الحداثة الاجتماعية، قانعاً بحداثة رومانسية أو بحداثة الرومانسيين، الذين يثنون على «الثقافة» ويطردون التاريخ بعيداً. فهذه الثقافة تتطيّر من مفهوم التقدّم، الذي لا يقوم على «صفاء الروح»، بل يستند إلى حوامل مادية، تتضمن الاقتصاد والتقنية ودولة تعترف بالقانون وتلتزم بحقوق المواطنة. ولعل هذه الحداثة الثقافية المبتورة هي التي صيّرت بطل الرواية، وهو من المفترض مثقف متمرد وحداثي، نبيّاً، يهجس بشقاء «الكل» ويختار «عزلة تامة» عن هذا الكل.

فعلى خلاف النبي المكتفي بذاته، وهو فكرة بدّدتها الأزمنة الحديثة، فإن المثقف علاقة اجتماعية ترى إلى المستقبل، وتنقض المجتمع القائم ببديل اجتماعي محتمل، يتصارع فيه الحاضر والمستقبل معاً.

لا غرابة أن ترتبط الثقافة، بالمعنى الذي أرادته الرواية، بنخبة ثقافية متعالية، قوامها أنبياء متكاملون، وأن تكون الثقافة طقساً سريعاً، لا تشارك فيه «العامة» ولا تستمع إليه، فالجماهير تعجز عن كتب الوحشية الكامنة بين طياتها، المستعدة أبداً إلى إبراز أنيابها ومخالبها. «ص: 69»، للجماهير ثقافة مضادة، لن تستطيع الارتقاء إلى النخبة المتعالية إلا بعد زمن طويل. وواقع الأمر أن هذه «الجماهير» لن ترتقي أبداً، طالما أن التقدم عرض زائف، وأن للثقافة أرواحها الرهيفة الموزعة على بشر شعراء، أو يشبهونهم. تصبح الثقافة المنكرة للتقدم، في التصور الرومانسي، مشروعاً صعباً، أقرب إلى الاستحالة، قوامه: صناعة الأرواح الرهيفة التي لا يمكن صنعها، فهي تسقط عفوية من السماء إلى أرض القرية.

أعطت «صراخ في ليل طويل» خطاباً حداثياً غريباً عنوانه: العودة إلى القرية، بلغة قليلة التأنق، أو الرجوع إلى الطبيعة - الأم، بلغة أكثر هيبة، تذكر، جزئياً، بالفيلسوف الفرنسي جان جاك روسو، الذي قصد «المجتمع المدني» ولم يقصد: هدأة الروح. ففي القرية تأخذ حياة الإنسان بإيقاع الطبيعة؛ إذ الأرض للعمل وأفراح الإنسان جماعية، وإذ ميقات «ابن الطبيعة» من مواعيد الفصول وتواتر الليل والنهار.

تتطلع الحداثة الريفية إلى ماضٍ خاص - ما قبل صناعي «قوامه الفضيلة وثقافة القيم، يعترف بالعقل ولا يتطلب العلم، الذي ينتهي إلى تقنية مريحة تفسد الأجساد».

حداثة مسكونة بالمفارقة، فهي مكان للسماء وليس فيها مكان للمدينة. حين يتذكّر المثقف

الحالم أباه يقول: «كانت الروح عنده شيئاً حقيقياً، فيؤمن بعالم آخر، ونعيم سماوي لا يدركه عقل البشر. ويقول لي وأنا في الثامنة: «أصغ يا أمين إلى كلمة الله تجد الدنيا عامرة بالأفراح. ولكنه توفي «وقصدنا المدينة»، وهكذا هجرنا التلال والوديان والكروم إلى الحي المظلم. فشاهدت «التقدم» من الأسفل. شاهدته غريباً عنه، ثم ضحية له «يتلو القرية حي مظلم و«تقدم من الأسفل»، فـ «التقدم من الأعلى» كان لصيقاً بالقرية الغائبة.

نقد جبرا الشاب المدينة بمنظور «طوباوي» يصالح بين الثقافة والفرح. لذا سخر بطل روايته من الأرستقراطية العجوز، واحتفى بأختها، لأنها تكره عبادة الأموات وتعيش مسرات الحياة.

4. دلالة الرواية في تصوّر شعري:

تختصر رواية جبرا الأحادي الصوت، في عنصريها الأساسيين: الأزمنة الروحية التي ترهق شاباً خذله حب استغرق كيانه، وذروة الأزمنة التي تحرّر الشاب وتعيده إلى وضعه الذي كان عليه. لكن التصوّر الرومانسي، الذي أخذه جبرا من شعراء إنجليز، يسمح بقراءة توسع دلالة النص الروائي، وتسعف القارئ على النفاذ إلى منظوره الثقافي. فوفقاً لما جاء به الإيطالي ماريو براز، في كتابه «العذاب الرومانسي»، فإن الأسطورة اليونانية «ميدوزا» احتلت موقعاً خاصاً في الخيال الرومانسي، وعند الشاعر شلي بخاصة، من حيث هي تجسيد لوحدة الجمال الخطر والألم المحض. ففي ميدوزا جمال غامض لا يقاوم، يدّخر لمن يفتنه عقاباً لا خلاص منه. شكّل الجمال الأسرة والاستغراق الكلي فيه مرجعاً خصباً للرومانسيين جميعاً. (1)

قال الأمريكي إدجار آلان بو، في كتابه «فلسفة التركيب»، بأن «موت المرأة الجميلة، يمثل، بلا مساءلة، الموضوع الأكثر شعرية في العالم». وقد يبدو الموضوع، لبعضهم، مبتذلًا ولا جدة فيه، فالجمال لا يستعصي على الموت، لولا أنه، وكما يعيه الرومانسيون، مصدر عذاب حارق يختلط بالرغبة؛ إذ يتبع الإنسان رغبة لم يشبعها، يسعى وراءها كما يسعى المؤمن القلق إلى راحة تتأبى عليه. وهو ما عبّر عنه الشاعر الألماني نوافليس في كتابه «شذرات نفسية حين قال: من اللافت الغريب أن ترابط الرغبة والدين والقسوة لم يجذب، كما هو مفترض بلا تلكؤ، انتباه الرجال إلى العلاقة الحميمة بين هذه العناصر، ولا إلى المعنى الذي تتشارك فيه» (2). عاد الإنجليزي شلي إلى وحدة الرغبة والعذاب، في أكثر من قصيدة، مؤكداً أن الألم لا ينفصل عن المتعة الإنسانية، كأن يقول: «إن أغانينا الأكثر عذوبة هي التي تنشر الفكر الأكثر حزناً». ولم يكن كيتس مختلفاً في قصيدة، عن الكآبة، «إن الكآبة لصيقة دائماً بالإحساس بالجميل».

يتوقف الرومانسيون أمام الأنثى الجميلة، التي توقظ في الروح شعوراً أسيان، ويوسعون مجال

الأسى، عاطفين الموت على الأنثى الفاتنة، ويرون في الجمال المحتضر مصدراً للمتعة، كما لو كان الرومانسي يتأمل «ذاته الجميلة»، قبل أن يصحو على العالم الحزين. ينوس الأمر بين فاتنة تحتضر وناظر مأخوذ بجمالها، قبل الاحتضار وبعده.

استحضر جبرا، في روايته، الأنثى الجميلة، وأوغل في توصيف جسدها «عضواً عضواً»، كما يقول، وأخبر أنه هبة من الطبيعة، أنضجته الشمس على مهل وزرعت فيه ظلماً لا ينسى. لكنه ما لبث، كرومانسي أصيل، أن استدعى الموت مرتين: اقترب الموت من العاشق المتيّم الذي غادره الجمال الفاتن على غير توقع، ثم اقترب الموت من المعشوقة، حين رجعت غير مرغوب فيها. مع ذلك، فإن إيمان البطل، المعتصم بكلمة الله، يصد عنه الموت، ويخلصه من أطياف «حب وثني»، لا يليق بإنسان لقّنه أبوه أصول الفضيلة:

رصد جبرا، على طريقته، ملامح الحب الملعون المتصل بأنثى تنتمي إلى إبليس، حولت ليل غيرها إلى كابوس خانق لا نهاية له: «رأيت هذه القوة اللعينة في عينيها، هذا العسل السام في شفتيها، هذه السطوع الإبليسية في يديها، تعملها كلها فيّ، فأقع متمرّغاً فوق صدرها. هويت عليها، وأمسكت بذراعيها وبكل ما أوتيت من قوة جررتها وقذفت بها إلى الأرض. ولكنها تشبثت برجلي، كأفعى تريد الالتفاف حولها. صفراء كالموت، ذابلة كالموت. ولست أريد الموت بعد اليوم.» ص: 110. ربط الروائي بين الحب الخطر، أو الحب الأسود، وأنثى تجتمع فيها اللعنة والسم وقوة إبليس وشرور الأفعى ودفعها، أخيراً، إلى موت محتمل، يعلن عن انتصار الحياة على الموت. انتصرت في حومة الحب - الصراع قوة خيّرة، واجهت جمال الجسد اللعين بجمالية الروح التي لا تهزم إبليس. تأتي «المرأة القاتلة»، التي تفتت الروح لحظة، وتعقبها روح فاضلة تتأبى على الفتنة والهلاك.[3]

تصرّف جبرا، روائياً، بأسطورة الشعراء، وبقي شاعراً رومانسياً. فعلى خلاف القصيدة الرومانسية، التي تدور حول طرفين يجمع بينهما الجمال والعذاب، فتح الروائي القصيدة - الحكاية على تفاصيل المدينة، التي تتضمن المقهى والشارع والمتجر والبيوت، وكل ما ربط بين العاشقين مرة، كما لو كانت المدينة غلافاً مكانياً قبيحاً لقصة حب رومانسية ينتظرها الموت. كل شيء في حكاية «المرأة المهلكة»، كما تصورها جبرا، متسم بالتعارض: يعارض قبح الروح الجمال الجسدي، ويعارض قبح المدينة تخيلات عاشق «أمين»، وتعارض خضرة الحب صفرة الكراهية، ... ولذلك يتعارض الزمن والمكان في البنية الروائية، فالمكان خارجي متعدد الأشكال، والزمن داخلي، يتلامح ولا يظهر واضحاً إلا صدفة، ذلك أنه يدور في وعي السارد وفي لا وعيه أيضاً، فيبدو ممتداً وواسعاً، وهو لا يتجاوز أربعاً وعشرين ساعة.[4]

استعار جبرا من الشعراء الرومانسيين أسطورة يونانية وأعاد صياغتها نثراً، ملتمساً لها عناصر الرواية

الحديثة. انتهى سعيه، في مستوى منه، إلى رواية ذهنية، روّضت موضوعاً شعرياً بلغة نثرية وأفضى، في مستوى آخر، إلى «رواية ثقافية»، إن صح القول، استفادت من معطيات الرواية الحديثة، ومن الشعر الرومانسي الإنجليزي، الذي أحال إليه جبرا في دراساته الأدبية، ومن الأسطورة اليونانية، التي أفسح لها هوامش في رواياته القادمة: «صيادون في شارع ضيّق».

والسؤال الضروري: ما هو التصوّر الروائي الذي أخذ به جبرا وهو في السادسة والعشرين من عمره؟ يتكشّف الجواب، بداهة، في الشكل الذي كتب به روايته، القائم على «صوت مفرد» يتحدث عن نفسه وغيره.

المراجع

1. Mario Praz: the romantic agony, oxford university press, 1970, p: 25-30
2. Mario Praz: the romantic agony, oxford university press, 1970, p: 27-28
3. Frank Kermode: Romantic image, London, Routledge, 2002, p: 29.
4. صراخ في ليل طويل. دار الآداب. 2003

صيادون في شارع ضيّق

المنفى وأطياف الوطن المستعاد

اتكـأ جبـرا، في روايتـه الأولى «صراخ في ليـل طويـل»، على مفاهيمـه الروائية الأسـاسية، التي حـافظ عليهـا طويـلاً، وأنتج روايــة ذهنية محتجبة المكان والزمان. عاد إلى مفاهيمه، بعد خمس سنوات، وكتب روايته الثانية: «صيادون في شارع ضيّق»، موسعاً قول الرواية الأولى، ومضيفاً أبعاداً ألزمته بها المأساة الفلسطينية، التي أقنعت اللاجئ، في سنواتها الأولى، أن أرضه في انتظاره، وأن غربته لن تطول.

أنجز جبرا، في السادسة والعشرين من عمره، روايته الأولى وهو مقيم في القدس، يدرِّس في «الكلية الرشيدية»، التي عرفها طالباً، ويشرف على «نادي الفنون». أمّا الرواية الثانية فكتبها في شرط مختلف، بعد أن دفعته النكبة إلى البحث عن عمل ونقلته إلى بغداد، مدرساً في «كلية الآداب والفنون». بين الروايتين مدينة فلسطينية «مقدّسة» استقرت في روحه وأخرى عراقية استقبلت غريباً، وذاكرة قلقة تقارن بين المدينتين ويحاصرها الحنين.

اختبر في الرواية الذهنية ما تعلّمه من الرواية الأوربية وخرج راضياً، وسجل في روايته الثانية تجربة عاشها في المنفى، ووضع فيها فترة زمنية شاقة تقاسمها مع غيره من اللاجئين. أصبح عمر الحدث في الرواية الثانية عاماً كاملاً، وكان الزمن في الأولى يوماً واحداً، اكتشف فيه البطل عالمه الداخلي وتصالح مع نفسه.

قدّم جبرا، في «صيادون في شارع ضيّق»، نموذجاً روائياً خاصاً به، أخذ به في روايتين لاحقتين، سارداً رواية اللاجئ الفلسطيني، كما يمليها متخيّل رومانسي، يوحّد بين «الفردية الاستثنائية» والانتصار. كان في ذلك المتخيل، الذي سكنته إيمانية لا تقبل بالاهتزاز، ما يرضي روائياً أقرب إلى الشاعر، وما يقول برسالة متفائلة واثقة، إذا ابتعد عنها الفلسطيني سقط في الضياع.

1. من المدينة الذهنية إلى مدينة مجزوءة:

استظهر جبرا في «صيادون في شارع ضيّق» مفاهيمه الروائية وربطها إلى فلسطيني يختلف عن سكان المدينة. تستهل المفاهيم بـ المدينة وبإشارات الوجود المديني، المضطربة والناقصة، يتلوها مثقفون لهم أفكارهم الكبيرة أو الصغيرة، في انتظار البطل الفلسطيني المغترب، الذي يتوسط العلاقات جميعها. تحيل المفاهيم الثلاثة إلى أزمنة حديثة، تقود الفرد من الداخل إلى الخارج، ومن الحيّز الضيّق القديم إلى فضاء واسع تلازمه الحركة والاختلاف، ساردة تحوّلاً اجتماعياً، يرصد ما كان، ويقتفي آثار ما سيكون.[1]

تضيء المفاهيم حداثة الجنس الروائي، الذي يتعامل مع التعدد والتحوّل والتباين، ويتوسل الزمن مرجعاً لإشارات الوجود المديني، التي ترسم حقيقة الإنسان في مجتمع لم يصبح مجتمعاً بعد. فالفعل الروائي حكاية عن أثر الزمن في الإنسان، ومرآة لأقدار البشر في المدينة. فلا رواية بلا مدينة، ولا مدينة من دون إنسان مغترب، يذهب إلى اتجاه ويصل إلى اتجاه آخر.

أغلق جبرا روايته الأولى بمدينة مجهولة الاسم هجينة الحداثة، كما لو كان الاعتراف باسمها يستلزم بشراً أكثر تنوعاً وحداثة وأقل رثاثة. بعد ثلاثة عقود على كتابتها، قال الروائي في كتابه «ينابيع الرؤيا»: «إن الرؤية لا توجد إلا في المجتمعات المتطورة والمدن الكبرى، حيث تتوافر الأنماط الحياتية المتفاوتة، وحيث هي دائماً ممكنة وفي صيرورة غير متساوقة»[2]. أراد جبرا أن يشرح معنى الرواية، وأن يطرح على الرواية العربية، البعيدة عن «المجتمعات المتطورة» بعض الأسئلة. ولهذا استكمل ما قاله بجملة أكثر وضوحاً: «المدينة العربية أشبه بقرية كبيرة»، مقرراً أن للمدينة الفعلية روايتها، وأن للقرى حكاياتها الشفهية البطيئة الحركة. كان يشير، وهو الذي درس في بريطانيا، إلى الثورة الصناعية الأوروبية، التي أعادت تعريف الزمان والمكان والضوء، وإلى بلاد عربية اكتفت بحداثة هجينة، وأعطت رواية معوّقة: «عندما نكتب رواية اليوم فإننا نفاجأ بعدم وجود تقليد روائي في بلادنا». قال جبرا، وإن كان فعل «نفاجأ» ليس في مكانه تماماً، ما دامت الحداثة قرينة الثورة الصناعية، والكتابة الروائية علاقة اجتماعية حداثية، وما دامت «القرى الكبيرة» لها زمنها البطيء القريب من الركود.

عاش جبرا الكتابة الروائية كمفارقة، حين حاولها في قرية كبيرة، اسمها بغداد، لم يكن فيها من معالم الحداثة، في منتصف القرن الماضي، إلا القليل. لكنه تجاوز مفارقته «روائياً»، ذاهباً من «المحاولة» إلى الكتابة المبدعة المتوازنة العناصر، موحداً بين المعرفة والموهبة، مطوّعاً ما تقبل به المدينة الحقيقة وما يستعصي قبوله على «القرية الكبيرة». ارتكن الروائي الفلسطيني إلى فكرة الروائي الفرنسي ستاندال عن «النماذج الخاصة»، التي توسع المكان الضيق وتستولد منه مادة روائية، متوسلة المتخيّل الخلاق الذي «يحوّل الدويلة إلى دولة». لم يستولد جبرا «دولة من دويلة» إنما استولد مدينة، تحتاجها الرواية، من قرية كبيرة تزهد بالرواية وتتدثّر بالحكايات.

كتب ستاندال محيلاً على «النماذج الخاصة»: «علّمني الجموح الأدبي أنه ليس مستحيلاً، أن أوسّع المواقف المتعددة، قدر ما تحتمل، وأن أنفذ إلى ما يمكن النفاذ إليه وأن أسرد للقارئ تفاصيل كثيرة، بما تختلج به مشاعر الشخصيات..»[3]. وسّع جبرا بغداد وكساها بملامح مدينية، ونفذ إلى دواخل مثقفين أدمنوا الكلام في المقاهي، وشهد على ظواهر اجتماعية تموت في المساء وتنبعث مع الصباح. انتهى إلى نصين متكاملين: نص عن لاجئ فلسطيني عاين بغداد وعاد إلى أهله، ونص عن بغداد الخمسينات المنقضية، التي كان ينتظرها الطوفان.

2. إشارات الوجود المديني:

اختار الروائي من بغداد، التي تشبه قرية كبيرة، عناصر مدينية أولية، وسّعها وطوّرها وأدار فيها فضاء روائياً، يحتمل شخصيات متنوعة، تطلّ عليها شخصية فلسطينية، تختلط بغيرها وتظل مفردة. انطوت الشخصيات على عامل الفندق الفقير الذي يقتل أخته دفاعاً عن «شرفه»، والصحفي المتسكع وأشعاره الفقيرة وهو يستبطن شخصية الشاعر الفرنسي «بودلير» ويلاحق مومساً لا يمكن ترويضها، والمثقف المتمرّد على أرستقراطية متخلّفة، والبدوي الذي يقابل رذائل المدينة بفضائل الصحراء ويرى في «بارات المدينة» موئلاً ثابتاً له، والإنجليزي «الذي يعشق الآثار» ويحاول تعلّم اللغة العربية الفصحى، ...

تتراءى «القرية الكبيرة» في شخصيات حملت معها أمكنتها الضيقة وجاءت إلى ما يشبه «المدينة»، حيث البدوي والقروي والأقليات المنغلقة على ذاتها، التي احتقبت أزمنة ما قبل - الحداثية وظنّت أنها تعيش في مدينة حديثة. اشتق جبرا الفعل الروائي من إعادة تنظيم المكان، ومن شخصيات وسّع حدودها ونفذ إلى داخلها، مدركاً أنه يشتق المدينة، التي تحتاجها الرواية، من خطابه المضمر الذي بثّه في الأحداث الروائية، ومن حوار واسع يديره الفلسطيني مع شخصيات لا تتواصل معه. ولعل عمل الروائي في تنظيم مادته وتوسيعها هو الذي قاده، بوعي محسوب، إلى تعددية مختلفة الأبعاد: تعددية الأمكنة، تعددية النماذج البشرية، وتعددية المصائر التي تتضافر كي تحكي، بتلعثم غير مقتصد، صعوبة تغيير ما لا يتغيّر، وصعوبة تبدّل ما لا يعترف بالزمن إلا قليلاً.

تصدر تعددية البشر، في حدودها الغائمة والواضحة، عن تعددية المكان، التي مرّ عليها ملبياً التصورات الروائية. فبعد الفندق الذي يخاصم اسمه مظهره، تأتي المقاهي الحاشدة المحشوة بالأصوات العالية، فمطاعم «متجوّلة» يأكل الناس فيها على عجل، والحمّام العام، الذي كان له أصل عريق وانقطع عن أصله، و«بيت البغاء» الذي يتوسّط المدينة، و«النُزُل» النظيف الذي تديره أرمنية جاوزت الأربعين، ومكتبة تبيع كتباً باللغات الأجنبية، وهناك القصر - القفص، الذي يجمع بين الأثاث الحديث والعادات القديمة.

اتكاء على وعي حسوب، ينظم العناصر الروائية، رصد الروائي في الأماكن المتنوعة حكايات مختلفة: الفندق موقع للجريمة وشاهد على مآل إنسان تعيس، والمقهى غلاف مكاني يعرض السديم اليومي وحوارات المثقفين، وبيت البغاء مكان للشاعر وعشقه البئيس، والنُزُل الذي لا يذكّر الفلسطيني ببيته «القديم»، والمكتبة مكان لقاء طارئ وضروري، وللقصر قصته الواسعة عن حب رومانسي منتصر وحكايته عن تساقط القديم الذي بدا صلباً، والشوارع معرض بشري يحاور نهر دجلة في أوقات الفراغ، و«الحمّام الشرقي» مناسبة تكشف عن الإنجليزي المستشرق، الذي يختزل الأشياء جميعاً إلى مادة للمراقبة والملاحظة والنظر، ... والعناصر جميعها واقعية - متخيلة: واقعية في موقعها واسمها وتاريخها، ومتخيلة في عناصرها المخترعة التي تستضيف فعلاً روائياً يندفع إلى نهاية اختارها الروائي منذ البداية.

أعلن جبرا، في تنظيمه الروائي المحكم، عن أفكار روائية ثلاث: التوليد الذهني للعناصر الروائية، بما يسمح للروائي - الخالق، أي الروائي الرومانسي، أن يتعامل معها كما يشاء، وأن يضيف إليها أو يحذف منها ما يقضي به تصوره، كما لو كان الروائي هو الأصل والعناصر الروائية مجرد امتداد له. تأتي الفكر الثانية من الأولى قائلة بأن الروائي يرسم شخصياته من وجهة نظر مصائرها، المقيدة إلى الخلق الروائي الذي منحها وجوداً. ولذلك تبدو الشخصيات حاضرة وغائبة معاً: حاضرة في ملامحها الجسدية وهيئتها الخارجية وحركتها الاجتماعية، وغائبة وراء إرادتها المسلوبة، ذلك أن حضورها المرئي ذريعة للقول الذي يقصده الروائي. فعالم الآثار الإنجليزي مرآة تعكس الفرق بين الإنسان الغربي، المحمّل بالنظام والمعرفة، والإنسان الشرقي الذي لم يظفر بشكله بعد. والقصر - القفص مجاز للصراع بين الحرية والعبودية. والشخصيات جميعاً مرايا، صغيرة وكبيرة، تعكس قامة الفلسطيني وجماله وروحه القلقة والمطمئنة معاً: قلق يشتاق إلى أهله ووطنه، ومطمئن يعرف أنه سيعود إليهم.

تضيء الفكرة الثالثة، وهي لصيقة بما سبقها، الحمولة الثقافية الواسعة التي اعتمد عليها جبرا، مؤكداً أن «الخلق الأدبي استئناف لخلق آخر»، وأن كل كتابة تقتات من كتابات أخرى. فالإبداع المكتفى بذاته وَهْم. لذا استفاد من ستاندال في تعامله مع «النماذج الخاصة»، واقترب من قول الروائي الفرنسي ميشيل بوتور، وهو يتحدّث عن دور الملحمة في العصور الوسطى، التي أخلت مكانها للرواية في عصر لاحق. يقول بوتور: «يقضي خلق نبيل يغاير النبلاء الموجودين الاعتراف بإقليم جغرافي جديد» (4) والنبيل الجديد، في إطار الأجناس الأدبية، هو: الرواية، والنبيل الذي يسكنها، بمعنى جبرا، هو: المثقف الذي يمثّل، اجتماعياً، مقولة حديثة، والذي يكشف روائياً، عن روح العصر ونزوعاته.

فرش جبرا نصه الروائي بمثقفين، ينتمون إلى فئات اجتماعية مختلفة، فمنهم البدوي الذي درس الحقوق المستسلم لعادات موروثة، والأرستقراطي المعتكف الكاره لطبقته، والشاعر متسكع «القرية الكبيرة» الذي يدور في مساحة ضيقة، والثوري الساخط الذي يساوي بين الكلمات والمواضيع، ... يشكّل المثقفون، الذين لهم مراجع خارجية، وحدة فنية تتجلى في فعل روائي، يصوغهم ويوسّعون

مجاله، ذلك أن كل شخصية إشارة اجتماعية - فنية، تكمل غيرها وتستكمل بها، مجسدة جميعاً بعداً أساسياً: فهي تنبئ عن معنى الزمن الذي تعيش فيه، الذي تشي به أحلام المثقفين وأوهامهم، المشدودين إلى واقع يسيطر عليهم ولا يستطيعون التأثير فيه. لذا يبدو حوار المثقفين، الذي تعامل معه جبرا بعناية فائقة، مرآة لحدود حداثتهم، لأن في شكل الكلام ما يكشف عن وعي صاحبه، وما يقرّبه، إن كان حوارياً، من عالم الرواية أو يقصيه، إن كان كلاماً يدور حول ذاته، إلى أقاليم السيَر والحكايات، كما سنرى لاحقاً.

أثّث جبرا روايته بعناصرها الفنية: المدينة الخام المعالجة فنياً، تعددية المكان والشخصيات، نبض الزمن المتعيّن بقديم يتداعى ويقاوم، الفعل الروائي الكاشف عن العناصر جميعاً، الذي يتمحور حول فلسطيني غريب «يغزو المدينة» ويعود إلى أهله.

3. حكايات صغيرة في حكاية كبيرة:

تترافد المتواليات الحكائية وتصب في حكاية الفلسطيني، حكاية - مركز، تنبع منها الحكايات وتعود إليها، في التحديد الأخير.

تعيش كل شخصية بحكايتها، وترسم كل حكاية عطباً ينتشر على الجميع. ومع أن في العطب المرسوم روائياً ما يخبر عن اغتراب الشخصيات وأوبئة المدينة، فإن فيه ما يدلل على فرادة الفلسطيني ومغايرته للشخصيات المحيطة به، كما لو كان شخصية لها حيّز يفصلها عن غيرها، ويضع فيها سراً لا يعرفه إلا صاحبه. ولهذا تتحرّك الشخصيات مع حكاياتها المفتوحة على الاحتمال، فوراء كل عطب مصير، ما عدا الفلسطيني الذي يبقى ثابتاً مع ذاته، ولا تبدّله الحكايات، يرافق مصيره ويسير بسلام.

تستهل الرواية بصوت مفرد، يسير مع عالمه وحيداً، قوامه من اسمه: جميل فران، الذي يتكامل فيه العمل والجمال، ويتأسس على جمال كلّي ينقض القبح ومشتقاته. يأتي الاستهلال دالاً، يعطي معنى محدداً، يظهر كاملاً في نهاية الرواية: «عندما وصلت إلى بغداد كان لديّ ستة عشر ديناراً فقط، وكان مقدّراً لهذا المبلغ أن يكفيني فترة أسبوعين. ص: 9». في الإشارة الواضحة إلى «العوز المالي»، الذي تؤكده كلمة «فقط» ما يوحي، منذ البداية، بإنسان نوعي يتصرّف بحياته ولا تتصرّف حياته به. فبعد أسابيع قليلة ينفض الفلسطيني غبار السفر ويدخل إلى حياة راضية. وإلى جانب «الستة عشر ديناراً» التي هي إعلان عن معركة منتصرة، تعود بعد ست صفحات الأنا المفرَدة في جملة جديدة: «أما أنا فقليلة هي البهجة التي شعرت بها وأقل منها الإثارة التي انتابتني في ذلك اليوم الأول من تشرين الأول عام 1948». تشير الجملة إلى عام «النكبة» وإلى لاجئ لم تستثره بغداد في شيء، وإلى يوم محدد وصل فيه إليها، وإلى يوم، بعد عام، يعود فيه إلى بلده.

في تحديد يوم الوصول والمبلغ المالي المتاح ما يبرهن عن وعي يقظ وعن إنسان يتنافس مع وقته، له قضية لا تسمح له أن يكون كالآخرين. اشتق جبرا بطله، منذ البداية، من صفة اللاجئ المرافقة له، التي توزّع عليه الضعف والقوة معاً: ضعيف فقد وطنه ويعمل في بلاد غيره، وقوي عليه أن يواجه هشاشة وضعه ويستمر في الحياة. ولعل وحدة الضعف والقوة، التي لا فكاك منها، هي التي تضع في اللاجئ الفلسطيني توتراً مفتوحاً، يمدّه بالقوة والتحدي، وتعيّنه إنساناً لا يحق له الوقوع في الكثير من الخطأ. حمل المنظور الروائي وهو يتأمل الفلسطيني مبدأ: الإنسان الواجب الوجود، الذي تأتي به الحياة ويعود ليسيطر على الحياة. يفرض المنظور فكرة الاختبار، حيث على المهزوم الذي يريد أن ينتصر أن ينصر ذاته، كي يكون قادراً على نصرة قضيته. لذا يذهب الإنسان الواجب وجوده من اختبار إلى آخر ويخرج منتصراً، محوّلاً «الستة عشر ديناراً» إلى ذخيرة حياتية كافية. تستقدم بوابات الاختبار، التي على البطل الروائي أن يجتازها، جماليات خاصة به، تضع بينه وبين الآخرين مسافة واضحة وغامضة معاً. كما لو كان في الغريب سر جاء معه، أو أسعفته الغربة بسر جاء به الاختبار.

كل شخصية من شخصيات الرواية لها عطب يلازمها، باستثناء «جميل فران»، الذي منفاه هو عطبه الوحيد. فالصحفي الذي استبطن «بودلير» عبث به خياره الساذج، والمثقف الأرستقراطي المتمرّد سقط في اختبار الحب والقرابة، والبدوي الثري يقصر عن منافسة الفلسطيني في قصة حب، والثائر الذي «له رأس كالجمجمة» تسخر منه أوهامه، والأرستقراطي الواسع النفوذ عقيم تخونه زوجته، ونظيره الأرستقراطي شاذ وفقير القيم، وزوجة الأرستقراطي الأول، التي تصغره بعقود، أقرب إلى الضياع والانحلال، ... تحيل الشخصيات جميعاً إلى مجتمع بعيد عن السواء، متفكك ومقيّد إلى تفكك أوسع. يؤكد تداعي المجموع اختلاف الفلسطيني الغريب، الذي يدعه مغترباً بين آخرين لا يعون اغترابهم، ويعلن عن التوازن الذي يعيشه ويبعده عن الخطأ وعطب الآخرين.

يصف «جميل فران» المثقفين العراقيين الذين يلتقون به يومياً في المقهى فيقول: «ولكن كثيراً ما كان يسئمني في مثل تلك الحلقات أن أراهم يثورون ويتشاجرون جراء أفكار أولية. وكنت في شيء من إرهاق الإرادة أضع نفسي في مكانهم لأذوق نشوة اكتشاف أفكار مهزوزة كتلك لأول مرة. فقد كانوا كمن ينظر إلى نهر دجلة ثم يهتف فجأة: انظروا إنه يتحرّك، وفيه سمك يعوم»[5]. يستدعي المهتز الثابت ويسمح الفرق الشديد بينهما بالسخرية، ويكشف عن قوة المختلف، الذي لا ينافس أحداً، ويهزم غيره إن وقع في التحدي. فهو يظفر بالنساء الجميلات، بلا جهد، متقدماً على آخرين بذلوا جهداً ولم يفلحوا، ويتحدى رموز السلطة ويهزمهم. بل إنه يحل قضايا الغير، الطارئة والمستعصية، تعبيراً عن رأي متوازن يتسم بالصدق والنزاهة والنباهة.

تتجلى جماليات الفلسطيني المختلف في طمأنينة الروح، التي تعين التحدي أمراً يومياً لا يثير القلق، وفي إيمانية راسخة تعطفه على وطنه وتعطف وطنه السليب عليه. وهو في الحالين مركز ذاته، يقرر ما

يشاء وتحقق مشيئة رغباته، فإن لم يذهب إلى رغباته جاءت رغباته إليه. فلا انفصال بينه وبينها، ولا بين حاضره ومستقبله، ولا بين ما أراد أن يكون وأصبحه. إنه الإنسان الذي تصالح مع عالمه وتصالح عالمه معه، ووصل إلى «النعمة» إلا قليلاً.

يحيل تصور جبرا، للوهلة الأولى، على القيم التنويرية الكلاسيكية، التي قالت، ذات مرة، إن جذر الإنسان في ذاته، موحية بأنه يسير نحو كماله، وموحية أكثر، بأن الصعوبات التي تواجهه بها الحياة، مجرد فراغات يسهل ملؤها. إن لم تكن مرحلة ضرورية في تطوره وارتقائه. لكن جبرا، وهو التنويري الرومانسي، يضيف إلى تصوراته إيمانية حاسمة، يحتاجها التشرّد الفلسطيني، وتنفذ عميقة إلى روح روائي - شاعر، يقرأ العالم في علاقاته الجمالية.

الخطاب الروائي عند جبرا مسكون بثنائية: الحب والانتصار. هناك حب الأرض والأهل والناس ومنعطفات القدس، والحبيبة الأولى التي شظى جسدها العنف الصهيوني، واستبقى منها يداً مقطوعة، والحبيبة العراقية اللاحقة التي يصيّرها العاشق الفلسطيني إلى فلسطينية أخرى. وإذا كان في قوة المختلف، ما نقله سريعاً من هوامش بغداد إلى مراكزها، فغدا مثقفاً مرموقاً لا تنقصه الشهرة، فإن في قوة الحب المختلف، ما يصنع المعجزة ويلغي الفروق الاجتماعية والوطنية والمذهبية، وينصب الحب المنتصر طاقة خلاّقة، تعبر المسافات وتقنع الأنثى العراقية العاشقة أن تهجر قصرها وعائلتها، وأن تقصد مخيمات اللاجئين، مرتفقة فلسطينياً فقيراً لاجئاً ومسيحياً، وهي العراقية الموسرة والمسلمة.

لا غرابة أن يعطي جبرا للحب المنتصر شكل المجاز، فقد أقرن القصر الأرستقراطي بقفص ذهبي أسكنه فتاة جميلة، حال والدها المعطوب الروح بينها وبين العالم الخارجي، واستقدم لها مدرساً خصوصياً يراقب حركاته «عبد مطيع» كأنه صنم. غير أن قوة الحب، التي يشيعها وجه اللاجئ، تهدم القفص وتعطل المراقبة وتعطي الفتاة أجنحة، وتحوّل الفلسطيني إلى «وسيط» بين الروح المعذّبة وأشواقها، وبين القيد والحرية، مستعيراً من الشاعر الإنجليزي شلي حكاية رمزية كأنها حقيقة، أو واقعة فعلية أقرب إلى الرموز. وإذا كان في القصة الرمزية ما يخبر عن فرادة الفلسطيني واختلافه، فإن فيها ما يبرهن عن قدرته على تغيير عالم يحتاج إلى التغيير، بل على تغيير العوالم «الفاسدة» جميعاً.

أدار جبرا حكايته في مستوى رمزي، أقرب إلى قصيدة، ودفعها مباشرة إلى مستوى سياسي، ذلك أن الفتاة، التي أخضع الفلسطيني عائلتها، تنتمي إلى أرستقراطية «عثمانية» عاتية، ولها في الحياة السياسية في بغداد مقام كبير، كما لو كان الفلسطيني قد هزم منفاه ومهّد لإسقاط نظام سياسي - اجتماعي.

أكمل اللاجئ دورته: غادر وطنه وعاد إليه بعد عام، موحّداً بين وصول الفلسطيني إلى بلد عربي و«إصلاحه»، وبين واجب استعادة فلسطين ومعالجة «سلب عربي»، أسهم في إسقاطها.

4. الدورة الكاملة وتعددية الأزمنة:

في تعدد الأمكنة التي أثث بها الروائي نصه تعددية زمنية تتجاور وتظل متناثرة، قديمها لا يتصالح مع جديدها، وجديدها جزئي وأقرب إلى الاغتراب. يتمظهر القديم في إشارة إلى الآثار الآشورية، التي كان لها إنسان مبدع، لا يسايره إنسان الحاضر ولا يعترف به. ويأتي ذكر الدولة العباسية في «شارع الرشيد»، وفي «حمام شعبي» متداعي الملامح، ارتبط ذات مرة بأصل مجيد، تتلوه امتدادات عثمانية تمشي على الأرض، مجسّدة في سلوك «أعيان»، يحتفظون بالألقاب ويخاصمون الحياة. وهناك الزمن الهجين في أصواته المختلفة، المتصادية في «قاعات النخبة» التي تجمع بين جنسيات ولغات، وتكون اللغة العربية فيها طريدة، أو ضيفاً ثقيلاً.

يحضر زمن الغرب مواجهاً زمن الشرق، في شخصية عالم الآثار «براين»، الذي يتجوّل في معرض إنساني طريف، متوقفاً أمام العيون والأقدام الغريبة و«الكروش المتدلية» ونبرة الكلام المتكررة التي تثير السأم. بيد أن المؤلف يستدعي زمن الغرب من زمن ثقافته، متحدثاً عن الشاعرين الإنجليزيين اللورد بايرون وشلي، والرسام الفرنسي مونيه، والنحات والفنان الإيطالي مايكل أنجلو، وتاركاً غيره يتحدّث عن جامعات أمريكية ترتادها النخبة الاجتماعية العراقية، الموزعة على زمنين تاريخيين مختلفين وغريبة عنهما معاً.

جسّد الروائي، فنياً، الأزمنة المختلفة في شخصيات متباينة، بمهارة عالية، محولاً الشخصيات إلى مقولات اجتماعية - زمنية. فالبدوي هو «الرجل الوحيد الذي يرفض أن يحمل ساعة»، إعلاناً عن حرية معطّلة تعيش حياة غريزية ولا تعرف «الإنتاج»، والأب المتكلّس المتسلّط يمتد في أجداده، ويرى في الموروث القديم عبادة وعقيدة، معطّلاً الزمن بشكل آخر، كما لو كان، رغم قصره وسيارته الفاخرة، بدوياً آخر، و«العبد الأسود»، الذي أوكل إليه الأب الأرستقراطي مراقبة ابنته، يحتاج إلى سيف ليبدو امتداداً لزمن قاتم قديم.

لا تحجب الهجنة الزمنية، التي تتجاور فيها أزمنة متنابذة، سيطرة القديم المتشبّث بالإقامة، التي تنتج «ما قبل المجتمع» ولا تقبل بولادة «المجتمع»، من حيث هو اجتماع يقوم على القبول والاتفاق، وتفضي إلى «ما قبل الدولة» وتمنع قيام الدولة، التي تجانس المجتمع ولا تتركه موزعاً على الطوائف والإثنيات والعشائر والقبائل، وكل ما مرّ عليه الروائي بنظر ثاقب. المحصلة اجتماع يشبه المجتمع ولا يكون مجتمعاً، تخترقه اللهجات المختلفة والشعور الملتبس بالخوف، ودولة هي سلطة تفتقر إلى مؤسسات الدولة.

حين يمر الروائي بالحمّام العام يقول: «كانت الأجساد عارية (كم كئيبة هي، كم مهجورة!) ترى غائمة وهي تتحرّك حول الأحواض، أو تسير بحذر على الأرض الزلقة بالصابون، كما لو أنها تتجه

نحو قدر مجهول. ص: 47». ومع أن في الصياغة الأدبية المقتصدة الكلمات ما يشبه خواطر سريعة، فإن فيها، وهي ترسم الأجساد الغائمة السائرة نحو المجهول، ما يعبّر عن مجتمع واهن التكوّن، يمحو ما يبنيه ويبني ما ينتظره محو جديد. وحين يعلّق على العواطف في مجتمع تميّزه العواطف الملتهبة يقول: «لا يسعني إلا أن أشعر أن العواطف اللاهبة ما هي في معظمها إلا من بوادر العفن ص: 53».

ربما يكون في تعبير «العواطف اللاهبة» ما يصف مجتمعاً تأكله أوهامه، سقط ولم يدرِ، أو أنه مقبل على سقوط عالي الصوت. يصل جبرا في هذا الوصف إلى ما يجب على الرواية أن تقوله، وإلى «واجب الوجود» بصيغة أخرى.

تتكشّف دلالة الزمن، بالمعنى الذي يتوقف أمامه جبرا، في أبعاد ثلاثة غير متكافئة : السيرورة التي تنبني فيها الأزمة وتعثر على حلها، وسطوة الزمن التي تزيح عن الوجود ما عاش زمنه وانقضى. فمع أن جبرا لم يكن تقليدياً في منظوره الروائي، فإن رواياته، من الأولى حتى الأخيرة، ترصد أزمنة متصاعدة، محورها فرد، اقرب إلى الاطمئنان، يعيش ما اختاره، ويمضي معه حتى لحظة انفراج أخيرة. جاءت أزمنة «جميل فران» من قصة حب غير منتظر، تسرّب إلى روحه، ووضعه أمام تحديات وأزمة صعبة، واجهته وواجهها، وخرج منتصراً. ففي السر الذي يحايث الفلسطيني ما يفتح له درباً مضيئاً. والسر من كلمات جبرا الأثيرة.

يباطن البعد الثاني بشراً، تداعت أزمنتهم، ماتوا، أو «يسيرون إلى الموت»، كما تقول «صيادون في شارع ضيّق»، آيتهم «أعيان» انتهت صلاحيتهم، لم يهزمهم الشباب، كما هو منتظر، بقدر ما هزمتهم الوقائع المستجدة، التي هي شكل من الاختبار، وحكمت عليهم بالموت. كتب جبرا، على لسان إحدى شخصياته، بلغة احتفائية، عن عجوز آفل يقتات بالأحياء: «أنت النصف الآخر من حياتي الذي صارعته دائماً. أنت الشر، ....، الطين، القذارة، روث الدهور المحفوظ في ثياب حريرية خلف جدران لا تقتحم، وسط الأوراد المريضة. أنت الظلام والمرض، أنت البلاء واللعنة في حياتنا. بدا الشيطان العجوز مثيراً للشفقة في هيئته المذعورة... كان جثة ضخمة في قميص نوم حريري طويل، يناسب ثروته ومقامه. ص: 254».

تتعيّن اللغة الغاضبة نثراً فاتناً، يقبض على سطح الموصوف وقراره، لكنها في حرارتها الغالية تجسّد تصوراً للعالم، يحتفي بقدوم الجديد ويحتفل به ويصفق لانهيار العظام النخرة، محمولاً على ثنائية قاطعة لا تقبل بالمصالحة. فالميت الذي يصطاد الأحياء، مكدساً في كيانه الشر والقذارة واللعنة، ينتهي إلى موت يثير الشفقة، لا مهابة له ولا كرامة. يتراءى «واجب الوجود»، الذي يعلي من شأن الحياة والإرادة، مرة أخرى، إذ على الفلسطيني الذي انهزم أن ينتصر، مثلما أن على عدو الحياة أن يحمل جثته ويمشي. وعلى هذا فإن الزمن الحقيقي الذي يحرّك الفعل الروائي هو الزمن الرومانسي الذي تفرضه

الكتابة، الذي يرى حاضر المجتمع في مستقبله. إن هذا الزمن «الحقيقي» (الزمن في بعده الثالث) لا يرتبط بالواقع العراقي بل بمنظور الروائي وحده.

في تصور جبرا ما يعين الخير جزءاً وطيداً من الحياة، وما يعتبر الشر إضافة مؤقتة، كما لو كانت الحياة وجوداً خيّراً يصرّف أموره بحكمة، يحتمل ما يحتمل، ويشعل النار بالقبيح الشرير، بعد حين، كي يعود الوجود جميلاً، كما خلقه الله في البدايات الأولى.

5. إضاءة: مرور الموت وبهجة الميلاد:

يحضر الموت في الرواية مرات متعاقبة، مؤسياً ويثير التأسي، تارة، وعادلاً هادئاً، تارة أخرى. يحضر حزيناً، في المرة الأولى، مع شابة فلسطينية راقدة تحت الأنقاض، ستبعث في كيان عراقية جميلة العينين، بعد عام. ويأتي، ثانية، في شخص عراقية ذبيحة، تكفل بموتها تراكم العادات القاتلة، ولا يغيب، إلا قليلاً ليحسم «مومساً» بائسة المآل. ويعود مع «العبد الأسود»، الذي قتله خوفه، بعد أن توهّم أنه اقترف جرماً، وتشيع رائحة الموت من جديد في ثنايا صحيفة تشير إلى موت إنسان هامشي، ترسّب في مستنقع. لكن الموت يصل عالي الصوت عند رحيل «الوجيه المستبد»، الممتلئ بالثروة والمرض واللعنة، ويعتدل صوت الموت، حين يشي برحيل نظام اجتماعي كامل، اتكأ على الموروث العثماني طويلاً، وفاجأته المستجدات.

الموت تعطيل للحياة وعقاب عابث وقصاص عادل وصدفة شريرة وانتقال إجباري من الأليف إلى المجهول. يأتي الموت بأشكال مختلفة، يأتي مع الديناميت الذي يجزئ الموحّد ويبتر الأعضاء، ومع السكين التي تفرغ الجسد من دمائه، والمجهول الذي يطيح بإنسان مجهول، والمرض المحمّل بموت صامت، والشيخوخة التي تصيّر الأجساد إلى جثث تتحرّك. في الموت إعلان عن وجود الحياة، فالذي لا يموت لا يحيا من جديد. احتفت الرواية، في مقابل الموت؛ بأكثر من ميلاد رمزي:

الحب الحقيقي الذي هو امتداد للفلسطيني الغريب وكشْفٌ عن جوهره، تحرر المثقف الأرستقراطي الجذور من سلبيته وخروجه إلى المواجهة، تحدي الفتاة العاشقة للنظام الأبوي، موحدة بين الحب والتحوّل والمقاومة وعودة الفلسطيني إلى أهله بعد أن هزم الاختبار، .... ينطوي الميلاد على ما يحتفي بالحياة، وما يهز ركوداً أقرب إلى الاستنقاع.

تصرح ثنائية الموت والميلاد، التي تتمظهر في متواليات حكائية، بفلسفة جبرا الروائية؛ إذ الموت حدث فاجع، وعادل، وإذ هو وعد بالتوالد الخيّر، الذي ينشر جوهر الحياة. والموت في وجوهه المختلفة إعلان عن توازن الوجود وسؤال عن قوة النسيان، التي قد تتعايش مع «إيمانية فرحة»، أخبر عنها جبرا في «البئر الأولى». بل إن الموت في التصوّر الرومانسي وجه آخر للحياة، ما دام «الحاضر

مطلقاً»، وسيداً على الأزمنة، كما يرى الرومانسيون. ففي الحب ميلاد، وفي الموت ميلاد، وإلا فكيف بعثت الفلسطينية القتيلة في جسد عراقية عاشقة؟

6. جماليات الحياة والحاضر المطلق:

يتمتع البطل الفلسطيني المتعدد الصفات بثقافة فنية واسعة، رسّام هو في أوقات الفراغ، وله إلمام يميّز الأعمال الفنية في حقبها المختلفة. ويرى في الفن ضرورة للحياة. حين يسأل جميل فرّان البدوي: «إذن تعتقد ألا حاجة للفن؟»، يجيب: «كل فنان، بالطبع، كل كاتب قصة، كل روائي، إنما يطعن بخنجره المسموم جسم الحياة السليم». تساوي العقول الأحادية بين الفن والسمّ، وتعطف نقائضها الفن على الجسد السليم. بل إن حضور المعيار الفني في تصور جميل فرّان «يجعله يلتفت إلى جمال قدم عامل الحمّام العمومي الفقير: «تأملت قدمي شاب وتذكرت تماثيل ميكيل انجلو»، كما لو كانت التماثيل هي التي توضح معالم البشر. غير أنه وهو يعزل القدم الجميلة عن هيئة صاحبها، لا ينسى أن يدقق في صور مشوّهة لا توازن فيها: «مررنا حين دخلنا برجل مستدير الكرش». يتداخل المجتمع والصور الفنية ويولد من حياة الناس اليومية «متحفاً متحرّكاً» تعرف لغته العيون التي تلقت تربية فنية.

يحيل البشر، في تصور المثقف - الفنان، على أعمال فنية، قرأ عنها في كتاب، أو استقطبت النظر في متحف مضيء. فالفتاة التي اعتقلتها التقاليد، تذكّره، قبل أن يراها بالشاعرة «إليزابيث باريت، بل إنها مثلها شاعرة أيضاً» وهي تشبه بعد رؤيتها إميليا فيفياني الفتاة الإيطالية التي التقى بها الشاعر الإنجليزي شلي. و«لعامل الحمام الأسود صدر يصلح لأبوللو».

لكل شخص، ذكراً كان أو أنثى، معادل فني جاهز، استقر في المخيلة منذ زمن طويل. يبدو البشرلدى الروائي أصداء للأعمال الفنية، أو ظلالاً لها ناقصة، حيث البشري اليومي يقصّر عن الفني المتوازن المشبع بالألوان. كأن البشر مخلوقات جاءت من متحف فني يتسع للمتخيّل وللموجود والمحتمل أيضاً.

يتحوّل البشر والأشياء، في حدود المقارنة بين الواقعي المعيش والموضوع الفني، إلى علاقات جمالية، تتميّز بقبحها أو بجمالها، بمعزل عن الواقع الذي عاشته أو تعيشه. فعامل الحمّام لا يرى في ضيقه اليومي، ولا في حياته الرطبة المثلومة، إنما يختصر إلى «صدره الذي يصلح لأبوللو»، كما لو كان قد انتقل مؤقتاً من المتحف إلى مكان عمله المشبع بالحرارة والبخار، أو كأن موقع عمله غدا متحفاً من نوع آخر. تنوس الشخصيات بين القبيح والجميل، متحررة من السببية الاجتماعية وحاذفة المسافة بين الجمال والخير والحق، حيث الجميل خيّر، والحق عناق بين الخير والجمال، والمشوّه الوجه مشوّه الروح أيضاً. لا غرابة أن يصف الروائي المتطرّف الثوري، الجاهز الأحكام، بأن له رأساً كالجمجمة وأن أفكاره غير متوازنة كوجهه، وبأن تكون الفتاة الحبيسة شاعرة ولها عينان جميلتان،

والرقيب «الأسود»، الذي حاول الاعتداء على سيدته، غبي وقبيح وشرير معاً. تغيب السببية الاجتماعية، التي لا تقوم الظواهر الاجتماعية إلا بها، ويغيب الإنسان كجملة من العلاقات الاجتماعية، ويظل مع أفكار وأفعال صادرة عن «روحه» فقط..

إن تغييب السببية الاجتماعية، الذي يختزل البشر إلى علاقات جمالية، هو الذي يفرض التفسير الأخلاقي للمجتمع، هذا التفسير الذي لا يفسّر شيئاً ويشتق، تالياً، طبائع البشر من وجوههم وأرواحهم. يتراجع المجتمع في طبقاته وفروقاته ويتبقى «الأفراد»، ويتراجع معهم «التاريخ الاجتماعي»، وترسب ثنائيات مجردة حدودها: الخير والشر، القبح والجمال، والسويّ والمشوّه. يعود البعد الرومانسي في تصور جبرا من جهة واسعة، فبعد الفرد المتفوق الذي لا يقارن بغيره، يأتي أفراد موزعون على مقولات جمالية - أخلاقية أقرب إلى التجريد، ذلك أن الوحيد الجدير بوجود كامل هو الفرد المتميّز الذي يستطيع «إخضاع المجتمع».

في كتابه «الحرية والطوفان»، الذي هو مجموعة دراسات، عالج جبرا موضوع الرومانسية أكثر من مرة، فهو يقول: «أما الرومانسي فإنه يضع الفرد - أو الشخصية الإنسانية كما يعرفها عن نفسه - فوق كل شيء، ويحاول إرغام المجتمع على تقبّل وفهم الرغبات والأخيلة التي تجيش في صدر الفرد، لكي يتحقق بذلك تغير المجتمع ودنوّه من منابع الخير والجمال. ص: 79». جسّد «جميل فران» شخصية الرومانسي الذي يضع ذاته فوق غيره، ويعيش ما يرغب به مساوياً بين المعيش والمرغوب. يكمل جبرا ما قال به بفكرة أخرى: «لقد جاء الرومانسيون بموضوع الخيال على نحو يكاد يكون صوفياً، وجعلوه بمنطقهم الخاص القسطاس في الحكم على قيمة العمل الفني. ص: 83»، إلى أن يكتب: «فقد كان شلي منذ صباه يقول إن في نفسه شهوة في إصلاح العالم».

الفرد المتعالي والخيال الجامح وإصلاح العالم أفكار ثلاث تأملها جبرا وتوقف عندها، وأدرجها في «صيادون في شارع ضيّق»، لتأخذ شكل شخصية مسيطرة. فلا أحد يطاول «جميل فران» ثقافة وشجاعة وقدرة على الأخذ بالنفوس، ولا أحد ساخط على التقاليد بقدر ما هو ساخط عليها - وله خيال الصوفي الذي يساويه بشلي، ويجعل من أرستقراطية عراقية لاجئة فلسطينية. والواضح أن الفرد ينبثق من تفوقه، وأن الثقة بالخيال تروض ما يبدو عصياً على الترويض، وأن الفرد الرومانسي الصفات يستقدم المستقبل إلى الحاضر ويفعل ما يريد. ينتهي مفهوم التاريخ، ويمّحي معه مفهوم السياسة، ويتبقى «الحاضر المطلق»، الذي هو زمن غير تاريخي، يتناءى بعيداً عن الزمن التاريخي الذي يجبر الأفراد على استظهار مشيئته. يقول الرومانسيون الألمان: «الشعر هو الزمن وقد أمسك به الخيال»[6]، الذي قد يصبح: «التاريخ هو الزمن وقد أمسك به الخيال»، أو أن: «إصلاح العالم نعمة يأتي بها خيال لا يعترف بالزمن». يسوق الخيال الطليق الظواهر كما يريد، ويستولد منها الإصلاح المنشود، بعيداً عن السياسة التي هي «فعل احترافي فقير» يختصر إرادة الإنسان إلى تعاليم محدودة. لا يثير العجب،

إذن، أن يكون الثوري المتحزّب، في رواية جبرا، هو الأكثر قبحاً وشذوذاً، إنه: الإنسان - الجمجمة المشوّه الأفكار، الذي منعت عنه الطبيعة نعمة الوسامة والاتساق.

في رواية جبرا ما يقول: إن الواقع جملة علاقات جمالية، وإن الإنسان الأجمل ينجز وحيداً «إصلاح العالم»، من دون توسط التاريخ والسياسة. لذا تكون حركة الفلسطيني في اتجاه انتصاره هي حركة النظام الاجتماعي في اتجاه سقوطه. انتصار جمالي مجرد، وسقوط حرّض عليه خيال الإنسان الجميل. ولأن الانتصار، كما السقوط، رغبتان، لا يعود الفلسطيني إلى «وطنه»، إنما يرجع إلى «مخيم» سيتكاثر في مخيمات!!!

صاغ جبرا، متكئاً على موروث رومانسي، رواية تحريضية وتعويضية معاً: تحرّض الفلسطيني على التفوّق والتسلّح بالإرادة والفضيلة، وتمدّه بتعويض مستريح، فانتصاره موكل إلى فلسطيني خاص، يقصّر المسافة بين الشعر والواقع.

7. البنية الروائية والخطاب المزدوج:

اتخذت رواية جبرا من الفرد المتفوّق محوراً لها، استهلت به، وتطورت بحركته، وانتهت حين غادر المدينة وعاد إلى أهله، كما لو كانت مقطعاً من سيرته الذاتية، وقد اخترقتها نماذج بشرية يحتاجها الفعل الروائي، ويأمر بها حضور البطل - المرتبة، الذي يقاس الآخرون به ولا يقاس بأحد.

انطوت الرواية، في حركتها الملتفة حول البطل، على خمسة مقاطع أساسية: مقطع أول يشير إلى المكان الذي جاء منه ويصف المكان الذي وصل إليه، موحياً بولادة عارضة تضيء ولادته الذهبية الأولى، التي أمدته بعزم لا يلين. ويحقق المقطع الثاني دوراً مزدوجاً، يفتح البطل على العناصر الروائية المطابقة، التي تبدأ بالمدينة، وتتشجّر في تفاصيل المكان وحكايته، وتنعطف على «جمهرة المثقفين»، التي تشكّل ثابتاً من ثوابت رواية جبرا. ومع أن الدور الثاني يستظهر في التعرّف على الشخصيات وملامحها الداخلية والخارجية، مضيئاً البيئة العراقية وانقساماتها، فإن وظيفته الكشف عن شخصية البطل، التي تظهر في الفرق الكيفي بينه وبين المحيطين به، فهو يرى ما لا يرونه، ويتحدّث معهم ولا يكون منهم.

يشكل المقطعان الروائيان الأول والثاني مقدمة لمقطع ثالث، يرسل بالبطل إلى الوسط الاجتماعي، في تلاوينه المختلفة، ويمهّد له الدخول إلى فعل روائي، له تأزّمه الذي يتقدّم به، وله الشكل الذي سيأخذه إلى نهاية معينة. يُبتدأُ الفعل الروائي، وفقاً لمنطق الرواية، بعلاقة البطل مع شخصيتين نسائيتين غير متكافئتين، تجسّد الأولى منهما الشهوة والجسد والرغبة المبتورة، وتجسّد الثانية العاطفة والنقاء والتكامل الجمالي والروحي. يضطرب البطل، جزئياً، بين العلاقتين ويذهب، وهو الرومانسي المسكون

بأطياف الشاعر الإنجليزي شلي، إلى الخيار العاطفي، الذي يلبي القلب والروح والعقل، ويلحق العاشق الفلسطيني بغيره من العشّاق الرومانسيين.

يعالج المقطع الرابع الذروة المتأزمة، أو ما دعاه جبرا الشاب في دراسة عنوانها «الذروة في الأدب والفن» بـ: التأزم الذرويّ، حيث تبلغ الأزمة طوراً يمهد لها الحل الأخير. يحتشد في الأزمة الأخيرة صراع وتهديد بالقتل والانتحار ومكاشفات مفاجئة، وصراع الفلسطيني مع أسرة عاتية القوة والثراء تهدد بطرده. يقول البطل الوحيد «لم يكن تهديده بطردي من البلد، وهو يعلم بأنني من شعب مشرد، تهديداً حقيراً فقط، بل مضحكاً. لذا فإن غضبي، بعد أن تركت بيته، تحوّل تدريجياً إلى ضحك، إلى قهقهة مخيفة. قهقهت بأعلى صوتي في ظلام الطريق. قهقهت كالمجنون. المجنون وذو القرون - هل في الدنيا ما هو أشد إضحاكاً منهما إذا يلتقيان؟ ص: 261» يحمل الفلسطيني مأساته ويمشي، ويمشي ضاحكاً إذا تناسلت المأساة في مآس لاحقة. ذلك أن «شر البليّة ما يضحك»، وأن شر البلايا، في الوضع الفلسطيني، لا يصدّ التفاؤل.

يكشف المقطع الخامس، بداهة، عن انحلال الأزمة رومانسياً، وعن انتصار الفلسطيني وعن سير القديم إلى سقوطه. يقول جميل فران في نهاية الرواية: «نظام كامل من الأشياء وأخذ يسقط. كان ما يزال يتمتع بالسلطة، لكن الصدع فيها كان واسعاً، مهما خدع نفسه بشأنه». في العودة إلى حيث جاء بداية لحكاية كبيرة أخرى، ينجز فيها البطل ما أنجزه في سابقتها.

يحتل البطل في المقاطع الروائية الخمسة موقعاً مسيطراً. يضبط تحولات الفعل الروائي بين البداية والنهاية، وفقاً لتطور خطي متصاعد يبلغ نهاية منتظرة. وهو من بداية الرواية إلى نهايتها، ثابت، يكرر ذاته في مواقف مختلفة، فما يتغير هو ما يحيط به، «الواجب إصلاحه»، في مقابل «المصلح الأول»، الذي يوازي الفعل الروائي ولا يندرج فيه.

تصرّح رواية جبرا بتصور ثنائي البعد: رسم الروائي شخصياته من وجهة نظر مصائرها، وترك البطل ثابتاً مع قدره الذي لا يخذله. تأتي الشخصيات، في ظهورها المتتابع، وتسير في الطريق المقرّر لها، الذي أراده خالق رومانسي، يختار مواده وينطقها بالكلام الذي يريد. يعيش النص الروائي، والحالة هذه، مفارقته المحمولة على ثنائية: الحرية والحتمية. فمن المفترض أن الروائي يقود «رعيته الروائية» في الحرية التي تنتظرها، وفي اتجاه الخير المنتصر في النهاية. غير أن هذه الحرية تنبعث من فعل المتكلّم الوحيد، الذي هو الروائي، ذلك أن الشخصيات لا تتحاور طليقة في ما بينها، كي تقرّر ما تريد، فما تصل إليه أثر لحوارها مع «البطل»، الذي يقنعها بـ «الحقيقة» وتقتنع بكلامه وتفوز، أو تجافي ما قال به وتحصد الخيبة. تنقسم الشخصيات إلى فريقين، أحدهما «اهتدى» وثانيهما تنكّب عن الخير وأسرع إلى سقوطه. تتراءى في القسمة أبعاد دينية تلازم، بالضرورة، النظر الرومانسي إلى العالم.

يقول البعد الثاني في تصور جبرا: يتكوّن الشكل الروائي من وجهة نظر النهاية. ومع أن الشكل الروائي، نظرياً، محصلة لدينامية العناصر المندرجة فيه، التي تستدعي الاحتمال وتعددية التأويل، فإن الشكل لدى جبرا ينصاع إلى «البطل - الأصلي»، الذي يهمّش العلاقات جميعاً. ولهذا يكون المعنى الثاوي في النهاية، خاصاً بالبطل دون غيره، ويبقى خاصاً به، وإن أوحى أنه يخترق العلاقات جميعاً. ينتهي المعنى إلى شكلانية متقشفة، تقرن بين مستقبل العراق وبطولة فلسطينية مندفعة إلى المستقبل. فإذا كان الفلسطيني - الأصل سائراً إلى انتصار ينتظره، فإن على جميع الشخصيات «القريبة» منه أن تندفع إلى المستقبل أيضاً. يتكون الشكل مسكوناً بمفارقة تذيب الزمن التاريخي المعقد في زمن الفرد البسيط.

تعيد المفارقة المتقشفة صوغ دلالة الانتقال في الكتابة الروائية، مستبعدة الانتقال المعقد، المنفتح على احتمالات متعددة، وآخذة بانتقال سهل وبريء، أقرب إلى الحكاية، وقريب من «المتخيل الصوفي»، الذي يذيب الأزمنة جميعاً في زمن وحيد. تتراءى في المفارقة، المحمولة على الحتمية، أو على فكر جبري أكيد، إشكالية الرواية الفلسطينية، التي عليها السير وراء صوتين مفردين متناقضين: المفقود والمستعاد. ولهذا يأتي خيار الشخصيات، في «صيادون في شارع ضيّق»، من خارجها، ويتطور الفعل الروائي معوقاً، وتكون ذروة الأزمة، أو «الأزمنة الذروية»، بلغة جبرا، جاهزة الجواب. شيء قريب من رواية غسان كنفاني «ما تبقى لكم»، حين أطلق صبياً فلسطينياً في الصحراء ومنحه حكاية سعيدة.

احتقبت رواية جبرا نصاً نوعياً عن بغداد الخمسينات وفئاتها الاجتماعية، التي تتضمن ابن المدينة المجزوءة وابن الصحراء وابن الجبال والفلاّح والإقطاعي وفئة اجتماعية مغتربة ونخبة متعلمة تريد النهوض بالعراق، ... لكنها اشتملت أيضاً على نص محوره الفردية الطليقة. جسّد الروائي المسافة بين النصين بقوة الخير المنتصر، الذي يتقدم صُعُداً، ويتحرر من الأشرار قبل نهاية الطريق.

لم يشأ جبرا، المثقف اللامع والإنسان النبيه، رواية فلسطينية، وهو مصطلح ضبابه أكثر من وضوحه، فقد أراد «رواية من أجل فلسطين»، تتحدث عن اللاجئ الذي ينشد العودة، قبل أن تتحدث عن المكان الذي يريد العودة إليه.

8. الحوار اليومي والمعنى:

- في رواية جبرا ما يذكرّ بـ «الحكايات الشعبية»، التي رصدها فلاديمير بروب في كتابه «مورفولوجيا الحكاية» وحلّلها دلالات بطلها الذي يلقى صعوبات، لا تقف أمامه طويلاً. يواجه البطل الشعبي شراً ضرورياً، يلتبس بأشكال مختلفة، وينازله منتقلاً من تحد إلى آخر، إلى أن ينصر الخير أو ينصره، واضعاً بين يديه ثواباً - جائزة، يكون كنزاً، أو معشوقة نادرة المثال، أو حاكماً، تنيناً يفقد رأسه. ولأن البطل الفلسطيني مشدود إلى الجماليات والقيم، يتبقى له «الجميلة» السائرة إلى فلسطين.

يتمتع جميل فران ببطولة المسؤولية، إن صح القول، التي تملي عليه طرد زمن بآخر، وتأمين وضع يحتفي بالكرامة والحرية. يقول «كن هيروشكوب» في كتابه: «ميخائيل باختين، علم جمال من أجل الديمقراطية»: «لا تعني المسؤولية اتخاذ القرارات فقط، بل التمتع بالقدرة على المساهمة في اتخاذ قرارات خاصة تصوغ شكلاً تاريخياً للحياة». استعاض بطل جبرا عن الشكل التاريخي للحياة، المقترن بفعل سياسي جماعي، بالشكل الجمالي، الذي يأتي به بطل متفوق، يحرر الآخرين ويقودهم.[7]

تعطي المسافة بين البطل و«الآخر» للحوار في رواية جبرا بعداً ملتبساً، فهو موجود، وواسع الوجود، كعنصر لا تستقيم البنية الروائية من دونه، وموجود - غائب لأنّ فعل البطل ينبثق من داخله، ولا يلتفت إلى الأثر الكلامي الصادر عن شخصيات تتقاسم الكلام، ويأخذ كل منها دورها في الرد والإضاءة والاختلاف. يتأتى الفعل الروائي، نظرياً، من التنوّع الكلامي المتفاعل للشخصيات المختلفة، الذي يجعل كل كلام يمتد في غيره ويكتمل به، ومن تكوّن الشخصيات في سيرورة كلامها المتبادل، ذلك أن الكلام فعل، يصنعه المتحاورون ويصنعهم أيضاً.

تقصد الرواية، في إشارات ميخائيل باختين المتواترة، إلى: «التنظيم الفني للحكي الاجتماعي المتنوع» [8]، حيث في الكلام المتنوع تصريخ بفئات اجتماعية تعلن عن تنوعها في: الكلام العامي، واللغة المترصنة، وأحاديث الاختصاص، وتلك اللغة الساخرة التي تجافي التجهم وتعبث به. ومن هذا التنوع تشتق المقولات الخاصة بـ «أحادية الصوت، تعددية الأصوات، الأنا والآخر» وكل ما يؤكد أن حضور المتكلم من حضور الآخرين في كلامه، وأن الكلام المكتفي بذاته لا قوام له، فالكلام يكون اجتماعياً أو لا يكون.

ينطلق كلام باختين، في مستوى منه، من المعنى الفني للرواية، من حيث هي جنس كتابي، يتبادل فيه المؤلف الكلام مع شخصياته، جنس يجمع بين الحداثة والديمقراطية، إذ في الحداثة ذات مفردة قادرة على الكلام، وإذ الديمقراطية تحتضن أصواتاً متنوعة، إعلاناً عن زمن ينكر الأصوات المستبدة التي تحتكر الكلام. وعلى هذا فإن خطاب باختين عن الرواية وأحادية الصوت، كما تعددية الأصوات، يتجاوز جماليات الرواية ويضيء لغة الاستبداد وقواعد ا لحديث لدى المستبدين.

أثث الروائي نصه بمقولات اجتماعية وأطلقها في حوار طويل، أو ما يشبهه: الصحفي الفقير الذي يعمل في مجلة هامشية، البدوي المعادي للمدينة والحداثة، والمثقف الذي يحجب الحياة وراء الشعارات، وإنجليزي سعيد مصقول اللغة، وارستقراطية تتحدث عن الفن والضجر، ... شكل هؤلاء جميعاً، في مراجعهم الداخلية والخارجية، وحدة فنية تضيء الواقع والسياق، وأضيف إليهم فلسطيني من خارج السياق وله واقع آخر.

صاغت الشخصيات حواراً متنوع الكلام، تلامعت فيه أبعاد ديمقراطية، لم تغير في طبيعة «البدوي»

شيئاً، ولم تقنع الفلسطيني بشيء لم يكن مقتنعاً به. غير أن هذا الحوار، الذي يبدو متنوعاً في ديمقراطيته وديمقراطياً في تنوعه، ليس كما يبدو، فهو مؤرق ومضطرب لأسباب ثلاثة على الأقل: فلا كلام، بالمعنى الروائي، إلا بين شخصيات تتبادل الاعتراف، وهو مالا يبدو واضحاً لدى شخصيات لم يمنحها مجتمعها: «الاستقلال الذاتي»، الذي يرسل الكلام ويستقبله، من دون إضافات غائمة. ليس لدى «الشخصيات - الظلال» ما تقوله، فهي تكرّر ما تعرفه، توافق على ما تسمع أو ترفضه. وربما يقرأ كلامها من خلال «الصمت» الموزع عليها، الذي لا يستوعب الكلام بقدر ما يلغيه، وهو ما يحوّل الكلام المتبادل بينها إلى حديث دائري عالي الصوت ولا جديد فيه. إنه حديث المقاهي الصاخب، المنفتح على شوارع أكثر صخباً، والمنغلق على تكرار يثير السأم. وسواء تحلّق المتحاورون حول البطل المسيطر وتبادلوا معه الكلام، أو تحلقوا حول أنفسهم واكتفوا بالنظر إليه، فهو يمثّل، في الحالتين، صورة «المتحدث المقتدر»، الذي يتوسط الحوار ويفرض عليه، تلقائياً، سلطة لا تضارع. يستحضر «الكلام المقتدر» تراتباً، لا يلبّي ديمقراطية الحوار، ويضع كلاماً فوق آخر. ولهذا تحتضن الرواية ثنائية: المونولوج، البطل المسيطر الذي يدور مع أفكاره، و«الديالوج» المبتور، الذي هو كلامه مع الملتفين حوله. والمسافة هذه لا تُجسّر، ولا يهجس الروائي بتجسيرها، فالبطل يبادر إلى أفعاله وحيداً معتصماً بـ «الرسالة»، التي أوكلتها الأقدار إليه، ونقلته من القدس إلى بغداد، وفرضت عليه أن يحرر المدينتين معاً.

اعترف «المتحدث المقتدر»، في نهاية الرواية، بإحدى الشخصيات الإيجابية، التي ساعدته، في تحقيق مهمته. من اللافت أن الاعتراف لم يتكشف في «سيرورة الكلام»، التي راقبها «جميل فران» وشعر بالسأم، إنما جاء في شكل «رسالة مكتوبة»، تمييزاً لها من كلام أقرب إلى الهذر، وتأكيداً لوحدة الكلام - الفعل فالإنسان «المقتدر» يفعل» أكثر مما يتكلم، والآخر الجدير بالاعتراف أنجز فعلاً استعجل مجيء الموت الواجب وصوله. عبّر الروائي في تقنية «الرسالة المكتوبة»، التي هي شكل خاص من الحوار، عن وعيه العميق بالمعنى الفني للحوار، الذي يستمر متجاوزاً «الثغرات»، التي يخلّفها السارد، من غير انتباه. استمر الحوار، الذي لا سبيل إلى استمراره، بشكل إشاري، معلناً أن للحوار شروطاً خاصّة بالحوار.

قاد جبرا نصه، كما أشرنا، إلى مفارقة لا يمكن تجاوزها، فحرص على بناء روائي متكامل العناصر، استلهمه من ثقافة روائية باذخة، وقصد توليد معنى، تمليه «الرسالة الفلسطينية»، التي تلازم العناصر الروائية وتحاصرها في آن. يقول باختين: «إن سرد الحوار ليس مجرد تأويل خارجي المصدر، فهو ثمرة جهد متبادل، يأتي تلقائياً، تصبح المحادثة من دونه مستحيلة. ويمكن أن يتضمن هذا ما تقول به الشخصية وما تقوم به في مجرى الحوار». يحذف جبرا من الحوار «الجهد المتبادل»، ويستبقي قولاً أحادياً، أضافت إليه الضرورة صوتاً وحيداً. ويستبين خروجه عن «المبدأ الحواري» في نقطة أخرى: فإذا كان المتحدث في الرواية يجسّد «لغة اجتماعية - إيديولوجية»، في إشارة إلى التنوع الاجتماعي،

لا شخصاً مكتفياً بذاته، فإن «المتكلم المقتدر»، أي الفلسطيني، فرداً ينزاح عن الآخرين ووسطهم الاجتماعي، ويتعين فرداً، له فضاء خاص به، يغاير ما عداه اجتماعياً وأيديولوجياً أيضاً.

يقول إيان واط في كتابه: «صعود الرواية»»: «يعتمد تعامل الرواية الفعلي مع الحياة اليومية للناس العاديين على شرطين عامين مهمّين: المجتمع الذي يقدر الفرد ويحترمه ليكون جديراً باحتفاء الأدب الجاد به، والناس العاديين في تعددية أفعالهم وتعددية ما يؤمنون به ليكون بإمكانهم الاهتمام ببشر عاديين آخرين، هم قـــــراء الروايـات..» [9]. قسم جبرا نصه إلى حيّز يقبل بالناس العاديين الذي لهم أدب يهتم بهم، وحيّز آخر أكثر علواً وثقافة، يعرف الموسيقا والفلسفة ويجلو أسرار الفن ورموزه.

يُقرأ جبرا في تجربته الذاتية وثقافته الحديثة، وفي سعيه إلى تحديث الأدب العربي والإعلاء من شأن الرواية، لكنه يُقرأ أولاً في «رسالته الفلسطينية»، التي أملت عليه «رواية مختلفة»، تتقاطع مع الرواية، في عناصرها المعترف بها، وتنزاح عنها إلى كتابة تستلهم الشعر والتصوف.

المراجع

.52. جبرا إبراهيم جبرا، ينابيع الرؤيا، المؤسسة العربية للدراسات والنشر، بيروت، 1979، ص: 83.

3. JEAN – LOUIS CHRETIEN: CONSCIENCE ET ROMAN. EDS D MINUIT , PARIS, 2009,: 45
4. PERSPECTIVES ON FICTION (EDITED BY JAMES L. CALDER WOOD, ... OXFORD UNIVERSITY,
5. جبرا إبراهيم جبرا، **صيادون في شارع ضيق**، ص: 17.
6. ENES BEHLER: GERMAN ROMANTIC LITERARY THEORY CAMBRIDGE UNIVERSITY PRESS, 1993.
7. KEN HEROSCHKP: AN AESTETICS OF DEMOCRACY (MICHAIL BACHTIM).
8. المرجع السابق: ص 17.
9. IAN WATT: THE RISE OT THE NOVEL , 1957 , (JAMES L. CAALDER) PAGE 130

الإبداع وبطولة الثقافة

السفينة

مأساة الوجود والفلسطيني المتوازن

تعلن «السفينة» عن تعددية الأصوات الروائية، المتوازية المتقاطعة التي تنتج قولاً قابلاً لأكثر من تأويل، ذلك أن في القول المتعدد العناصر ما ينكر اليقين. تستدعي هذه التعددية، بلا تباطؤ، رواية وليم فوكنر «الصخب والعنف»، التي ترجمها جبرا إبراهيم جبرا إلى العربية، وأشار إليها في أكثر من دراسة. لم يكن الأمريكي فوكنر بحاجة إلى الفصل بين الوطن والمنفى، على خلاف الروائي الفلسطيني الذي أفرد مكاناً واسعاً للصوت الفلسطيني الذي يسير مع «قدسه» وينتظر العودة إليها.

تبدو «السفينة»، في قراءتها السريعة، مأخوذة بالمعادلات الجمالية، حيث تضاد البحر واليابسة والأرواح المستريحة وصخب البحر، وذلك النظر الرومانسي الذي يرى في الروح الإنسانية بحراً آخر. غير أن القراءة المغايرة ترى منظوراً أسيان، يرصد عثار الإنسان، الذي يقصد سفراً مخلّصاً ويعود إلى حيث كان. يخبر جبرا، مرة أخرى، أن الرواية تأتي من الصدفة، وأن العادات الأليفة لا تفضي إلى شيء، فهي مستقرة في مكانها ومكانها مستقر فيها، وأن الجديد الباعث على الحركة غير ممكن الوجود. لذا يدخل الفرد «سفينته» محملاً بالأحلام، وينهي رحلته وقد مرّ بأكثر من كابوس. فالانتقال من مكان إلى آخر انتقال من حال إلى غيره، استدعته الصدفة وصاغته كما تشاء.

1. وجود إنساني لا تمكن السيطرة عليه:

تبدأ الرواية بكلمات سعيدة، تعد الإنسان بلقاء حلمه وتنقله من مكان ضيّق إلى مكان مفتوح على الكون، ومن فضاء أحادي اللون إلى حيّز متعدد الألوان: «البحر جسر الخلاص. البحر الطري الناعم، الأشيب، العطوف...» ما يسبق البحر هو الشقاء والخشونة والحرمان، وما يأتي بعده طراوة يداخلها الحنان، وزبد يغسل الأرواح المتعبة. غير أن في الوعد، منذ البداية، إشارة إلى ما ينكث بالوعد: «عاد البحر اليوم إلى العنفوان، لطم موجه إيقاع عنيف....». ولعل التضاد بين الطراوة والعنف هو ما يحوّل

الخلاص المنتظر إلى شيء آخر، لا تنقصه الكوابيس. لا شيء يراهن عليه، والرهان معطوب الخطأ، والجسر إلى الأمان ضعيف القوائم، باستثناء إيمان مسافر فلسطيني يستمد إيمانه من القدس المقدسة، التي لا تغادر فلسطين أبداً. يسافر الفلسطيني محمولاً بوعد لا يتنكّر له، سفراً سعيداً يختلف عن الهرب، ويميّز الفلسطيني المقدسي من الهاربين، الذين يملؤون ظهر السفينة.

لا تتحدث رواية جبرا عن «السفر»، الذي هو فعل خياري مؤقت، يأخذ به بشر يسعون إلى الراحة، إنما تتحدّث عن «الهرب»، الذي يقوم به الإنسان خوفاً مما أصابه أو يمكن أن يصيبه، ومنتظراً ما لا يراهن عليه. وفي الهرب حصار مزدوج: انتقال من المعروف إلى المجهول، ومن الوطن إلى المنفى، وممّا هو مرفوض إلى مرغوب محتمل، قد يأتي أو لا يأتي. تظهر كلمة «الهرب» في الصفحة الأولى من الرواية، إذ يقول السارد الأول: «فأنا هنا للهرب»، كما لو كانت الأنا تتعرّف بهربها، و«الهنا» الذي تقصده بداية للهرب، ذلك أن دور السفينة معالجة المسافات. ويعود الهرب في الصفحة الثالثة مع مسافرة إيطالية، أضاعت ما أرادته مرتين: «قالت إنها ليست هاربة، ولما زمّرت السفينة، ....، صمّمت أنها هي أيضاً هاربة»، في انتظار شخصيات لاحقة، تهرب قبل أن تسافر، أو تزاوج بين السفر والهرب.

تبدو الرحلة في سفينة جبرا هرباً مأساوياً يخالطه العبث: هرباً يبدو كأنه سفر، وعبثاً تنتظره أكثر من صدفة مرهقة. ومع أن للهرب أسبابه الذاتية، فوراء الهارب وجود يطارده، فإن كثرة الهاربين تحوّل الهرب إلى سؤال وجودي ثقيل، لا يعالجه الهرب ولا يتعالج به، الأمر الذي يحول «البحر» إلى أرض، ويصيّر السفينة إلى حيّز ضيّق لا يعد بالخلاص. فلا خلاص لأحد، لا الذين تركوا أرضهم ولا لهؤلاء الذين بقوا فيها. لا يغيّر الخلاص المستحيل من وضع الفلسطيني، فلا هو بالهارب ولا هو بالمسافر، إنما هو امتداد لـ «القدس»، التي تشدّه إلى موقع رمزي - مكاني - روحي لا يمكن الهروب منه.

تخبر «السفينة» عن رحلة خائبة متوّجة بالتشاؤم. يقول السارد الأول «عصام السلمان»، الهارب من إرث متخلّف، في مطلع الصفحة الثالثة: «وعمّا قليل سيخرجون من قمراتهم الضيّقة خروج الحمامات من أوكارها، أو خروج الفئران من جحورها، بعض الوجوه تذكرك بالطيور، وبعضها يذكّرك بالقوارض، بالخلد، بالنسناس، وبعضها بالخضار. وهناك وجه كالقرنبيط، ووجوه كالباذنجان. وأحياناً تبدو بخدعة بصرية كوجوه الملائكة....» تبدو الكلمات وصفاً خارجياً، يدور حول مخلوقات مختلفة، وسخرية سوداء تمزج الوجوه بخضراوات متنوعة. وتشيع، في الحالين، جوّاً من التشاؤم، يمسخ الوجوه إلى ما يشبهها، كما لو كانت سديماً غادره السواء، أو وجوداً سوياً تشوّه بعد حين.

تستهل الرواية بمفارقة ساخرة، ناظرة إلى إنسان لا تريد له الحياة ما يريد بسبب صدفة اخترقت الطريق. يقول السارد الأول: «أريد الخلوة. أريد ألا يعرفني أحد باسمي، أو وجهي. واحد من مليون. عابر سبيل يصطدم به المارة ولا يرونه»، قبل أن يعرف أن في الطريق ما يعبث برغبته : «وقعت عيناي

عليها بفجأة الناظر إلى حجر ضخم يهوي عليه من أحد السطوح، فانسحبت في الحال من مرمى الخطر. لقد غدرت بي. لقد لحقت بي إلى المكان الوحيد الذي كنت أظن في مأمن منها..». ينطلق المسافر مع رغبته، وتفاجئه الطريق بالتهديد والخطر والغدر، أو يفاجأ بالصدفة التي تزيحه من حال إلى حال. فقد سافر من بغداد إلى بيروت وركب سفينة يونانية «تباهي الأفق بمدخنتين كبيرتين»، وغاب عنه أن الصدفة ستعيده إلى بغداد، وأنه لن يصل إلى «الغرب» الذي يقصده، بل سيعود إلى «الشرق» الذي حاول الهرب منه.

أمّا الإيطالية «إميليا فرنيزي» فعرفت عثار الطريق مرتين: أحبّت لبنانياً هجرها وآثر العزلة، وعشقت عراقياً لن تكمل معه الطريق، لأنه آثر الانتحار. أراد السارد الأول البحث عن الخلاص سائراً «غرباً»، ورأت الإيطالية خلاصها في الشرق، دون أن يدريا أن الخلاص لا يأتي به المكان، وأن الصدفة تمكر بالخلاص «الآتي» وبالخلاص المحتل، وأن اللقاء الموعود فراق أخير. كل ما ينتظره المسافر - الهارب تسحقه الرحلة المنتظرة، ويرد عليه البحر بضحكة مزلزلة.

استولدت الرواية خطابها من موضوع الحب وأماني العاشقين، وأطّرت «الموضوع الرومانسي» بزرقة البحر ورذاذ الأمواج وهدير العاصفة البحرية. وعدت في البداية بلقاء سعيد، ونكثت بوعدها ونشرت خيبة العشّاق. أعلنت، في الحالين، عن هشاشة الإنسان وانكساره المرتقب. ولعل مأساة الوجود، الموزّعة على البحر واليابسة معاً، هي التي جعلت الروائي يؤثث صفحات الرواية الأولى بإشارات تصف رخاوة التجربة الإنسانية وعبث المحاولة. ولهذا نقرأ، بلا انقطاع، عن : «وجه المأساة، المكر الثعلبي للحياة، الشهوة والحزن، غصات الحياة، الموات، المرض، القتل وخيانة الصديق، الانتحار، العجز، الحسرات الأليمة، الموت غصة، الخيبة...» نشر الروائي تصوره في جمل سريعة، ومضية، وكلمات قصيرة، تاركاً خطابه إلى الصفحات الأخيرة، حيث تنتهي الحكاية وتبدأ حكايات أخرى، كما لو كانت نهاية الرحلة مبتدأ لرحلة جديدة «لا تعد بالخلاص». وبسبب الخيبة الواسعة يبدو الفلسطيني، الجميل المتوازن الذي يحقق أحلامه، بطلا أقرب إلى الحلم، جاءت به الرغبة ولم يقل به الواقع، وتبدو مدينة القدس حلماً متواتراً، يأتي ولا يأتي.

من المفترض، في التصوّر الرومانسي البسيط، أن تبلغ العلاقات تكاملها، وأن ينتهي تلاقي العشاق إلى استمرارية بيولوجية، تؤكد فضيلة التزاوج، كما لو كان التناسل آية على جمال الحب وخصب الحياة معاً.[1] بيد أن صدف الحياة تؤول إلى غير ذلك: فالسارد الأول لم يتزوّج بعد أن خذلته التقاليد، والتي أحبها تنتهي إلى علاقة عقيمة، والإيطالية تنتقل من إخفاق إلى آخر، والفلسطيني ينتظر اللقاء، والآخرون صور عن حياة مضطربة، وظهر السفينة موقع لمفاجآت متعددة لا تسرّ. يقول السارد الأول وهو ينظر إلى حبيبته: «كأنني قدمت وأنا أراقب موتي، حيث لا معنى، ولا غاية، ولا ضرورة. ص : 182». وتقول الإيطالية بعد لقاء أخير مع حبيبها المنتحر : «وحشة لا ينفع فيها الحب. الحب؟

فلأخجل. شيء من الموت». والمثقف المنتحر يقول: «ذكرت عندئذٍ القتلى، والروائح، قبل أربع سنوات»، قبل أن يتحدّث عن «الرعب القادم». مؤكداً أن حال البشرية فاسد. «هبة من الريح تكفي للقضاء عليه»، إلى أن نقرأ على لسان الراوي: «لا ! على السفينة كان يجب أن يكتب بحروف من شمس وريح: عن كل ذكرى تخلوا أيها الداخلون إلى هنا..». التخلي عن الذكرى هو الموت، أو البدء بحياة عقيمة تشبهه.

أمام مشهد بحري هائل قوامه أمواج وصدف كاسحة، نشر جبرا وَقْع الموت وتفتت الأمل وإيقاع رعب قادم، مخففاً أصداء «شر الوجود» بلغة شعرية «تبدّد الانتباه وتكثفه في آن»، سارداً متواليات حكائية عن اللامتوقع الحزين، الذي يستنهض الرغبة بالانتحار. ولعل رسم أسى الإنسان بصور مختلفة هو الذي حمل الروائي على التذكير بفرانتس كافكا إذ يقول: «من عادة كافكا في مذكراته أن يصف تجربة ما، ثم يعود ويضعها على نحو آخر، ثم يكرر الوصف على نحو ثالث، ويستمر في ذلك أحياناً لأربع أو خمس مرات لعله يحاول كل مرة أن يوجد لتجربته الوصف الأفضل، الذي يعتقد أنه لن يحققه بمحاولة واحدة، فكررها. ص : 214». ما قام به كافكا ليجد الصورة الأفضل لما يكتب عنه، أخذ به جبرا في رواية «السفينة»، وهو يصف مصائر بشرية تنتهي إلى ما لم تتوقعه : فالشاب العراقي لن يقترن بفتاة أحبها، بسبب غباء العادات، والرجل الذي تزوجته الفتاة لن يسعد بوصال الإيطالية التي أحبها، عثر على راحته في الانتحار، والذي أحبته آثر الزهد والحياة الكنسية، ... كل مصير ينقسم، له نهاية لا تتفق مع البداية، والبشر الذين انقسمت مصائرهم يستمرون في الحياة ويدفعون ثمن الانكسار.

نسج جبرا مأساوية الحياة بمستويين: أحدهما قوامه المصائر الفردية القائمة على الحب والخيبة، وثانيهما قوامه حياة اجتماعية، تتأسس على الرعب وقمع الحريات. معاناة مزدوجة تلحق بالمؤمنين بالأحلام، فلا الحب يحقق ما رغبوا به، فوراء كل حب حرمان جديد، ولا السلطة تعترف بالفرد العاقل وحريته الضرورية، فأمام كل إنسان حر قفص، يدخل عليه ويخرج منه مهشّماً، أو يدخل إليه ولا يخرج منه، يقول الفلسطيني ساخراً : «بارك الله الحرية، في عصر انعدمت فيه الحرية». وما باركه الله محاصر الحصار كله، حال الفلسطيني الموزّع على ظهر السفينة وبيته القديم في القدس.

في «السفينة» ينحسر تفاؤل جبرا قياساً برواية «صيادون»، ويتراجع موقع الفرد قياساً بحضور السلطة، التي تتجلى في آثارها على الأرواح، قبل الحضور المادي للأجهزة القمعية. ولهذا فإن السفينة لن تحمل الفلسطيني إلى وطنه، بل تأخذ بيده إلى الواقع المعيش الذي تصنعه السلطة لا أحلام المثقفين، حتى لو تشبهوا بالسيد المسيح وآمنوا بتعاليمه. والمعطى النهائي وجود لا يراهن عليه، فما لا تعطّله الصدفة الكاسحة، تعطّله السلطة، التي تدفع بالأرواح الحرّة إلى المنفى.

2. الوجود الخرب في إشارات مؤسية:

وضع جبرا في روايته جمعاً متنوعاً من البشر، وخلق مجتمعاً محاصراً بالماء والذكريات. ومع أن «السفينة» تقرأ في مجاز الانتقال، ذاهبة من مرفأ إلى آخر، فإن للمسافرين فيها انتقالاتهم المتنوعة : الذاكرة التي تستحضر عزيزاً قديماً يحاور النفس، استيقاظ رغبة الانتحار التي سبقها فرح وأعقبها صمت، اندفاع أطياف الجلاّد التي تكسر في الإنسان توازنه، نبرة صوت تستعيد زمناً غنائياً مضى. في هذه الأحوال لا يسير ألق البحر وحيداً بل يزامله أكثر من كدر.

تتكشّف الإشارة الروائية الأكثر قتاماً في «التابوت» الذي ينقل جثمان سيدة فرنسية يرافقها زوجها إلى مرسيليا، كما لو كانت السفينة تقلّ الأحياء والأموات معاً، وتضع بين «الهاربين» جثة تقلق أحلامهم. وإلى جانب «الجثة لمسافرة» إنسان تطارده أقداره يحاول الانتحار غرقاً، لن تنقذه نجاته من محاولة انتحار جديدة، كما لو كان جثة لا يضمّها تابوت. وإضافة إلى الجثة والغريق الذي أُجّل موته سجين عراقي سابق مصاب بالصَرَع، تطارده كوابيس الاضطهاد ويرى وجه جلاده في أكثر من مكان، ذلك أن الهرب فوق الماء لا يحرّر الهاربين من «كوابيس الأرض». ذلك أن الجلاد يطارد السجين وهو بعيد فوق الماء، وذلك في صيغة تقول: هرب السجين من وطنه ولم يهرب من أطياف الجلاّد، بقدر ما أن» «الصَرَع» إعلان عن انتصار الجلاد، وسخرية من عدالة مرتجاة لن تأتي أبداً، فالصَرَع يلازم الضحية المطلوبة إلى الأبد.

وإذا كانت «الجثة المسافرة» إشارة مقتصدة إلى وجود مخترق بالعبث، فإن الإشارة الأكثر وضوحاً وجلاء واتساعاً قائمة في انتصار الخراب على الإنسان العادل والسويّ، فشخصية الرواية الأساسية، على مستوى الدلالة، تتمثل بالطبيب العراقي العقلاني المشبع بالفكر العلمي، المثقف الموهوب والمتمرد البصير، والناجح في مهنته وحياته اليومية، والذي يرى في الموت انتحاراً درباً إلى الكرامة. ولعل شعوره الواسع بإنسانيته المهانة في مجتمع قامع ومقموع، هو الذي يجعله لا يرى في الحب طريقاً إلى علاج الحياة، فهو متزوج بالمرأة الأجمل وعاشق لإيطالية تعشقه، ومسكون بقهر مهين لا يصرفه عنه إلا الموت. وبما أن الأمور بنقائضها، فإن المجتمع الذي هرب منه الطبيب مجتمع غرائزي بعيد عن العقل، أقرب إلى الجهل ومجافٍ للثقافة، أعمى بليد منقوص الكرامة، وإلا لما آثر عليه «المثقف الحديث» الانتحار.

سرد جبرا مصائر بشر في رحلة مائية، وسرد معها دلالات القيم الإنسانية التي تحتضن العدل والكرامة والحرية وتعيّن الحب تالياً، قيمة عالية، ذاك أن في الحب ما يحرّر أحلام الإنسان ورغباته وما يطرد الحرمان بعيداً. ولهذا يبدو الطبيب المنتحر قيمة إنسانية عليا، قبل أن يبدو ضحية تثير الأسى. فهذا الشخص الحساس، الذي لا يعوزه التفوق، جاء إلى السفينة مع براءة منقوصة، عبثت بها الصدفة وسلطة لا تعرف البراءة. جاء في الرواية: «إنه بريء كطفل يحب كالطفل. يتكلم عن حب. كان فالح

أكبر عاشق الدنيا. عاشق ساخط. ومصير العشاق فاجع دائماً.ص: 227». رثا الخطاب الروائي، وهو يسرد أقدار فالح، مآل الكرامة الإنسانية في مجتمع أغلقت نوافذه. فإذا كان الانتحار مآل «أكبر عاشق في الدنيا» فإن إنسان المجتمعات الفاسدة هو «أكبر كاره في الدنيا»، يكره العشق والعاشقين ويلاحق إنساناً بريئاً حاصره «الصرَع» أو ابتلعه الانتحار.

سار الروائي مع صوت جنائزي يعلو شيئاً فشيئاً في انتظار الصرخة الأخيرة: فبعد الجثة الباردة أطلق فوق السفينة رجلاً يسعى إلى الانتحار، أعقبه بإنسان مصروع، ثم أكمل الصورة بمنتحر نموذجي، هندس انتحاره وفكر فيه وأعدّ لوازمه، كما لو كان قد زهد بسفينة لا براءة فيها، واختار سفينة أخرى يعلوها الصمت ولا تحتمل الخيبة. اجتمعت وجوه الموت المختلفة وذهبت إلى «العاصفة» بموجها العاتي، التي تضع المسافرين خارج أنفسهم وتلقي بهم إلى دوار يصعب تحمله، تعبيراً عن وجود إنساني قلق ورخو ولا يراهن عليه. يقول السارد الأول: «لم أتحمل العاصفة، ....، وكلما رأيت وجهاً أصغر حولي، اشتد إحساسي بما كان يسمّيه أحد أساتذتي «بسوء الحال»....». وسوء الحال هو العاصفة الداخلية التي تضع إدراك الإنسان خارجه، فينتحر أو يهدمه الصَرَع ويحاول الانتحار من جديد، ولا يشعر بالفرق بين الحاضر والماضي. يقول الفلسطيني وديع عسّاف: «هياج البحر تجربة رهيبة من تجارب النسيان. لقد أضحى المستقبل لكل مسافر أهم من الماضي، وغدت اللحظة الحاضرة الجرعة الجحيمية التي تخلط الأشياء؟...» إلا ما تقترحه صدفه لا يراهن عليها.

3. بين الشر العارض والشر الجوهري:

- بين المعنى المباشر والمعنى الإشاري:

يمكن التمييز في رواية السفينة بين شكلين من المعنى: المعنى المباشر، الطافي فوق سطح الأحداث والشخصيات، والسائر من الوطن إلى خارجه، ومعنى آخر تأتي به الإشارات - الوقائع - الموزعة عل النص الروائي. ومع أن الخطاب المباشر، الذي صاغه «لاجئ فلسطيني» يبدو، افتراضياً، متماسكاً، فإن تأمل الإشارات المتوالية، التي تتحرك مع النص وتقول بشيء آخر، إن لم يكن في تكامل الإشارات، على مستوى المعنى، ما يأتي بخطاب جديد، يخالف الخطاب الأول إلى حدود النقض.

يستهل النص بفكرة الهرب، التي تغاير السفر وغاياته، محيلة على حياة اجتماعية لا تحتمل ويسرد، في اللحظة عينها، الأسباب المتنوعة التي تحض على الهرب وتجعل منه فوزاً. نلمح أولاً فقر العقل الذي يؤدي إلى تقاتل مميت من أجل قطعة أرض «منسية» في جهات العراق، يعقبه استبداد العادات الذي يضع عائلة القتيل في مواجهة عائلة المقتول، فارضاً على أفراد الطرفين الحرم والمقاطعة. يكتمل هذان العنصران بالاستبداد السلطوي، الذي يعبر الرواية همساً، ويعود وليفصح عن ذاته في أرواح معذبة، وفي نفوس نقية مشدودة إلى الكرامة.

الهرب من «الوطن» الذي لا يحتمل مدخل إلى المنفى، إلى الرحيل «هناك»، حيث الغرب المناقض للشرق، وحرية تشتاق إليها الشخصيات الهاربة. تأمل جبرا الفرق بين الوطن والمنفى، وطلب من «الهاربين» أن يبقوا في وطنهم، ذلك أن القيم الإنسانية تحض على التمسك بالوطن وترى في المنفى الطوعي رذيلة، أكان ذلك المنفى واقعاً أم مجرد خاطرة عابرة. أضاء دلالة الوطن بشخصيتين: الفلسطيني الذي يدخّر خبراته كي يعود إلى أرضه، والطبيب العراقي الذي لازمه التمزّق ووضع حداً لحياته.

غير أن في الرواية، على المستوى الإشاري، ما ينشر خطاباً عن عبث الوجود وهشاشة الإنسان. فقد عطف الروائي، منذ البداية، السفينة على الموج اللاطم مشيراً إلى مفاجآت السفر. وكي يبدو تشاؤمه أكثر وضوحاً، وضع في السفينة «جثة ساخرة» كما لو كان السفر من حقوق الأحياء والأموات، بقدر ما أن السفر مع الأموات وجه من وجوه الحياة. ثم ما لبث الروائي أن دفع بأحد الركاب إلى الانتحار غرقاً، وقرر أن نجاته مؤقتة، لأنه سيعيد المحاولة من جديد، مفترضاً أن حياة الإنسان المغترب، أو المذعور، دورة من الانتحار الناقص. أما شخصية «المصروع»، والسجين السياسي السابق، فتدلل على استمرارية الماضي المرعب في الحاضر القلق، وصولاً إلى المنتحر الذي ذهب طائعاً إلى انتحاره.

نرى في مآل هذه الشخصيات تعابير مختلفة: الاحتجاج على الحياة، العجز عن التحرر من كوابيس الماضي، الهروب من الهرب الخائب إلى الموت، حتمية الانتحار في زمن اجتماعي منحط، تحاصره قيوده ولا يفيد معه البحر في شيء. فالطبيب المنتحر، المدافع نظرياً عن الحياة، يرفض الحياة، وأعجز من أن يداوي نفسه. غير أنه، وهو البريء العاشق المثقف، يشير إلى موت الوجه الجميل من الحياة، تاركاً وراءه: «عالماً من الديدان» لا يمكن لإنسان كريم أن يتعايش معه.

قدّم جبرا خطاباً يقارن بين الوطن والمنفى ويدافع عن الأول في مواجهة الثاني، أدرج فيه خطاباً سياسياً عن بؤس الحياة في مجتمع متخلف وعن انغلاق الأفق. فمن المفترض أن الروائي الفلسطيني يرفض الهرب ويتمسك بقيمة الحياة، ويلوذ بقيم المسيح المدافعة عن الخير والجمال والسواء لكنه، من وجهة نظر خطابه الروائي، يعلي من قيمة الإنسان البريء الرافض للقذارة والمندفع إلى الموت، مؤيداً فكرة الانتحار رافضا فكرة الهرب. ولهذا يأخذ المنفى دلالة أكثر اتساعاً، ويصبح الوجود في مجتمع مستبد هو المنفى بعينه، بقدر ما يصبح الهروب إلى الموت وطن الإنسان الأخلاقي.

على خلاف التفاؤل الذي غمر رواية «صيادون في شارع ضيق» يكتسح التشاؤم رواية السفينة، تعبيراً عن وعي ثقافي مسكون بالقيم الإنسانية النبيلة، وعن «حساسية فلسطينية» أدركت، مبكراً، أن المجتمعات المتخلفة المغلقة لا تعطي الفلسطيني شيئاً، بل تزيده لجوءاً وتحاصر حركته. فكما يشكو الطبيب من بؤس مجتمعه، يشكو الفلسطيني من مجتمع يحض على الهرب ولا يقدم البديل.

في مقابل فكرة «الهرب» في رواية السفينة، المتوّجة بالانتحار، أخذ جبرا في روايته القادمة «البحث عن وليد مسعود» بفكرة «الاختفاء»، حيث الفلسطيني، العاشق والمثقف الجميل، لا يهرب ولا ينتحر بل يختفي، في انتظار زمن سوي يعيد المعنى إلى العشق والثقافة والجمال.

أعطى الروائي في عمله مكاناً لرواية ديستويفسكي: «الأبالسة»، المحدثة عن العذاب الإنساني «الانتحار المدروس». يعلق فالح على الرواية قائلاً: «فيها أفظع انتحار قرأته في رواية. انتحار مدروس، يتهيأ له المنتحر، كما يتهيأ الإنسان لسفره. ص : 122». إنه الانتحار الذي أخذ به صاحب القول، ذلك أن جبرا أراد أن يوسع منظور الرواية لاجئاً إلى ما يشبه التناص، ناشراً رائحة الموت، وقالباً معنى السفينة، موقظاً الأمواج والعاصفة، منتهياً إلى «البحر الكالح»، إذ في البحر ما يمتع العين لحظة، وما يمنع القدرة على الوقوف مرة أخرى.

تتكثّف دلالة الطبيب المنتحر، وهو الأكثر حضوراً من بين شخصيات الرواية، في رفض الهرب والسعي إلى المقاومة، صارخاً بمعادلة معذبة: إما القبول بالهرب، بعيداً عن وطن تسوسه سلطة كالمقصلة، أو اللواذ بالموت الذي هو «مقاومة ميتافيزيقية» تحفظ الكرامة وتنقل الإنسان من سطح الأرض إلى باطنها. معادلة أقرب إلى العبث. لذا يدرج الروائي في نصه، سريعاً، عمل ألبير كامو «أسطورة سيزيف»، الشخصية الأسطورية الذي «يدفع صخرته عبثاً كل يوم «موحياً، لمن يشاء، أن الانتحار هو التحدي الأكبر.

4. بين المسيح الفلسطيني وديستويفكسي:

يقول الفلسطيني وديع عساف مشدوداً إلى كلام رفاق السفر عن رواية «الأبالسة»: «الكتاب كله، رؤيا العدمية التي كان ديستويفسكي يخشى أنها سوف تجتاح روسيا وحدها، بل العالم كله، إذا تخلى العالم عن تعاليم الكنيسة الأرثوذكسية الروسية. ص : 122». ليس بإمكان الفلسطيني أن يكون عدمياً، فهو إنسان له قضية، ولا بإمكانه أن يبتعد عن تعاليم المسيح الذي يرى فيه مثالاً جديراً بالمحاكاة. لذا تذهب العدمية إلى غيره، يراقبه ويتعاطف معه ولا يستطيع حياله شيئاً.

يقول وديع عساف: «توهمنا الصدق في أمم العالم، وإذ نحن ضحية سذاجتنا، وعرفنا ذلك كأمة، وعرفناه أفراداً، وقد التهم الوحش اليهودي أجمل نصف في أجمل مدن الدنيا، القدس أجمل مدينة في الدنيا على الإطلاق...». ليس بإمكان الملدوغ أن ينسى الوحش الذي لدغه، ولا المكان الفريد الذي سلب منه. فالنسيان إن كان شفاء، في حالات معينة، فهو عار في حالات أخرى. أما المسيح فهو جزء داخلي، أكيد الثبات، في روايات جبرا، لا يكون بطله متوازناً إلا به.

يأتي المسيح إلى الفلسطيني من «قدسه»، ويأتيه من تجربة باذخة المآسي منسوجة من زوابع الرعب

المتلاحقة، ومن شوق إلى إنصاف بشّر به السيد المسيح، وإلى عدالة حقيقية لا ينجزها إلا الأنبياء. لذا تخترق المأساة حديث «عساف» عن الوجود، فهو المغترب والمنفي بامتياز، يتسرّب، إلى كلماته حنين إلى التراب والعودة إلى الأرض، إن لم يكن في الحنين بعد صوفي يوزع الفلسطيني على الأرض وعلى عوالم محتملة.

حين يتحدّث «عصام السلمان»، المنكوب بجريمة قتل لا علاقة له بها، عن وديع عساف يقول: «من السهل على من قضى صباه وشبابه في القدس أن يوحد بين الله / الأرض - أو، كما يقول بين المسيح والصخر. ولكنه يوحد أيضاً بين نفسه وبين المسيح والصخر معاً، فيرى كلها في هذا التمازج الثلاثي الذي، إذا اضطرب وتجزأ، كان لا بد من استعادة تكامله من جديد. ص: 101». التكامل المؤلف من المسيح والصخر والفلسطيني المنفي، لا يسمح بالانتحار، فلا الصخر ينتحر، والمسيح مرآة الإيمان والحياة والمقاومة، والفلسطيني الذي يداخله الصخر والمسيح معاً يفهم معنى الانتحار، ولا يهجس بالإقدام عليه، لأن في طبيعته ما يعارضه، وهو المشدود إلى الأرض بحبل صوفي، والمشدود إلى الله الذي تتجلى أنواره في مدينته المقدسة.

يتعاطف الفلسطيني مع الطبيب المتمرد والمنتحر، ولا يستطيع أن يقوم بفعله. فالفلسطيني منفتح على الأرض والسماء وعلى أمل مقاوم، والعراقي المنتحر مقيد إلى اليأس، يعيش ظلاماً شديداً، لا يهرب من أرضه ولا يستطيع البقاء فيها، وهو عدمي وغير عدمي على الإطلاق، لأنه يقاتل في سبيل كرامة لا تقبل بالانتهاك. ومهما تكن خصائص هذا العراقي النجيب، فإن في فعل الانتحار ما يعيّنه «إلهاً منكوباً»، يريد أن يتصرّف بحياته لا أن يتصرّف الآخرون بها، مختاراً لها نهاية تعبّر عن مشيئته لا عن المشيئة الإلهية.

«الانتحار المدروس موت كريم، إن لم يكن هو الموت الإنساني الحقيقي الوحيد، يعيد الإنسان إلى ذاته، قاهراً الاغتراب، ويعيدها نقيّة إلى الله. ذلك أن الموت الطبيعي، كما الحياة في شروط الإهانة والقهر، موت مبتذل، لا حرية فيه، موت جبان، كما يقول موريس بلانشو في كتابه «الفضاء الأدبي».[2]

المنتحر، بشكل مدروس، إنسان يعيّن ذاته إلهاً، فأحواله من شأنه وليست من شأن أحد. والمنتحر دفاعاً عن الفضيلة، أو احتجاجاً على الرذيلة، لا يمارس قتل الذات بل بطولة الاحتجاج الفاضلة. فإذا كان الانتحار بلا سبب، يبتذل قضايا الموت والحياة، فإن التخلي عن الحياة، الذي هو احتجاج على بشر ينتهكون الحياة، يصيّر الانتحار قيمة أخلاقية عالية، سواء التبس المنتحر بشخصية متألهة، أم غادر عالم الآخرين بهدوء أقرب إلى الصمت.[3]

لا يؤلّه الفلسطيني ذاته ولا ينتحر، ففي ذاته شيء من الألوهية منذ أن نظر إلى المسيح واعتبر ذاته مسيحاً آخر، أو ظلاً للمسيح الذي يتوسط المسافة بين الأرض والسماء. يأخذ الفلسطيني، المصمم

على استعادة أرضه، دور المسيح حين يجسّر المسافة بين المنفى الإجباري والأرض المغتصبة، قاهراً أخطاء البشر باسم حياة جديدة لا أخطاء فيها، تعيد فلسطين إلى أهلها.

يبحث المنتحر عن الحقيقة ويعثر عليها في ضرورة الانتحار، ويعيش الفلسطيني الحقيقة، حين يعرف أسباب خروجه من وطنه، والوسائل التي تعيده إليه، وحين يعيش، يقظاً، معنى المنفى، الذي هو الشكل الأعلى من الفجيعة والاستبداد.

المراجع

1. حول الرومانسية يمكن العودة إلى كتاب جبرا : **الحرية والطوفان**، وكذلك كتاب: Ernest Behler: Romantic Literary theory, Cambridge 1993
2. Maurice Blanchot: de Kafka a Kafka, folio, 1987, P: 60 -61
3. جبرا إبراهيم جبرا، السفينة، دار الآداب، بيروت 1970

المثقف في رواية جبرا إبراهيم جبرا

«كل شيء يعلن الخيال بأنه جميل فهو حقيقة،
وجد من قبل أو لم يوجد..»
كيتس

تفرض هذه الدراسة، من البداية، سؤالين: هل في روايات جبرا إبراهيم جبرا ما يسوّغ البحث عن دلالة المثقف؟ وإذا كان الجواب إيجاباً، فما هي خصوصية هذا المثقف، وما الذي يجعله جديراً بدراسة خاصةبه؟ يستمد السؤال الأول شرعيته من وضع جبرا كمثقف متعدد الوجوه، جمع بين الرواية والقصة القصيرة والشعر والترجمة والسيرة الذاتية، والنقد الفني، وخلّف وراءه مادة مكتوبة واسعة، انطوت على تصوّر محدد للثقافة وللمثقفين. إضافة إلى ذلك، فإن المثقف الذي اقترحه جبرا عبّر عن اتجاه فكري، في الحياة الأدبية العربية في خمسينات وستينات القرن الماضي، عثر على تجسيده في مجلتي: «شعر» و«حوار»، اللتين كانتا تصدران في بيروت.[1]

يعثر السؤال الثاني على جوابه في مقولة: المثقف الرومانسي، الذي له خصائص لا تلحقه بغيره من المثقفين، فهذا المثقف متصل بالمستقبل أكثر من اتصاله بالحاضر، يؤمن بقوة الكلمة، ويطمئن إلى قوة الخيال الخالقة، ويلتبس بشخصية «الرسول»، الذي يقود بشراً، لا يملكون بصيرته، إلى هدف يراه، ولا يدرك غيره معناه إلا بعد حين، ... ولعل إيمانه بقوة الكلمة المبدعة، هو الذي يقنعه بأن التاريخ الوحيد، هو تاريخ الفنون، الذي يقترح معايير وأخلاقاً جديدة. احتفت هذه المبادئ بعلم جمال الإبداع، الذي يدور حول أفراد لهم من الرؤى ما ليس لغيرهم، وبعلم جمال المستقبل، الذي يتحقق في الفن قبل أن يتجسّد في الواقع.

أرادت الرومانسية، التي صاغها عقل شعري يتاخم الفلسفة، أن تكون ثورة على الواقع الثقافي العربي، واحتجاجاً على عقلية موروثة راكدة العناصر. ورفضت إرجاع الإبداع الفني إلى علم هزيل للأخلاق، واجتهدت في التحرر من الواقع والواقعي، ونسبت قوة فاعلة إلى هذه الأساطير والرموز،

وتطلعت إلى «إنسان خالق» يؤمن بـ «الخلق الكوني» ويسهم في تجدده. اقتنع الرومانسيون، بأقساط مختلفة، أن الثورة الفنية هي التجسيد الأكمل للثورة الاجتماعية الحقيقية.

اطمأن جبرا في روايات ثلاث إلى البطـل الرومانـسي، وأقصاه الواقع المعيـش في رواية رابعة. والروايات الثلاث هي : صراخ في ليل طويل، صيادون في شارع ضيق، والبحث عن وليد مسعود. أما الرابعة، التي لم يجد فيها البطل الرومانسي مكاناً مريحاً، فهي عمله الأكثر كمالاً: «السفينة»، التي تسلل إليها التاريخ، دون أن يستشير كاتبها.

1. المثقف الرومانسي وتثوير الأرواح:

أنهى جبرا إبراهيم جبرا روايته الأولى: «صراخ في ليل طويل» عام 1946، وهو مقيم في القدس. يفترض تاريخ كتابة الرواية، حديثاً عن مجتمع فلسطيني مهدد بمشروع صهيوني مسلّح، يريد اقتلاع أهله وطردهم خارجاً. لكن الرواية تبدأ بفرد مغترب، كما لو كان له عالم خالص مغلق لا يختلط بغيره. بل إن الاكتفاء بالذاتي، المصاغ بمعادلات كتابية مجردة، منع الروائي الشاب، آنذاك، من تحديد المكان والزمان. فلا شيء يشير إلى «البلدة المتمدنة»، التي يتسكع فيها الفرد المغترب، ولا شيء يحدّد هويتها أو يعطيها اسماً يميّزها من غيرها. يصدر عن تغييب هوية المكان تغييب موازٍ، لا يحدّد الزمان ولا يحفل بتعيينه. تترافد علاقات الرواية المختلفة وتصب في شخصية مثقف، يعمل في الصحافة ويكتب الرواية. تبدو الشخصية المهيمنة، في هذه الحدود، مركزاً روائياً، يقترح علاقات ثانوية، وتفصح، في اللحظة ذاتها، عن منظور روائي مأخوذ بالفردية المكتفية بذاتها، ومؤمن بتراتب البشر، الممتدين من قاع اجتماعي يثير الرثاء، إلى ذروة ممتلئة بكيانها، مروراً بمادة وسيطة من أخلاط إنسانية متعددة. (2)

من أين يأتي اغتراب المثقف، الذي له طلعة تشبه «طلعة المسيح»؟ يأتي الاغتراب من عدم التكيّف الفكري والأخلاقي مع مجتمع أخمد عقله وغاص في أمراض خلقية، تدع المجتمع مع طبيعة شوهاء مستقرة، وتترك للمثقف بحثه المرهق عن النقاء والحقيقة. يفرض الفرق على الفعل الروائي اتجاهين متقاطعين، يترجم أحدهما مسار المثقف وإحباطاته المتواترة، ويكشف ثانيهما عن وجوه بشرية سكنها المرض.

يدور البحث، في التصوّر الرومانسي، عن حقيقة يجب الوصول إليها، وعن بيان ما يحجب الحقيقة وضرورة تدميره. ولأن إصلاح مجتمع سقط في السبات العقلي والخلقي، يساوي الثورة ويستلزمها، فإن للمثقف وسائله الرومانسية التي تمهد لولادة مجتمع مبرأ من الزيف والرذيلة. بيد أن هذه الوسائل، المشدودة إلى براءة أولى، تغاير وسائل الإصلاح المتعارف عليها مغايرة كاملة، لا تقبل بالجزئي والمنقوص والمتطور، ولا ترضى إلا بالجديد الكلي، مقترحة : الحريق دواء شاملاً للأمراض جميعها. (3)

اتكاء على مفهوم «الإبداع الخالص»، الذي يأخذ به المثقف الرومانسي، «خلق» جبرا مدينة ذهنية

تتسع لمقولاته الجمالية، محددة البداية والنهاية، لها بوابة متوجّة بالرذيلة ونهاية مفتوحة على المستقبل، وبينهما فراغ مؤثث ببشر أقرب إلى المقولات. وبين البداية والنهاية عين مثقفة بصيرة، تفصل بين الخير والشر، وبين الجميل والقبيح، مساوية بين المثقف والخير والجمال، ودافعة بما تبقى إلى النار المقدسة، التي تستولد الحياة البريئة من بقايا الحريق. اشتق «البطل» اقتراحاته بتجديد العالم من مدينته الذهنية، متوسلاً الأسطورة والرمز، ومؤمناً أن في اللهب الضروري ما يحرق الموروث المريض ويستنبت أرواحاً ثائرة. (4)

أنتج جبرا في «صراخ في ليل طويل» خطاباً روائياً يواجه فساد العالم بثورة أخلاقية شاملة، تصالح المثقف مع مجتمعه وتصالح المجتمع مع مستقبله، وتبني الصلح المتعدد الأبعاد على عقيدة «الجديد»، التي تدفن الماضي دفناً نهائياً. أما العلاقة بين الثورة الأخلاقية ومواجهة الخطر الصهيوني، فتظل سراً يحتاج إلى التأويل، أو نقطة عمياء تعلوها «السذاجة، ذلك أن فلاح ثورة 1936 لم يكن معنياً بجدل الولادة والحريق. اعتقد جبرا، ربما، أن المقاومة تأتي من القيم الجاهزة، أو من منظمة فكرية حداثية تمتثل إلى مثقف مفرد ناسياً، وهو المثقف الوطني البريء، أن هوية الإنسان المقاوم تتشكّل ولا تورّث، وأن الهوية عينها تنبني في الحاضر ولا «تستورد» من مستقبل قادم لا ينقصه النقاء. (5)

والسؤال هو: ما الذي جعل مثقفاً وطنياً حاسماً، يسترشد بأفكار الشاعر الإنجليزي بيرسي شلي ولا يلتفت إلى تجربة الفلاح الفلسطيني المقاتل؟ ولماذا أقصى منظوره السياسي والتاريخي عن «مدينة» محاصرة بالسياسة والتاريخ؟ يستدعي السؤال دور «الجهاز المدرسي» في بناء منظور المثقف، ذلك أن جبرا حظي، بفضل اجتهاده، بمنحة دراسية مكّنته من متابعة تحصيله العالي في جامعة إكستر البريطانية، حيث انشد إلى الشعراء الرومانسيين واعتنق أفكارهم. ويقود السؤال الثاني إلى المناهج الدراسية الإنجليزية في فلسطين، إبان الاحتلال، التي كانت تعتبر «التسييس» وباء، يجدر بالطلاب «الحقيقيين» أن يحذروه، كما حكى الراحل الكريم د. إحسان عباس ذات مرة.

تمكن إضاءة منظور جبرا الشاب بالعودة إلى حالة د. إسحاق موسى الحسيني، الذي تعلّم بدوره في جامعة إنجليزية وكتب، لاحقاً، روايته: «يوميات دجاجة»، التي نشرها في القاهرة عام 1943، أي بعد أربع سنوات من إخفاق الثورة الوطنية الكبرى 1936 - 1939، التي شكّلت جسراً إلى هزيمة 1948. فقد وضع د. الحسيني في روايته خطاباً أخلاقياً، بعيداً عن السياق ومغترباً عنه، رأى في «مكارم الأخلاق» حلاً نموذجياً لأمراض البشرية كلها. يتمثل الفرق بين جبرا، وهو المثقف اللامع المتعدد المواهب ود. الحسيني، وهو الأستاذ الجامعي التقليدي، في ركون الأول إلى أفكار حداثية رومانسية تروم التجديد الاجتماعي، وفي انغلاق الثاني في خطاب يحرّض على الزهد والقبول بالمتاح. غير أن الفرق بين الطرفين لا يحجب غياب «الوعي السياسي»، أو تغييبه، الذي كانت تحض عليه المناهج التربوية الإنجليزية في فلسطين. (6)

2. المثقف الرسولي وإعادة بناء العالم:

في روايته «صيادون في شارع ضيق»، التي نشرها بالإنجليزية عام 1960، وترجمت إلى العربية بعد أربعة عشر عاماً، استأنف جبرا ما قال به في روايته الأولى، وقد أضاف إليها سقوط فلسطين بعداً جديداً. كان الروائي قد وصل إلى بغداد في خريف 1948، وعثر على عمل في مجال التعليم العالي، بدعم حميم من المؤرخ الراحل د. عبد العزيز الدوري، بعد أن التقى به في دمشق. ولأن جبرا مزج، في رواياته جميعاً، بين المتخيل الروائي والسيرة الذاتية، فقد سرد في «صيادون في شارع ضيّق»، أشياء من أحوال بغداد في ذاك الزمان ومن تجربته الذاتية فيه. (7)

انطوت الرواية على «حكاية» مركزية، تبدأ بالفلسطيني المثقف وتنتهي به، وعلى قول روائي متضافر العناصر، يعيّن دور المثقف وماهيته، ويحدّد المهام الموكولة إليه. والحكاية تقليدية، أو شبه تقليدية، تؤالف بين العزيمة والانتصار، وتسوق قصة حب محاصرة بعقبات متعددة، تذللها عزيمة الذات المنتصرة. ذلك أن أحد الطرفين العاشقين فلسطيني وفقير ومسيحي وبعيد عن المحافظة، على خلاف عائلة الطرف الآخر، التي تنتسب إلى اليسر والوجاهة الاجتماعية وإلى محافظة مغلقة عثمانية الأصول. ومع أن الحكاية، في وجه منها، آية على الحب الذي لا يهزم، فهي في بعدها المسيطر تعبير عن «بطل رومانسي»، يزرع التمرد في نفوس مقيدة ويهزم العادات المتوارثة، مذكراً بالبطل اليوناني الأسطوري بروميثيوس، الذي سرق نار الآلهة وأضاء بها سبل المقموعين. التبس بطل جبرا الروائي بالمعرفة والمغامرة وبشهوة إصلاح العالم، وأوحى بأن من يحرّر إنساناً من قيود الجمود والمحافظة قادر على تحرير المجتمع بأسره.

يتعيّن البطل المثقف، الذي هو مرآة ذاته، بصفات تضعه بين البشر وخارجهم، وتنسب إليه من الإمكانيات ما يضيق به غيره. فهذا المثقف يبني ذاته بمواد مشتقة من ذاته، ولا يحتاج إلى آخرين يحتاجونه، كما لو كان في كيانه ما يوحّد بين الوسيلة والهدف، وما يرفع الهدف إلى مقام يقصر عنه الآخرون. ولعل تقصير المسافة «العابرة» بين الرغبة وتحققها، هو الذي يجعل حاضر المثقف الرومانسي مستقبلاً، إنْ لم يُمح الزمنان معاً بزمن جمالي عنوانه: الانتصار. يقول بطل الرواية جميل فران: «عندما وصلت إلى بغداد كان لديّ ستة عشر ديناراً»(8). بيد أن المفرد الرومانسي، الغيور على فرديته، يهزم اختبار الغربة، موحداً بين القدس وبغداد، وموكلاً إلى انتصاره الفردي تحرير المدينتين معاً. لذا ينتقل الغريب، سريعاً، من هامش المدينة إلى مركز المجتمع. وسواء اتفق جبرا مع الشخصية الروائية التي صاغها، أم أخذ مسافة عنها، فقد أرادها تجسيداً للبطل الرومانسي في حقل الثقافة، حيث الثقافة قوة وشكل فريد من أشكال البطولة.

يساوي المثقف الرومانسي فرديته، وتساوي فرديته بطولته الثقافية (9). يصدر عن الثقافة – القوة تصور:

الهالة الثقافية، التي تنقّل المثقف من مركز اجتماعي إلى آخر، موحدة بين رغبة إصلاح العالم ورغبة مضمرة، في التسيّد عليه. لذا ينتقل بطل جبرا بيسر من حياة هامشية إلى مواقع النخبة، ومن الشعور بالغربة إلى اندماج دافئ أنيق الأطراف. يقول بطل الرواية جميل فران : «ودارت بي سلمى لتعرفني بضيوفها الآخرين: إنكليزيين اثنين، وأمريكي من سفارة الولايات المتحدة وزوجته، وفتاتين شديدتي الحماس عادتا للتو من الدراسة في إحدى الجامعات الأمريكية»[10]. يؤكد المثقف الرومانسي ميله إلى العزلة وينفيه معاً، فهو يلتحق بفئة ضيقة من خارج المجتمع، لا من داخله، كاشفاً، في الحالين، عن حداثة «نخبوية»، تهاجم الأعراف والتقاليد ولا تتعرّف على المجتمع الذي ينتجهما. وواقع الأمر أن في مثقف جبرا، المشدود إلى الفنون وخريجي الجامعات الأجنبية، ملمح من ملامح المثقف الطقوسي، المنتسب إلى ما قبل الأزمنة الحديثة، ذلك أنه يرى في الثقافة احتكاراً نخبوياً، ويضع بين الثقافة و«العوام» مسافة شاسعة لا تقبل بالتجسير. ومع أن في الفرق الثقافي - الكيفي ما يستدعي مفهوم الاغتراب، الذي يردّ إلى إنسان لا يتكيّف مع بيئته، فإن هذا الفرق محتشد بتصور المنزلة، الذي يقسم البشر إلى أعلى وأدنى وإلى قائد ومقود. يفصح «جميل فران» عن دلالة الفرق وهو يتحدث عن صديقته : «لقد رأيت الفقيرات يفضن زرافات من أحيائهن الشعثاء ويجلسن على الأرض وأكوام الروث. أما أمثال سلافة فلربما تجمعن في حدائق بيوتهن لسماع الراديو أو للعزف على آلات موسيقية»[11].

يحرّر المثقف الرومانسي الثقافة من شروطها الاجتماعية، فالفقيرات فقيرات الثقافة لأنهن يجهلن معناها، ويحررها من خصوصيتها التاريخية ما دامت «أسطوانات التانغو» تتوزّع على حي في بغداد ومواقع من أمريكا اللاتينية. تتكشّف الثقافة، والحال هذه، إبداعاً إنسانياً له تاريخ خاص به، منعزلاً عن تواريخ المجتمعات، إن لم تكن هي التاريخ الحقيقي الوحيد، وما غايره زمن نافل لا معنى له. [12]

يحوّل التصوّر الرومانسي العلاقات الاجتماعية إلى علاقات جمالية، فاصلاً بين الجميل والقبيح، وبين المثقفين المرتبطين بزمن جمالي كوني، وغير المثقفين المشدودين إلى أزمنة اجتماعية محلية فقيرة. لا يتحدد الجمال والثقافة، بهذا المعنى، ببشر لهم شروط اجتماعية، بل بتاريخ جمالي أنجزته فئات مبدعة. ولذلك تحيل «سلافة»، الأنثى الجميلة الميسورة التي تعشق الموسيقا، على الشاعرة الإنجليزية «باريت»، أو على صورة إميليا فيفاني، الفتاة الإيطالية التي التقى بها الشاعر الإنجليزي شلي، وتستحضر عيناها «عيون المنحوتات والجداريـــات الآشوريات»[13]. يلغي الفن المسافة بين «المجتمعات المختلفة»، ويتيح للبشر المثقفين تبادلية المواقع، التي تتجاوز الجغرافيا والتاريخ، فتصبح العراقية صورة عن شاعرة إنجليزية، ويغدو عالم الآثار الإنجليزي عربياً مثقفاً: «أما براين، فبعد أن أصبح طلق اللسان بالعربية، بدأ يتعلّم العزف على «المطبح»، تلك الآلة الأصلية العروبة المصنوعة من زوج من القصب...». تخبر الرواية، في صفحاتها المتتابعة، عن منظور المثقف الفلسطيني جميل فران، كاشفة عن دلالات الرسم والموسيقا والأشعار والتماثيل، كما لو كان في الفن ما يقيم الحدود

بين الوجود الإنساني العارض والوجود الأصيل. تبدو الثقافة حالة نوعية ترفع الذي يتمتع بها، وتسوغ له السيطرة على من هم أقل ثقافة. فبالثقافة يتحرر الإنسان الخاضع من قيوده، ويغدو الإنجليزي عربياً والعربي إنجليزياً، وبالثقافة يستعيد الفلسطيني أرضه المغتصبة.

تضع الثقافة - المرتبة مسافة بين المثقف الفلسطيني الرومانسي والمتعلّمين العراقيين: «ما كان يسئمني أن أراهم يثورون ويتشاجرون جراء أفكار أولية. وكدت في شيء من إرهاق الإرادة أن أضع نفسي مكانهم لأذوق نشوة اكتشاف أفكار مهزوزة كتلك لأول مرة. فقد كانوا كمن ينظر إلى نهر دجلة ثم يهتف فجأة: «انظروا إنه يتحرّك، وفيه سمك يعوم». لا غرابة أن يتحول «الشرق»، في منظور مسكون بأطياف شلي واللورد بايرون، إلى متحف للمخلوقات الغريبة الطريفة: «كان ثمة رجل عاري الجذع يتدلى ثدياه السمينان كأثداء الزنجيات»، و«تأملت قدمي شاب وتذكّرت تماثيل ميكيل أنجلو».

تتحوّل الثقافة، إلى دين نخبوي يختزل التاريخ إلى علم الجمال، ويحرّر الجمالي من شروطه الاجتماعية فاصلاً بين بشر «الأثداء السمينة» وبشر صدورهم من رخام صقيل، ومختصرة البشر إلى ظلالهم الفنية. فالفتاة العراقية «تشبه إليزابيت باريت، بل إنها مثلها شاعرة»، وصدر عامل الحمّام الأسود «يصلح أن يكون صدراً لأبوللو». يساوي كل موضوع اجتماعي ملموس ظله الجمالي، ويساوي المجتمع كله ظلاله الجمالية. [14]

تحتضن مقولات الرومانسية المتطرفة مفارقة صاخبة، فهي تقول بتحرير المجتمع الذي فاتته التربية الجمالية، وهي في اللحظة عينها تختزل المجتمع إلى ظلاله الفنية. يقول جبرا: «لقد أعطتني الثورة الرومانسية فكرة إمكانية قيامنا بثورة مشابهة». [15] لكن الثوري الرومانسي لا يقبل إلا بأفراد يوازعونه أفكاره الجمالية، أفراد - ظلال، منتهياً إلى ثورة رمزية، قوامها بشر من الرموز والإشارات الفنية، يخلقهم ويرسل بهم إلى مدار ثوري مخلوق. لا غرابة أن يحرّر بطل جبرا المجتمع العراقي التقليدي بشكل رمزي، مستلهماً حكاية رمزية لبيرسي شلي، عن الأقفاص والأجنحة المتمرّدة. تأخذ العراقية «سلافة» موقع الطير الأسير، ويأخذ بيتها العثماني التقليدي موقع القفص، ويأخذ الروائي جبرا مكان الشاعر الرومانسي، الذي يخلق الأقفاص والأجنحة والطيران. بعد اختصار التاريخ إلى علاقات جمالية، يختزل التحرر الاجتماعي في إشارات حكائية، ويترسب التاريخ والتحرر في بنية قصيدة متسقة، تنتظر التأويل. غير أن الخطاب الروائي، عند جبرا، لا يلبث أن يوسّع فضاء الاختزال، حين يساوي، رمزياً، بين العراقية المحرّرة وأنثى فلسطينية «سابقة»، دفنها الإرهاب الصهيوني لحظة سقوط فلسطين. كل شيء يتحرر ولا يتحرّر في معادلات الموت والانبعاث، ولا يتبقى إلا المخلّص الرمزي، المطمئن إلى أصداء الكتابة المبدعة.

من أين جاء جبرا بمواده الروائية التي اشتق منها مثقفاً فلسطينياً رسولياً؟ جاء بها من ثقافته الشعرية

الإنجليزية الرومانسية. يقول في كتابه شارع الأميرات: «برسي بيش شلي، الشاعر الإنجليزي الذي - وهو متزوج بماري غودين - تعلّق بفتاة أرستقراطية إيطالية في جنوى، أوحت إليه بأنها سجينة أهلها، فتخيل أنه يريد إنقاذها من سجنها، وتحريرها..»[16]. حاكى جميل فران في «صيادون في شارع ضيق» الشاعر الإنجليزي، وساوى بين فتاة من جنوى والفتاة العراقية الأرستقراطية، وحوّل السجن إلى عملة مرنة تصرف في عراق منتصف العشرين وفي إيطاليا مطلع القرن التاسع عشر. تنفي القرابة الشكلانية، التي تدور حول العشق وكسر الأقفاص، القرابة التاريخية، ذلك أن إيطاليا لم تكن تابعة للسيطرة الإنجليزية. ولعل الاحتكام إلى تاريخ الفن، الذي يهمّش التواريخ، هو الذي سمح بتبادلية المواقع بين الواقعي والحكائي، وأسبغ على مثقف فلسطيني لجأ إلى بغداد ملامح شاعر إنجليزي. يتمثّل العنصر الثاني بمنظور رومانسي يعطف «الإنسان الخيّر» على السيد المسيح، ويعطيه قدرة فائقة، تسحب المستقبل إلى الحاضر، على مقربة من «البطل البايروني»، الذي يعيش على الأرض وتخفق أجنحته في السماوات.

جاء العنصر الثالث من قلق اللاجئ الفلسطيني وحلمه بالعودة. غير أن جبرا، الذي آمن ببطولة النخبة الثقافية، لن يشتق «الحلم الفلسطيني» من حياة اللاجئين، كما فعل غسان كنفاني، بل من قول سمعه، صدفة، من المؤرخ البريطاني أرنولد توينبي: «ذكرت قبل مدّة لأحد أصدقائي ما قال لي توينبي في الخمسينات عندما التقينا في بغداد. قال «أنتم الفلسطينيون خرجتم من فلسطين كما خرج العلماء الإغريق من القسطنطينية بعد أن احتلها الأتراك سنة 1453. أنتم تلعبون بنفس الدور الحضاري الهائل في الأمة العربية، هذا هو مصيركم أم حتفكم، لا أعرف»[17]. يأخذ الفلسطيني بعداً رسولياً تحوّطه المأساة، لأن الموت لا يتجنّب حامل الرسالة إلا في ظروف محدودة.

استعار جبرا مفهوم المثقف المنقذ من الشاعر الإنجليزي شلي، واعتنق فكرة المؤرخ الإنجليزي توينبي عن المثقف الفلسطيني الذي يحرّر أمته. طبّق الفكرتين تطبيقاً لا انزياح فيه، إذ المثقف العاشق ينجد معشوقة حبيسة، وإذ المثقف الفلسطيني يهزم التقاليد العراقية المحافظة. والسؤال: ما الذي جعل جبرا يأخذ على محمل الجد فكرة ملتبسة ؟ تتوزّع الإجابة على فكر رغبي يحذف المسافة بين الرغبة وإمكانية تحقّقها، وعلى نزوع تعويضي يقنع اللاجئ الفلسطيني بتفوقه على غيره حتى لو كان منفياً، وعلى تصوّر ميتافيزيقي يعيّن الفلسطيني «بطلاً للقدر»، كما لو كان في خسران الفلسطينيين لوطنهم حكمة غامضة، تشتق من مأساتهم انتصاراً عربياً شاملاً، ... والاحتمالات في وجوهها المتعددة مسكونة بوعي تاريخي منقوص، على الأقل، ذلك أن اللاجئين الفلسطينيين كانوا، بعد النكبة وحتى اليوم، يحتاجون إلى من ينصرهم، وجزءاً من واقع عربي موروث، بعيد عن «علماء الإغريق». وإذا كانت «النكبة قد كشفت للعرب أن تاريخهم لم يجعل منهم أمة بعد»، كما يقول قسطنطين زريق في كتابه «معنى النكبة»[18]، فما الذي يمكّن الفلسطينيين، الذين وقعت عليهم النكبة، من أن ينجزوا ما لم ينجزه بعد تاريخ أمتهم؟

يقول إدوارد سعيد في كتابه «تأملات في المنفى»: «ما طرحه 1948 هو أحجية باقية، طفرة وجودية لم يكن التاريخ العربي مهيئاً لها»[19]. وما قال به توينبي أحجية رمزية أقنعت الفلسطيني جبرا، أن قوة الأمل تخلق التاريخ التي تريد. آمن جبرا بقوة الخير والأشعار، وانطلق سعيد من وحدة السياسة والتاريخ. يقول إدوارد: «فالقومية العربية، والتقليدية الإسلامية، والعقائد المنطقية، وضروب التضامن الطائفي أو القروي الضيق، جميعها فوجئت بالنتيجة العامة المتمثلة بالنجاح الصهيوني والتجربة الخاصة المتمثلة بالهزيمة العربية»[20].

انجذب جبرا، الذي درس في جامعتي إكستر في بريطانيا وهارفرد في أمريكا، إلى كلمات توينبي، ملبياً فكرة: المثقف الرسولي. يصدر المثقف الرسولي، خارج الرواية، عن أيديولوجيا الفضيلة، ويصدر في «صيادون في شارع ضيّق» عن أيديولوجيا الإبداع القائلة بإمكانية الخلق من عدم. يطرح بطل جبرا سؤال المعرفة الروائية التي تنفذ، نظرياً، من ظاهر الواقع إلى جوهره، منتجة معرفة بالواقع متحررة من الوعي الزائف، لا تأتلف مع معادلات البطل الرسولي. ولعل الفرق بين النخبة الممكنة، التي لا تلغي ممارسات البشر بإبداع مفترض، والنخبة الرومانسية المتعالية، هو الذي يقسم رواية جبرا إلى قسمين غير متجانسين: أحدهما يتكئ على المتخيّل ويرصد نخبة بغدادية في أوائل خمسينات القرن الماضي، ويستند ثانيهما إلى روائي يعيّن المبدع خالقاً للوقائع. لذا تبدو الرواية متسقة وهي تنسج حواراً شائقاً بين شخصيات بغدادية مختلفة، ومكسورة مفتتة العلاقات وهي تختصر التاريخ إلى قفص يضغط على الأجنحة.

يتبقّى سؤالان: ما هو السياق العربي الذي دفع بمثقف لامع حداثي الثقافة، إلى معادلات ذهنية تعالج الهزيمة والانتصار؟ أليس المثقف الرسولي الرومانسي استتباعاً للنزوعات التقليدية التي فوجئت بالنجاح الصهيوني، كما ذكر سعيد؟ أكثر من ذلك: إذا كانت النخبة الثقافية المفترضة جزءاً من الواقع المهزوم، فما معنى النخبة وما هو دور الثقافة؟ بعد عشرات السنوات، وفي عمله الروائي الكبير «السفينة»، سيقوم جبرا بحل «الأحجية الباقية»، متأملاً الاستبداد السلطوي، ومدركاً أن الثقافة علاقة اجتماعية وأن المثقفين لا دور لهم في شروط طاردة للإبداع والثقافة معاً.

3. شارع الأميرات والنخبة الثقافية المؤودة:

أصدر جبرا عام 1994 كتابه «شارع الأميرات» - فصول من سيرة ذاتية. أخذ الكتاب عنوانه من شارع بغدادي شهير، سكن فيه المؤلف وعايش نخبة ثقافية متعددة الاختصاصات انتظرها، لاحقاً، مآل غير سعيد مرّ عليه جبرا، بأسى شفيف، في روايته : «السفينة».

قرأ جبرا، في سيرته الذاتية المنقوصة، بغداد خمسينات القرن الماضي، مستعيداً سيرة «شارعه»

الأثير، الذي توزعت على بيوته نخبة ثقافية تلقت معارفها في جامعات غربية متعددة. ومع أن في النخبة المحملة بثقافة أوروبية وأمريكية ما يوحي بـ «اغتراب ثقافي»، كما يقال، يضع بينها وبين شعبها مسافة غير حميدة، فقد كان هاجسها، كما يؤكد جبرا، توليد «عراق جديد»: «كانت المخيلة العربية يومئذ في توثّب رائع تريد تحقيق الجدي والأصيل، وكل ما يعطي الأمة أملاً في مستقبل لا يتخطى فقط الموت، الذي ابتليت به لأكثر من سبعمئة سنة، بل يتخطى حتى ما أنجزته النهضة التي جاء بها التنوير منذ أواسط القرن التاسع عشر حتى الحرب العالمية الأولى ص : 120». [21]

كان في عراق الخمسينات، كما في غيره من البلدان العربية، «نهضة في النهضة»، تحتفي بالجديد والنقدي و«المعاصر»، رداً على ثقافة «قرون بائدة»، وإدراكاً من حملة النهضة، أي المثقفين، أن أمتهم مهددة بثقافة فات أوانها، ومهددة أكثر بالقوى الخارجية الطامعة فيها. ولعل هذا الطموح الوطني - الثقافي هو الذي أطلق في بغداد مدارس أدبية وفنية متعددة، وأعطى المرأة المتعلمة دوراً فاعلاً في أكثر من مجال، كما يذكر جبرا، وجعل العراقيين يستضيفون كفاءات علمية من بلدان عربية متعددة: «كانت المؤسسات العراقية ميالة دوماً لاستخدام مثقفين عرب من ذوي الخبرة والكفاءة حيثما وجدتهم، مع أن الرواتب لم تكن كبيرة، والاعتماد أصلاً على حماس المتقدم للوظيفة. وفي الفلسطينيين ميل قديم إلى العراق تزايد منذ أواسط الثلاثينات، لإيمانهم بالدور القومي الأساسي الذي يلعبه العراق في حياة الأمة العربية : ص : 168». أكدت فلسطينية جبرا انتسابه إلى العراق، ووطّدت ثقافته العراقية انتسابه إلى فلسطين، في انتظار زمن أربك الانتساب في شكليه.

اعتنق مثقفو بغداد، في «عصرنا الذهبي» الحديث، مقولات الكفاءة والمعاصرة وفاعلية المعرفة، من وجهة نظر وطنية. ولذلك يمر جبرا على الاختصاصات الحديثة، وعلى الجامعات الأجنبية التي تخرّج منها العراقيون، ويتوقف أمام «الوظيفة الوطنية للمعرفة»، في تجديد أجهزة الدولة بعامة، كأن يكتب وهو يتذكّر حيدر الركابي: «فهو خريج الدبلوماسية العراقية التي كانت في الأربعينات والخمسينات وتجمع عدداً من ألمع الشخصيات الثقافية التي لأي بلد ناهض أن يفاخر بذكائها وخبرتها ووطنيتها. ص : 180». عايش جبرا، الذي اختبر العراق واختبرته العراق، المخاض الثقافي العراقي الخصيب، وساوى بين الوطني والجديد، أكان ذلك في بغداد أم في عواصم عربية أخرى. فهو يكتب: «كأن ثمة إحساس في مطلع الخمسينات عند شباب الأدباء في بغداد، وكذلك، في بيروت ودمشق والقاهرة، بأن الجديد الذي بات عليهم أن يأتوا به إنعاشاً لروح أمة مهددة من كل صوب، يعطيهم الحق في أن يفرضوا نزوعاتهم الفكرية الانقلابية، .... ص : 129». بنى المثقفون العراقيون مشاريعهم على شعار : الجديد الوطني، الذي يقرأ أغراض الثقافة بمعايير وطنية.

قدّم جبرا في «شارع الأميرات» شهادة دقيقة التفاصيل، عن البيئة الثقافية البغدادية في خمسينات القرن الماضي ونظر إليها، بعد خمسين عاماً بحنين وأسى، لا تأييداً منه للنظام الملكي، بل احتفالاً

بأطياف وعد كبير، بدا صاخباً مظفراً، ثم انطفأ. فقد رأى في تلك البيئة، التي لن تتكرر، ربما، تحالفاً بين «روح العصر»، المندفعة إلى جديد غير مسبوق، و«الروح القومية المتوثبة»، التي تعيد تخليق العروبة وتمدّها بالقوة والأمل والتحدي. ولذلك لم ينظر إليها بمعايير «الطبقة» و«الصراع الطبقي»، و«الثورة القومية»، بل بمعيار «الحداثة الاجتماعية» التي «استولدها مثقفون نقديون انتموا إلى فئات اجتماعية مختلفة. ولعل العلاقة المتجانسة بين المواضيع الثقافية والأساليب المثقفة التي طبقت عليها هو الذي وضع على لسان جبرا تعبير: أرستقراطية الثقافة، التي تعيّن الثقافة قيمة وأسلوباً في الحياة. عبّرت «أرستقراطية الثقافة»، في منظور الأديب الفلسطيني، عن الفضول المعرفي، الباحث عن إجابات جديدة لأسئلة قديمة، وعن الرغبة في تحويل الثقافة إلى حاجة يومية وضرورة أخلاقية، وعن قناعة حاسمة بوحدة الثقافة والقيم الوطنية والقومية الراقية. لم يفت جبرا الإشارة إلى أن المجتمع كان أبطأ حركة من أولئك المثقفين الثائرين. وإلى أن «الهجرة من الريف إلى المدينة لا تعني دائماً التحضّر والتحلّي بروح المدينة العصرية بين عشية وضحاها، ص : 111». غير أن توقفه أمام الفروق الاجتماعية، التي كانت تجعل التعليم العالي من نصيب الأسر الغنية، لم يخفف من انبهاره بالوثبة الثقافية العراقية الكبرى: «أي فوران ثقافي كان يتصاعد في المدينة يومئذ!»، أو أن يقول: «كما كان هناك أصحاب الفكر الاقتصادي، والاجتماعي، والسياسي، والفلسفي، والتاريخي، من أقصى اليمين إلى أقصى اليسار، .....، وكلهم لا يقلون شأناً عن رفاقهم من الأدباء والفنانين في زعزعة القديم والتبشير بحداثة ستغيّر الوطن العربي برمته، ليس فيما يخص المواقف السياسية والاجتماعية وحدها، بل فيما يختلج في دواخل الأفراد رجالاً ونساء من تطلع ورؤية، وتأكيد على الحرية في كل أشكالها. ص : 113».

رسم جبرا في «شارع الأميرات» عوالم بغداد، «الفائرة الثائرة»، وعوالم بغداد لاحقة لا تشبه الأولى. دفعته حرارة التجربة ومآلاتها إلى كتابة روايته «السفينة»، التي هي ترجمة فنية «دقيقة» لصعود المثقفين وانكسارهم. يستطيع القارئ أن يقارن بين ما جاء في الفصل الخامس من «شارع الأميرات»، الذي مرّ على عالم المثقفين واهتماماتهم وأسمائهم ومآلهم، وبين شخصيات الرواية التي هي مرايا فنية لشخصيات حقيقية، عاشت في بغداد، أو غيرها، ذات مرة. يقول جبرا في سيرته المنقوصة: «ولا يقل عن هذا أهمية ما راحت الأيام والليالي، منذ أواخر الخمسينات، تتقاذفه من أحداث في حيوات بعض المقيمين في منازل هذا الحي، بشارعيه المتوازيين، منها المفرح، وهو كثير، ومنها المأساوي المزعزع، ولعله الأعم والأعمق فعلاً في النفس. هناك من استشهد في الحرب. وهناك من تحطّمت حياته الزوجية، ومن هاجر يأساً، ومن جُنّ، ومن قُتل، ومن انتحر، ... ص : 87».

كتب جبرا رواية السفينة عام 1970، وكتب مذكراته عام 1994، مارس في الكتابة الأولى «الإيهام بالحقيقة»، وأكد في الثانية أنه لا يتوهم بل يقول الحقيقة. وكما هو حال الحقيقة دائماً، تولد مرة أولى ولا ينتبه إليها أحد، وتولد مرة ثانية وتحظى بالاعتراف، لكن بعد فوات الأوان. [22]

4. السفينة : المثقف الحديث وطبقات الاغتراب

أحالت الرواية بلغة هامسة على عراق ما بعد الحكم الملكي، وساءلت مصائر مثقفين ينتمون إلى أكثر من بلد عربي، وانتهت إلى «رؤيا» قاتمة، تقيم حداً بين مرحلتين متغايرتين. أوجزت قولها، وهي ترثي مثقفاً دمّره السياق الجديد، بكلمات إحدى شخصياتها: «بانتحاره، يخيّل إليّ أن فئة كاملة من المجتمع تنزاح عن مسرح حياتنا، ... تلك الفئة المفكّرة التي تتحدى سيف الظلم بصدرها. إنها في زوال سريع. ص : 29». لم يكن المثقف المنتحر، أو الذي سيق إلى انتحاره، إلا المنظور الثقافي العربي، الذي يوائم بين المعرفة والحداثة الاجتماعية والديمقراطية، ولم تكن الفئة المفكرة إلا الصوت الأخير لـ «حقبة نهضوية» عربية، لعب المثقفون المستنيرون فيها دوراً حاسماً. يشير تعبير : «تتحدى سيف الظلم بصدرها» إلى معركة ميؤوس منها. أقامت الرواية قولها على التضاد بين الحرية والطغيان، وبين الشرط الطبيعي الذي يستولد المثقف ويحمّله أحلاماً واسعة، والشرط السلطوي الذي يدفع المثقفين إلى المنتفى والانتحار. صرّحت، في الحالين، ببصيرة ثاقبة، ترثي زمناً وتنظر إلى «الرعب القادم»، كما تقول إحدى شخصيات الرواية.

قرأ جبرا مآل المثقف السائر إلى نهايته بمجاز الانتقال الذي يقوده مكانياً من الوطن إلى المنفى، ويردّه زمنياً من مرحلة الصعود الاجتماعي إلى مرحلة الصعود السلطوي، الذي يعيد تعريف المجتمع والثقافة. وسّع الروائي المجاز بمعادل جمالي عنوانه: السفينة، التي هي واسطة نقل وموضوع يوقظ الذاكرة، وموقع لقاء بين زمن واضح مضى وزمن قادم غادره اليقين. تقول الرواية: «السفينة تشعرك جسدياً بانسيابك خلال الزمان والمكان معاً». ولعل الاختلاف بين رحلة الجسد ورحلات الروح هو الذي يضع في الرواية حواراً بين جماليات البحر وقلق النفس البشرية المخذولة والهاربة. أثث جبرا روايته بإشارات فنية ترسم أحوال المثقف الديمقراطي المغترب، مستدعياً رائحة الموت وصرخات الغرق وعاصفة بحرية مرعبة ترهق الأرواح والأجساد.

تستهل الرواية بجملة سعيدة: «البحر جسر الخلاص»، تعد براحة قادمة. والخلاص الذي ينشده المثقف المغترب، الذي أطاحت «الشرعية الثورية» بأحلامه، قائم في «أوربا»، وفي «جامعات أوربية» زوّدت المثقف بمعارف حديثة، لم يتح له الاستفادة منها في بلده إلا في لحظات سعيدة. بيد أن الاستهلال، الذي يعد بالخلاص، يتلوه استهلال آخر، يكشف أن الخلاص المشتهى يفضي إلى الجحيم: «عن كل أمل تخلوا أيها الداخلون هنا». تستعيد الجملة ما قاله الإيطالي دانتي في «الكوميديا الإلهية»، فاصلة الأمل عن أفقه، مؤكدة أن المثقفين الذين خسروا في الوطن تنتظرهم خسارة فادحة خارجه. صاغت الرواية مأساة المثقف الديمقراطي المهزوم بثنائيات متعددة: العقاب والخلاص، العشق والحرمان، الوطن والمنفى، السلطة والثقافة، الماضي والحاضر، .. تكشف الثنائيات، عن اغتراب يقترب من الموت مترجمة جملة المراقب الفلسطيني: » إن فئة كاملة من المجتمع تنزاح عن

مسرح حياتنا، ..». أبصر الروائي مستقبل المثقف المستنير، متوسلاً لغة الحوار ولغة الإشارات الفنية التي ترى «البحر الهائج» في مكانه وفي مكان آخر. أضاف إلى اللغتين أطياف فلسطين المحتلة التي تعلم المثقف الفلسطيني النزيه الفرق بين الوطن والمنفى، وبين جحيم التنقل ونعمة الاستقرار.

واجهت الرواية رخاوة المنفى بقوة الوطن والأمل وساوت بين الوطن ودفء المرأة. يفصح مرجعاً الاستقرار، في علاقتيهما بالمثقف المغترب، عن مصير أقرب إلى اللعنة، فلم يسمح له «الصعود الثوري» بوطن سعيد ولا بوصال مريح مع المرأة المعشوقة، كما لو كان في المثقف عطب وجودي، تستكمله السلطة بأدوات الرقابة والمراقبة. لذا يبدو المثقف، منذ البداية موضوعاً لأكثر من اغتراب: فهو موزع على ثقافتين لا تنتميان إلى زمن تاريخي واحد، وعلى لغتين بينهما فرق ومسافة، ومشدود إلى «آخر أوربي» يحتفي به ولا يتعايش معه، ففتنة جان بول سارتر لا تحجب جرائم الاستعمار، وهو معجب بالدساتير الأوربية ونافر من عشائرية فظة دستورها عشائريتها. لكن اغتراب المثقف لا يبلغ ذروته إلا بانتصار سلطة تصادر حرية التعبير،وتعتبر الثقافة، كما المثقفين، مرضاً يستقدم الخراب، يصيّر «إزاحة المثقفين عن مسرح الحياة» عملاً وطنياً.

يستدعي مفهوم المثقف مفهوم السلطة، فلا وجود للمثقف إلا في موقفه من السلطة، ويستدعي شكل الوصول إلى السلطة سؤال الثقافة، ذلك أن الوصول المؤسس على «شرعية العنف» يختلف عن وصول تأسس على تعاليم الدستور. استولدت الرواية موضوعها من الفرق بين معادلات القلم ومنطق السلطة القامعة منتجة «رواية سياسية» بامتياز، تخفّف قولها بأسلوب يجمع بين النثر والشعر والفلسفة. لا غرابة أن تفترش سطورها مفردات واضحة الهوية: الحرية،: والطغيان، القانون، التعذيب، حقوق الإنسان، التعذيب، حقوق الإنسان، السجن، الظلم والقيم والخير والشر، .... قارب الحوار في الرواية المواضيع السياسية، المتمحور حول الإنسان وحقوقه الأولية، التي تختصر في أزمنة الطغيان إلى حقوق بيولوجية منقوصة.

أخذ جبرا بوجهة نظر المثقف النهضوي العربي، الذي شكّلت وحدة الثقافة والحرية مرجعاً لأحلامه، والذي واجه ثقافة تقليدية متكلسة، و«جهازاً ثورياً» يعيد إنتاج العلاقات التقليدية بلغة جديد.

وصفت الرواية أحوال المثقفين وأشواقهم بأشكال مختلفة: «التعطش إلى الثقافة تعطش ارستقراطي»، «الكتب الجيدة وحدها لا تكذب»، و«إيثار الموت على العبودية». يصف الفلسطيني المثقف العراقي التنويري المهزوم فيقول: «يذكرني بتلك الفئة الارستقراطية التي إذ ترى، بذكائها المفرط. مصيرها المظلم، تحاول اقتحام الموت قبل أن يقتحمها الموت: 129». ليس الطبيب المنتحر الارستقراطي الثقافة إلا الوجه النقيض «لشرعية الثورة» التي تفتقر إلى قيم الحداثة الثقافية وإلى «الذكاء المفرط»، ذلك أن المثقف وضع فكرة النظام فوق الثورة والثقافة معاً، وأكّد النظام شرط التحقق الإنساني. وسواء

كان المنتحر ليبرالياً أم لم يكنه، فهو كبقية المثقفين «لا يستطيعون الحياة إلا في جو من الليبرالية التي تتيح لهم الكتب، واللقاءات والدراسة والتنظيم، .. ص: 132».

إذا كان المثقف لا يستطيع الحياة إلا في مجتمع حر فإن وجوده في مجتمع طرد الديمقراطية مضمون الخسارة. تدفعه المفارقة إلى اغتراب أفقه المنفيّ، ويدفعه حب الوطن إلى بقاء خاسر، متحولاً إلى «وجود معطوب» لا خلاص له في الوطن ولا خلاص له في المنفى. ولعل الوقوف أمام الخلاص المستحيل هو الذي جعل رواية السفينة تذكّـر برواية ديستويفسكي «الأبالسة»، التي عالجت ضياع اليقين بالانتحار وبكتاب البيركامو: «أسطورة سيزيف»، الذي قرأ عذابات الإنسان في تحدي ما لا يمكن تحدّيه [23]. استعار جبرا من رواية «الأبالسة» فحيح الانتحار ورؤيا الرعب القادم، واستعان بكامو ليضع على لسان أبطاله ما يضيء قوله الروائي: «التحدي الأهم هو السلطة. أين الحد الفاصل بين السلطة والاستبداد، السلطة كفتح طريق مسدود أم السلطة كمقصلة؟ التاريخ كما يقول البعض هو قصة صراع الحرية مع الطغيان. ص: 123».

قرأت رواية جبرا المعوّقات الاجتماعية والسلطوية التي تقوّض أحلام المثقف وأعطتها صفة: العطب الوجودي، كما لو كان المثقف المتمرّد غير قابل للحياة، بسبب «نقص ما» يلازمه منذ البداية، أو يقع عليه في منتصف الطريق. فقد ورثت الشخصية الروائية الأولى شيئاً من الجنون وحملت نزوعاً انتحارياً وتشبعاً بفكرة الإنسان المستقل وبفكرة النظام. وعلى الرغم من وجاهة وضعه الاجتماعي الذي انتزعه بجدارة، فهو الطبيب الناجح الذي درس في جامعة أدنبره، فقد كان مخفقاً في زواجه وغير مقبل على الحياة. ولم يكن الخلل في حياة زوجته أقل عنفاً، فهذه الفيلسوفة التي درست في جامعة أكسفورد لم تستطع أن تقترن بالإنسان الذي أحبته ولم تستطع، وهي المثقفة اللامعة، أن تتحرر من موروث عشائري لا يقبل بفكرة القانون. لذا يحتشد حديثها عن برجسون وتوما الاكوني والإيمان الشعري بسخرية سوداء، لا يضعها في المجتمع الذي ولدت فيه ولا يدعها في المجتمع الإنجليزي الذي اقتربت من عاداته. أما المثقف الثالث، الذي درس في فرنسا وعاد إليها منفياً، فدفع ثمن هوسه السياسي القائل بالحزب والثورة والنظرية العلمية، وعرف السجن والتعذيب، و«هاجر» ملاحقاً بأطياف الجلادين، الذين زرعوا في روحه شيئاً من الجنون.

جاء المثقفون في رواية جبرا من أوساط اجتماعية ميسورة، ودرسوا في بلاد الأحلام - أوربا - وشكلوا نخبة اجتماعية مشغولة بالقيم والتحرر والآداب والفنون وانتهوا جميعا إلى البوار، مترجمين مآسي ذاتية ومفصحين عن مأساة تاريخية في آن. فقد تميّز المثقف الحداثي العربي بدعوة إلى تحديث المجتمع ونقله إلى «التاريخ الكوني»، وتميز مجتمعه، لأسباب مختلفة، بركود موروث لا يعرف الفرق بين الماضي والتاريخ. يتكشّف استبداد الماضي في وعي متوارث لم يتعوّد على فكرة القانون، وفي سلطة هجينة الحداثة تعتقل البشر والقانون معاً. جاء في الرواية: «رجل استبد به الغضب بسبب أرض

في قضاء مغمور في جنوب العراق نسيته الجغرافية، فقتل رجلاً آخر. ص: 63». يعيّن القاتل نفسه بديلاً عن القانون، مشخصناً القانون والأحكام. ليس القاتل الغاضب إلا صورة مصغرة عن سلطة غاضبة، تطلب ولاء مجتمع لا تعترف به. بيد أن جبرا بحسه النقدي الساخر أوصل فردين من عائلتي القاتل والقتيل إلى جامعتي لندن وأكسفورد، سائلاً «دور الثقافة» في زمن اجتماعي تحكمه «الأجساد» وينفر من العقول.

أقام جبرا روايته على خطاب ليبرالي، عالج به نخبة فكرية بغدادية ضيقة، يعرفها وتعرفه، وأبصر نهايتها. غير أنه همش نقطتين أساستين: واجه النخبة بسطوة «العامة»، دون أن يدرك أن الطرفين ضحية لاستبداد الماضي ولموروث استعماري اختصر الثقافة إلى «ضرورة إدارية»، منقطعة عن دلالة الحداثة والتحديث. ولعل هذا التهميش، وهنا النقطة الثانية، هو الذي منعه عن رؤية «تناقضات الثورة» في ستينات القرن الماضي التي لا يمكن أن تختصر، وهي صاحبة «المشاريع الكبيرة»، إلى الطغيان والاستبداد وتدمير العقول. وعلى الرغم من هاتين النقطتين تظل رواية «السفينة» وثيقة فريدة عن مأساة المثقفين الحداثيين العرب، الذين حملوا قيماً وطنية ليبرالية في سياق ساوى فيه الشعب العربي بين الليبرالية والاستعمار وسيطرت عليه نزوعات وطنية شعبوية، لم يتح لها حظاً كبيراً من الثقافة والمعرفة.

أعطى جبرا في روايته المتعددة الأصوات مساحة خاصة لمثقف فلسطيني، يقف إلى جانب غيره من المثقفين العرب، يحاورهم ويحاورونه ويغايرهم جميعاً، اعتماداً على فكرة: جمالية التوازن[24]. فعلى خلاف غيره من المثقفين المغتربين، يبدو الفلسطيني متكاملاً ولا انقسام فيه، متصالحاً مع ذاته ومع غيره، يقدس الوطن ولا يهجس بالمنفى. والفلسطيني في تكامله مبرّأ من النقص، يساوي بين القدس والصخر، ويرى في ذاته صخرة من صخورها، حال تلامذة السيد المسيح الذين أخلصوا لرسالته، وهو مشبع بقضيته، يحمل معاناتها في ذاكرته، ويجعل من ذاكرته كتاباً يسرد أحزان 1948.

تضيء شخصية المثقف الديمقراطي العربي المنتحر شخصية المثقف الفلسطيني البصير وتملي عليه، معتمداً على التجربة، أن ينتبه إلى حقيقة أولى وأن يعيش حقيقة ثانية: فهو الذي رأى أن «فئة مفكرة تنزاح عن مسرح حياتنا»، هاجساً بالتخلّف العربي وسقوط فلسطين، وهو الذي أدرك، أن عليه أن يعتمد على ذاته وأن يدافع عن «قدسه»، في انتظار زمن عربي لا يدمّر العقول المفكرّة. لذا يتسع الحوار الروائي التشعب لمواضيع فلسفية وجمالية وسياسية دون أن يمر، ولو من بعيد، على أسئلة الوحدة العربية وآفاق العروبة، مكتفياً بالإشارة إلى ما يعطلّهما من أعراف الاستبداد والبداوة والبادية والأخذ بالثأر، و«قتل إنسان من أجل قطعة أرض مهجورة في مكان نسيته الجغرافية». قرأ الفلسطيني «عروبته المخذولة» في أقدار المثقفين، الذين أرادوا وطناً عربياً جديداً ونزل عليهم الانتقام، وقرأ في مصائرهم خسراناً ذاتياً. فقد كان بينهم وهم يدخلون إلى سفينة «غادرها الأمل»، وكان مع ذاته وهو يتمسك بأحلامه الشاقة.

احتفى النقد الأدبي، غير مرة، برواية جبرا اتكاءً على مبدأ: «تعددية الأصوات الروائية»، وقرأ البعض فيها تقنية «حكاية في حكاية»، إذ كل صوت يسرد حكايته وهو يسرد حكاية آخر، وتوقف بعض ثالث أمام مجاز السفينة، الذي يختصر العالم كله في ركاب لهم جنسيات مختلفة. مع أن في رواية جبرا ما يحيل على هذا كله، إضافة إلى تقنية رواية وليم فوكنر «الصخب والعنف»، التي ترجمها الروائي الفلسطيني وتأثر بها، فإن قيمتها تقوم في بصيرتها، التي استشرفت «الرعب القادم»، قبل قدومه.

5. حلم البطل الذي لا يخذل الأحلام:

قاد تصوّر المثقف الرومانسي إلى نص منقسم، يعالج جزؤه الأول واقعاً معيشاً يعلوه الغبار، وينصرف ثانيهما إلى توصيف مثقف متعال، له عالم مفارق. ظهر هذا في روايتي جبرا، الأولى والثانية، وتراجع في «السفينة» حيث المؤلف أراد رواية - وثيقة، سرد فيها سير مثقفين لهم «بطولة عادية». عاد الروائي إلى مثقفه الأثير في «البحث عن وليد مسعود» - 1978 -، الذي هو صورة ذهنية عن الفلسطيني، كما يجب أن يكون، وعن «السوبرمان الرومانسي»، الذي «ترفعه صفاته الفائقة إلى علو يرفعه إلى السماء». [25]

يقول الشاعرالرومانسي جون كيتس: «كل شيء يعلن الخيال بأنه جميل فهو حقيقة، وجد من قبل أم لم يوجد... وأشبه شيء بالخيال حلم آدم إذ أفاق فوجد حلمه حقيقة واقعة»[26]. أخذ جبرا بقول الشاعر وتخيّل فلسطينياً مرغوباً، له من الجمال والثقافة والإبداع ما لا يحاكى، مؤمناً بوحدة الخيال والحقيقة، وبأن ما ينسبه الخيال «الخلاّق» إلى الفلسطيني يتجسّد حقيقة. لا غرابة أن يتمتع «وليد مسعود» بالصفات التالية: «أصالته في دخيلة ذهنه، في خلايا دماغه، كأنه وهج حديد مصهور في بوتقة ذكاء ونفاذ وبصيرة واتزان، رجل عبر الماء ولم يغرق، عبر النار ولم يحترق...»[27].

تكتفي الصفات التي صنع الروائي بطله منها، بمراجع الكتابة الداخلية، ولا تلتفت إلى ما خارج الكتابة مساوية، ضمناً، بين البطل الذهني وصورة القدس المقدسة، أو بينه والقداسة الغامضة التي تحوّم فوق فلسطين. ترفع هذه الصفات المنظور الرومانسي إلى حدوده العليا، وتحتفي بقوة الخيال التي تستولد من الواقع ما تشاء. يلبي هذا الخيال، بداهة، أشواق مثقف فلسطيني يحنّ إلى أرضه المغتصبة، ولا يرى السبل «الواقعية» التي تفضي إليها، ويوكل إلى الخيال واجب استعادتها، مؤكدين فكرتين : الخيال قوة خلاّقة فاعلة، والمستقبل يحقق ما يعد به الخيال.

آمن جبرا بقوة الثقافة والخيال، وفصلهما عن الواقع فصلاً كاملاً، معتبراً أن في إمكانياتهما ما يفوق إمكانيات الواقع المعيش وما يعيد خلقه وتشكيله. لم يكن هذا الإيمان منعزلاً عن أسطورة «الإنسان الأعلى، الذي تحتاجه فلسطين، التي انتمى إليها جبرا وكتب عن بطلها «الموعود»، وألغى المسافة بين البطل الروائي وخالقه، مؤكداً المثقف بطلاً، داخل الكتابة وخارجها. وهذا الانتماء الصوفي إلى

فلسطين، هو الذي أملى على الروائي أن يصوغ فلسطينياً ضمان انتصاره في داخله، ولا يحتاج إلى ظهير خارجي. غير أن جبرا، الذي واءم بين الرومانسية وعشقه الفلسطيني، بالغ في «بناء الضمان»، حتى بدا أن الانتصار ينتظر الفلسطيني، قبل أن يذهب إلى المعركة [28].

جمع جبرا بين الحداثة والصوفية، وبين القدس وبغداد، وبين الثقافة والميتافيزيقا، محاولاً أن ينتج قولاً روائياً يتداخل فيه التحريض وهندسة العلاقات الجمالية. ومع أن في رواية «البحث عن وليد مسعود» ما يحتاج إلى دراسة جديرة بجمالياتها، فالسؤال الأكبر الصادر عنها هو : لماذا يقاتل الفلسطيني إنْ كانت فلسطينيته ضمان انتصاره؟ ولماذا خسر أرضه إن كان تجسيداً لكل ما هو خيّر وجميل؟ أراد جبرا، ربما، أن ينتج نصاً تحريضياً، يكشف للفلسطيني «إمكانياته الضرورية الخارقة»، وقولاً تعويضياً يخبر المغلوبين أنهم قادرون على الانتصار، وأراد أيضاً أن يمجّد الإنسان، الذي يليق بالحياة وتليق به الحياة. والمحصلة كتابة نوعية، توحّد بين سيرة القدس وسيرة فلسطيني مات خارجها، ودعوة طليقة إلى الأمل، الذي يتطلع إليه مغلوبون خابت آمالهم، وروايات - ذاكرة، تحتفظ بأطياف فلسطين، كما كانت قبل اغتصابها، وبأطياف فلسطينيين، طردوا من أرضهم، وجعلوا من فلسطين فكرة لا تعرف الأفول.

المراجع

1. يمكن الرجوع إلى كتاب : القلق وتمجيد الحياة، كتاب تكريم جبرا إبراهيم جبرا، إشراف وتقديم عبد الرحمن منيف، المؤسسة العربية للدراسات والنشر، 1995.
2. Manfred Frank: le dieu a venire, V1, actes Sud, paris, 1990, p.p: 11 – 26.
3. صراخ في ليل طويل، دار الآداب، بيروت، 1979.
4. في ما يخص المزاج الرومانسي يمكن الرجوع إلى الكتاب الكلاسيكي Mario praz: The romantic agony, oxford university press, 1979.
5. جبرا إبراهيم جبرا: الفن والحلم والفعل، المؤسسة العربية للدراسات والنشر، بيروت، طبعة أولى 1992، ص : 23 بتصرّف.
6. انظر مجلة حوار، العدد 23، السنة الرابعة، تموز، آب 1966.
7. فيصل درّاج : ذاكرة المغلوبين، المركز الثقافي العربي، بيروت، 2002، ص : 117 - 138.
8. جبرا إبراهيم جبرا : صيادون في شارع ضيق، دار الآداب، بيروت، 1974.
9. جبرا إبراهيم جبرا : صيادون في شارع ضيق، دار الآداب، بيروت، 1974. ص 13.
10. انظر جبرا إبراهيم جبرا: الحرية والطوفان، المؤسسة العربية للدراسات والنشر، بيروت، 1979، ص: 143.
11. صيادون في شارع ضيق، ص : 14.
12. المرجع السابق، ص : 204.
13. جبرا إبراهيم جبرا: ينابيع الرؤيا، المؤسسة العربية للدراسات والنشر، بيروت، 1978، ص : 71.
14. صيادون في شارع ضيق، ص : 43.

15. انظر كتاب روبرت بارت: الخيال الرمزي، معهد الإنماء العربي، بيروت، 1992، ص : 71.
16. شؤون فلسطينية، العدد: 77، ص : 178.
17. جبرا إبراهيم جبرا: شارع الأميرات، المؤسسة العربية للدراسات والنشر، بيروت، 1994، ص : 109.
18. شؤون فلسطينية، مرجع سابق، ص : 189.
19. إدوارد سعيد: تأملات حول المنفى، دار الآداب، بيروت، 2007، ص : 62.
20. المرجع السابق، ص : 61.
21. المرجع السابق، ص : 61.
22. شارع الأميرات، مرجع سابق.
23. جبرا إبراهيم جبرا: السفينة، دار الآداب، بيروت، الطبعة الخامسة، 2008. صدرت الطبعة الأولى عن دار النهار، بيروت، عام 1970.
24. انظر دراسة د. أحمد الزعبي في «القلق وتمجيد الحياة، مرجع سبق.
25. Umberto eco: art et beaute dans l'esthetique medievale, Grasset. Paris, 1997, p. 37.
26. Umberto Eco: de Superman au surhomme, Grasset, Paris, 1993, p: 7
27. جبرا: الحرية والطوفان، مرجع سبق، ص : 84.
28. البحث عن وليد مسعود، دار الآداب، بيروت، 1987.

مراجع جبرا إبراهيم جبرا الثقافية

1. مراجع جبرا الثقافية وقوة الثقافة

الرواية صوت مثقف يقرأ أحوال المدينة بمعايير ثقافية. والرواية والمدينة معاً حيّزان ثقافيان متداخلان، فلا وجود لأحدهما من دون الآخر، يعبّر عنهما طرف يعرف معنى العلاقتين هو : المثقف. لذا لا وجود للرواية في أشباه المدن، الأقرب إلى «القرى الكبيرة»، ولا جود لمدن حقيقية من دون مثقف - روائي يسائل مستقبلها، ويحاور أهلها برسالة حضارية، واضحة أو مضمرة.

تتعيّن المدن، كما رآها جبرا، بفضاء عمومي، تترجمه شوارع يسير الإنسان فيها حراً، وبتنوع اجتماعي - مكاني، يتكشّف في المقاهي والمطاعم والفنادق والصحف، وبأحياء سكنية غير متساوية، تحتضن نخبة اجتماعية مستريحة، لها مثقفون «أرستقراطيو الأصول»، وفئات مغايرة أفقر ثقافة ووعياً، ولهم قيم مختلفة. والأساسي في تصور جبرا، الذي كان مشبعاً بقيم نهضوية - ليبرالية، ماثل في : قيمة الحرية، التي تتيح للمثقف الحوار والاختلاف، أو ترمي عليه بالغربة والحرمان، فلا مثقف من دون فضاء حر يتحرك فيه.

ومع أن بين المثقف والرواية والمدينة، علاقة عضوية، برهن عنها تاريخ الكتابة الروائية، فإن في منظور جبرا، الشغوف بمقولة المثقف - الرسول، ما يعين المثقف مرآة واسعة، الحدود، تعكس أحوال المدينة ورسالة القول الروائي. بيد أن هذا المثقف، الذي يكتسح حضوره روايات جبرا جميعاً، ملتبس الأصول، ينتمي إلى الزمن التاريخي الذي، أوجد الرواية، وهو غربي بامتياز، وإلى أصول أخرى صعبة التحديد، تنوس بين فردية مفرطة مكتفية بذاتها، تحتاج إلى التاريخ ولا تحتاج إليه، ورسالة «من نور» تعيد بناء المجتمع من جديد. وبسبب هذا الالتباس، الذي يتداخل فيه النهضوي والجمالي - الديني والفردية الجامحة وأنوار القدس الدائمة الحضور، وضع جبرا في روايته منظوراً شعرياً يوازي الزمن التاريخي، حيناً، ناظراً إلى ما يجب أن يكون، ويتقاطع معه حيناً آخر، ناظراً إلى النكبة وما بعدها وإلى بغداد الخمسينات، التي لم يفارقها جبرا، في رواياته، أبداً.

في خطاب جبرا الروائي ما يحدد الثقافة، التي يحتل الرسم فيها والموسيقا والشعر موقعاً مسيطراً، حيزاً أرستقراطياً غائم الأبعاد، أو قريباً من «أرستقراطية ما» تشكّل فئة اجتماعية - مرتبة، تعيش زمنها وتنشدّ إلى أزمنة سابقة. ثقافة جاءت مرتاحة ولم تأتِ من صراع، وإن كان ما خارجها يفرض عليها صراعاً أو يجبرها عليه. كما لو كان أهل «الثقافة» جنساً خاصاً من البشر، تأتي إليهم الثقافة حيناً ويذهبون إليها في حين آخر، دون أن تغادر هذه الثقافة حدود «طبقة معينة»، لا تأتلف مع الحياة العامة. ولعل هذا الوضع، الذي ينزاح عنه جبرا في روايته السفينة، هو الذي يفصل، فصلاً يكاد أن يكون كلياً، بين الثقافة والسياسة معتبراً، ضمناً، أن الثقافة من مجال الروح، وأن السياسة مرتع الحياة اليومية.

وبقدر ما أن الثقافة مرتبة، لها حيزها الاجتماعي الذي لا يختلط بغيره، فإن المثقف الحقيقي يمثّل مرتبة أخرى، تملي عليه غرابة داخلية وانسحاباً إلى «الداخل»، مرئياً كان أو غير مرئي. تبدو الثقافة - المرتبة حقلاً متجانساً أو قريباً من التجانس، تحرّر المثقف من تحديداته الاجتماعية، أو لنقل الطبقية، ما دام يتقاسم مع «أقرانه» الاحتفال بالموسيقا والرسم والفنون والاغتراب الضروري، الذي يسم «أهل الثقافة»، ويقيم بينهم وبين غيرهم المسافة الضرورية.

في روايته «صراخ في ليل طويل»، استقدم جبرا مثقفاً ريفي الأصول، يمجد القرية ويحتفي بوالده المؤمن الشغوف بالنظر إلى السماء، وتركه يسير في «مدينة مجزوءة»، معوّقة الحداثة، ويعاين شارعها الأساسي ومقاهيها وواجهات مخازنها التجارية، ويتحاور، في المقهى، مع مثقفين، أو يعتقدون ذلك، ويغادرهم محملاً بعدم الرضا، لافتقار تصوراتهم إلى «القيم الثقافية الحقيقية». بيد أن هذا المثقف - الصحفي، الذي تؤنسه براءة القرية وينفر من زيف المدينة، قريب القرب كله من «فتاة أرستقراطية»، تقاسمه التمرد والبحث عن حياة حرة منقطعة عن الماضي. لكأن في الثقافة، التي تجلب الاغتراب وتحض على التمرد، ما يلغي المسافة، أو يكاد، بين الأصول الاجتماعية، ويستولد نوعاً بشرياً، هذّبته الفنون، سمته الانفصال عن المجتمع والنظر إلى المستقبل.

تتكشّف دلالة الثقافة، في تصور جبرا، بالمادة البشرية التي يؤثث بها نصه الروائي، حيث المثقف شخصية مسيطرة، تتقاطع مع المجتمع وتوازيه في آن. تستهل «صراخ في ليل طويل» بالمثقف وتدعه مسيطراً بعد الاستهلال، وتنتهي به إعلاناً عن مسار فرد، لا مسار مجتمع. وما دور المادة البشرية، التي يصطدم بها ويتابع دربه، إلا الإخبار عن مزاياه وبناء صورته، التي تظل متميزة وهو يحاور مثقفين، في المقهى، يعرفهم ولا يشبهونه في شيء. إنه المثقف كما يجب أن يكون، الذي تستهل به الرواية متكوّناً، ولا يحتاج إلى تكوين. وقد يصارع غيره، أو يدفع إلى الصراع، ويظل كما كان، محتفظاً بـ«سر» ما يقيه الهزيمة وعثار الطريق، ويجعله: المثقف الجوهري المتصالح مع «داخل» لا يعرفه سواه.

وإذا كان المثقف الجوهري في «صراخ في ليل طويل» قد انتصر على ضعفه بعد صراع، فإن المثقف

الذي سقطت عليه أسئلة وإجابات «النكبة» لا موقع للضعف فيه، منتصر قبل مجيء الانتصار ومطمئن إلى النصر وإلى ذاته المنتصرة، في رواية جبرا الثانية : «صيادون في شارع ضيّق». فهذا الفلسطيني اللاجئ، الذي بحث عن عمل في بغداد، حمل أطيافاً من المثقف الذي سبقه، وحمل أكثر عذاب تجربة أرادت خلقه من جديد، ليواجه النكبة ولا يقع في نكبة جديدة. فهو كسابقه يعاين مرافق بغداد ويرى الفرق بينها وبين وجوه القدس، وسيتحدّث في «البحث عن وليد مسعود» عن تعارض بين سواد وبياض، وهو يعاين «المثقفين» في أكثر من مقهى، ويقترب منهم ويبتعد عنهم، ويرى الفرق بين المثقف الجوهري وآخرين لا تنقصهم البراءة والسذاجة.

من اللافت أن المثقف الفلسطيني الأرستقراطي في ثقافته، يجد في بيوت الأرستقراطية البغدادية، العثمانية الأصول، مجالاً موائماً للحديث عن الرسم وتاريخه، وعن الموسيقا والفلسفة، مؤكداً، مرة أخرى، أن للثقافة مجالها، الذي مهما كانت ألوانه يحتفظ بمفهوم: المرتبة. مع ذلك فإن مثقف جبرا يستظهر في لغته المثقفة، التي تسائل الفلسفة وتذهب، بيسر أقرب إلى البداهة، إلى الميثولوجيا اليونانية التي تضيء وجوه الشخصيات ومركزية البطل الروائية في آن.

استهل جبرا نصه الروائي، قبل النكبة، بالمثقف - المرتبة، الذي تضعه ثقافته فوق غيره وتعني، ضمناً، أن على «الأدنى» أن ينصاع إلى «الأعلى»، وأن في الحياة نظاماً يصدر عن المراتب. فلولا المراتب التي تحكم العلاقات بين البشر لسقط الوجود في سديم، واضطربت الحدود بين الخير والشر.

احتفظ المثقف، في «صيادون....»، بالمرتبة وأضاف إليها رسالة واضحة الحروف، ليغدو مثقفاً مرتبة ومثقفاً رسولياً معاً. كان له في وجوده، الثنائي البعد، رسالة أولى تعيده إلى القدس ورسالة ثانية تحرّر بغداد من زمنها القديم. وعدت الرسالة الثانية بهزيمة رموز الفساد في بغداد، وأرجأ ترجمة الرسالة الأولى إلى زمن لاحق، ينقله إلى عواصم عربية أخرى، تنتظر من يصلح لها، فالفلسطينيون يعودون إلى وطنهم، بعد إنجاز رسالة سرية - معلنة، تمنع الشروط التي سمحت بسقوط فلسطين بين «براثن الوحش اليهودي».

جسّد «أمين فران»، في «صراخ في ليل طويل» رسالة تشير إلى التحقق، ترتاح إلى ثقة روحية مطمئنة، تنبع من القدس مدينة الخلاص، التي تشكو من «وحش» تنتظره هزيمته الأكيدة. عاش المثقف الفلسطيني تجربته، التي لم تكتمل، مرتكناً إلى أبعاده الثلاثة: بعد رمزي يأتي من رمزية القدس، المدينة التي تنشر دلالتها بين الفلسطينيين المؤمنين بها، وبعد واقعي يعطف على غيره من الناس ويعطفهم عليهم. وبعد ثالث يفصح عن غرابة الفلسطيني وغربته، كأن يكون له وجه كالمسيح في «صراخ في ليل طويل»، أو هيئة تشبه «هاملت»، كما جاء في كتاب «شارع الأميرات»، أو أن يكون مسيحاً جديداً ذابت في قامته أرض فلسطين ذات التربة الحمراء وملامح المسيح معاً، حال «وديع عساف» في رواية «السفينة».

المثقف الحقيقي - الجوهري - مثقف رؤيوي يرى ما يأتي، وله فعل محدد الآثار يزعزع الزمن الحاضر والزمن الذي سبقه. تأتي من هاتين الصفتين عزلة المثقف وغربته ويكون مفرداً متفرّداً يعلم غيره من أشباه المثقفين، الذين يفتقرون إلى الفعل والرؤيا والثقافة. في مقابل هذا التصور، الذي يواجه بالواحد المختلف فئة هامشية الفعل والثقافة، انتقل جبرا في روايتيه اللاحقتين إلى تحديد جديد للمثقفين، فهم في «السفينة» ينتمون إلى الطبقة الوسطى المستريحة، متحررون من التربية الموروثة، نازعون إلى النقد والتمرّد وهم في مهنهم المختلفة، الممتدة من الطب إلى الهندسة والفنون والعلوم الاجتماعية، خرّيجو الجامعات الغربية والإنجليزية منها تحديداً. بل إنهم في اهتماماتهم وأشكال تفكيرهم وسلوكهم يبدون كفئة اجتماعية مغلقة، لها مهنها الخاصة ولغتها العربية، التي أخصبتها اللغة الإنجليزية، وسهراتها ولقاءاتها، التي تكاد تبدو «وافدة» وليس من المجتمع.

ومع أن في تحديد مواقع المثقفين الاجتماعية، في روايتيّ «السفينة» و«البحث عن وليد مسعود»، ما يعطيهم صفة «الطائفة»، التي لا تنفتح على خارجها إلا مكرهة، فإن هذه «الطائفة» هي التي تعد، وحدها، بتوليد مجتمع حديث، أو بتحريض المجتمع على التخفف من ركوده والنظر إلى الجديد. اقتنع جبرا بدور المثقفين في تحويل اجتماعي حداثي، مساوياً بين الثقافة والنهضة والتنوير والحرية، ومذيباً هذه العلاقات جميعاً في تصور رومانسي، يهمّش المجتمع ويحتفي بـ «المثقفين الرؤيويين». وهذا الشكل من النظر هو الذي جعل جبرا كارهاً للأحزاب السياسية والأيديولوجيات السياسية، إذ الأولى جمع من الأفراد يختزل إرادة الأفراد إلى إرادة باترة واحدة، وإذ في الأيديولوجيات عنف لا يطاق يرفض تعددية الآراء.

بدا جبرا، طيلة حياته، حداثياً ومدافعاً عن الحداثة، تنويرياً، ليبرالياً، ديمقراطياً، مشبعاً بثقافة النهضة الأوروبية، .... غير أنه في كل هذا بقي مشدوداً إلى رومانسية لا شفاء منها، تحايثها ثقافة تختصر في مثقف، وثورة مجلاها قائد وحيد، ومستقبلاً لا يعرف الذهاب إليه إلا فرد نوعي وحيد. ولذلك يسقط جميع المثقفين المحيطين بـ «وليد مسعود»، بعد اختفائه، في الضياع. فهم، في حواراتهم الطويلة، يسألون عن حقيقته، وهم، في تساؤلاتهم التي لا تنتهي، يصفون مناقبه، وما حكاياتهم المختلفة، التي نسجت الرواية، إلا وجوه حكاية كبرى هي حكاية: وليد مسعود.

وضع جبرا مقولة المثقف في بؤرة تصوره للعالم: وارتكن إليها في كتاباته الروائية، وفي توليد البنية الكتابية الملائمة، أكان ذلك على مستوى الشخصيات، ومطلع الرواية ونهايتها، أم كان على مستوى الحوار والمادة الثقافية المندرجة فيه. ظهرت مقولة المثقف مدخلاً إلى معاينة المجتمع البغدادي في «صيادون»، حيث هشاشته هشاشة مثقفيه، وبدت مادة ملائمة لتصوير مجتمع يسير إلى غرقه في «السفينة»، وعادت ثالثة مع «وليد مسعود» حيث المثقفون يحسنون الرثاء ولا يستطيعون الفعل.

وصل جبرا، في ممارسته الروائية، إلى ثلاث أفكار: قرأ المجتمع، في داخله وخارجه معاً، بأحوال المثقفين الذين يعيشون فيه، وقرّر أن المثقفين لا يستطيعون الفعل إلا بقائد من خارجهم، وقال ثالثاً إن القائد الثقافي الحقيقي رسول واقرب إلى النبوة. يظل الخطاب في عناصره الثلاثة ثقافياً، يملأ تغييب السياسة والتاريخ بعلاقات جمالية، فيحذف السياسة بعقل «أعلى» يعرف ما تجب معرفته، ويستعيض عن التاريخ بعلم جمال متفائل، يرسل بالأزمنة جميعاً إلى مستقبل منتصر، ينصر أنوار القدس ومشيئتها الإلهية.

سؤالان لا بدّ منهما: كيف يمكن تجسير العلاقة بين المثقف والمجتمع، إن كان للمثقف الجوهري ماهية خاصة به، تجعله غريباً عن مجتمعه؟ ومن أين تأتي ثقافة الفلسطيني إن كان يختلف عن غيره من المثقفين اختلافاً كاملاً؟

فالمثقف الملتف حول ذاته في «صراخ في ليل طويل» يتعرّف على المجتمع ولا يعيش معه، والفلسطيني الموسوعي الثقافة في «السفينة» رجل أعمال ناجح ولم يتخرج كغيره من جامعة إنجليزية، و«وليد مسعود» رجل أعمال آخر يعنى بقضايا الفكر والثقافة ويحتل فيها مكاناً مرموقاً. وواقع الحال، أن للمثقف، على مستوى المنظور والبنية، وظيفتين: المثقف مدخل إلى قراءة المجتمع الذي تتعامل معه الرواية، والمثقف الفلسطيني مدخل إلى قراءة البنية الروائية كلها، ذلك أن ماهيّته تحدد حيّزه الروائي، وتحدّد حيز غيره ومساره. بمعنى آخر: بنى جبرا الرواية من وجهة نظر نهايتها، التي توائم فلسطينياً تختلف أقداره عن أقدار الآخرين، وبنى الشخصيات المتنوعة في ضوء شخصية الفلسطيني المتفوق عليها جميعاً. وفي الحالين يستقدم الاستهلال الروائي، الذي تنتظره نهاية معينة، فلسطينياً مكتملاً، حاضره كأمسه، وحاضره وأمسه من مستقبل قدسي موزّع على الأرض والسماء.

2. المثقف الفلسطيني بين الواقع والأسطورة

ينبثق المثقف الفلسطيني من ذاته، ويصيّره الانبثاق الذاتي مثقفاً ملتبساً، أو مثقفاً مغايراً، له معايير خاصة به، لأن ثقافته تأتي من فلسطينيّته، ولا تحتاج إلى المدارس و«الجامعات». كما لو كانت هذه الثقافة «السرية» تتجاوز الكتب والمعارف الفنية، وتأتي من «السر الفلسطيني» وحده.

يقول جبرا في كتابه «أقنعة الحقيقة وأقنعة الخيال»، ما يضيء قليلاً الالتباس الثقافي الفلسطيني: «أنا الفلسطيني عرفت من الاغتراب والنفي ما جعلني أرى فيه الكثير من محنة الإنسان، ولكن عبر الاغتراب والنفي هناك شيء أهم، وأخطر: تحقيق الذات، إقامتها كبنيان، كصخرة، تهدر من حولها وخلالها الأمواج والرياح، وتبقى هي صامدة، رغم ما تصاب به من تجريح هنا، وتآكل هناك».(1)

حين يعود جبرا إلى صخرته يعود إلى قدسه، موحداً بين الرمزي والديني، إذ في الصخرة ما يحيل

على القدس، وإذ في القدس ما يحيل على المقدس. وهذه الوحدة تعطي مكاناً للعنصر الأسطوري، الذي يضيء دور الثقافة ويؤمّنُ للمثقف الفلسطيني بعداً جديداً. يقول جبرا في تقديم ترجمته الجزئية القديمة لـ«بروميثيوس طليقاً» للشاعر الإنجليزي بيرسي شيلي: «وقد أتبع بعض المصادر الكلاسيكية في تصوّر ساتورن كمبدأ للخير، وجو بيتر كمبدأ الشر والاغتصاب، وبروميثيوس كالباعث المجدد الذي حين عجز عن إعادة البشرية إلى البراءة الأولى، استخدم المعرفة سلاحاً للغلبة على الشر باقتياد البشرية إلى حالة الفضيلة التي تتحقق عن طريق الحكمة...». كان باستطاعة جبرا أن يشتق الفضيلة والحكمة من تعاليم السيد المسيح، لكن ما شدّه إلى بروميثيوس ماثل في «بطولة المعرفة»، التي تواجه الظلام بالنور، وفي «القيادة الثقافية»، التي تنفع البشر وتعيّن «المثقف المتمرّد» قائداً.

من المفترض أن يمحو الركون إلى بروميثيوس صورة المثقف الفلسطيني الملتبسة، التي تجمع بين الديني والدنيوي والرمزي والأسطوري، ذلك أن بطل الأسطورة اليونانية غدا، في القرن الثامن عشر، بطلاً «نهضوياً»، احتفى به دعاة التمرد والثورة، والحالمون بإنسان يصنع ذاته بذاته ويحقق ما يريد. غير أن جبرا، الذي يذهب في الاتجاهات جميعاً، لا يتخلى عن «سره» ولا عن ذلك الالتباس الحريص عليه. فهو يقول في دراسة مبكرة عنوانها : عود على أقنعة الحقيقة وأقنعة الخيال: «حقيقة لا مراء فيها، هي أن الفنان قائد الذوق بين الناس قد لا يستجيب الناس إلى الفنان بسرعة، بل قد لا يستجيبون له طيلة حياته، ولكنه رغم ذلك يبقى قائد الذوق، ويغيره، ومجدّد الرؤى بين الناس، في كل مجتمع، .....، فالفنان يجب أن يبقى في قلب المعاناة، عند ملتقى الأطراف المتناقضة، ليبقى خلاّقاً. وهذا جزء من مأساته. ولكنه أيضاً جزء من نشوته المتكررة التي لا أظن أن ثمة في الحياة نشوة تضاهيها، مما يجعل حياته (حتى لو خلت من الأحداث) أغنى وأحفل من حياة البقية من الناس». [2]

كيف يقود المثقف الناس، وهو الذي يسبقهم ويرى ما لا يرونه، وهل تصدر معاناته عن وقائع الحياة أم عن قيادته لبشر يتخلّفون عنه في السير والمسير؟ يشتق جبرا وظيفة المثقف من رسالته، أكان على مقربة من الناس أو على مبعدة منهم، ذلك أنه ينصاع إلى صوته الداخلي «المكتفي بذاته، الذي لا يستشير الناس ولا يستشيره الناس. شيء قريب من رسالة «النبي»، التي تأتي إلى البشر مدفوعة بيد خفية، ويؤمّن لها بعدها النبيوي انتصاراً أكيداً. وهذه «اليد الخفية»، التي تحتضن الرسول ورسالته المنتصرة، هي التي تجعل جبرا لا يحفل كثيراً بالوقائع الاجتماعية والسياسية، وينصرف إلى عالم القيم، حيث الخير والتوازن والجمال والعدالة القادمة.

على خلاف علم الاجتماع الذي يقرأ المثقف في وظيفته الأيديولوجية، والإدارية، المرتبطتين بجهاز الدولة، يعطي جبرا قراءة أخرى عنوانها «الإنسان الجميل»، الذي يلازمه «الكمال»، أو يقترب منه. تأتي جمالية المثقف، وهو الفلسطيني الصميمي في منظور جبرا، من اقترابه من السيد المسيح وأرض فلسطين، ومن سيرة بروميثيوس، وكل ما يوحّد بين المعرفة والإيمان، أو ما يجسّد، بشكل أدق،

إيماناً عميقاً «غامضاً» تنبثق منه معرفة منتصرة. شيء يذكّر بما قاله «هاملت» شكسبير : «يا للإنسان من تحفة رائعة: يا لسمو فكره ويا لقدراته غير المتناهية، يا لخفته وروعته في السمت والحركة، ويا للشبه بينه وبين ملك في أفعاله، وبينه وبين إله في إدراكه، هو صورة الجمال في الدنيا ومثال للكمال...». ليس فلسطيني جبرا، الذي هو مثقف لزوماً، إلا هذه «التحفة الرائعة»، التي تبدع في التجارة والثقافة، وفي التأمل الفلسفي، والعمل من أجل فلسطين.

تنطوي فكرة الإنسان الجميل في روايات جبرا، الذي يهزم الصعاب وتتهافت عليه النساء، وعلى فكرة التدبير المنظّم، حيث على الإنسان، الذي أحسن الله خلقه، أن يقوم بعمله بشكل حسن، كي يظل الكون جميلاً على صورة خالقه. ولأن في اغتصاب فلسطين ما يقلق توازن الكون الجميل، فإن على المثقف أن يناهض «القبح الصهيوني» أن يظل مشدوداً إلى أرضه المقدسة. والمحصلة بدورها لا ينقصها العذاب: القدس هي أجمل مدن الدنيا، وجمالها الإلهي ضامن انتصارها، وحياة ابن القدس المنفي مزيج من العذاب والنشوة: عذاب النفي ونشوة اليقين بالعودة. وفي الحالات جميعاً فإن القدس منتصرة بجمالها، وابن القدس منتصر بمدينته، والطرفان منتصران بعالم القيم الذي يتضمن العدالة والخير والجمال، والمطلوب الرهان على زمن قادم. [3]

اعتمد جبرا على فكره التنويري وأراد أن يكون مثقفاً، وحمل في داخله رمزية القدس وأراد أن يكون مثقفاً رسولياً، وعالج التنويري والرسولي بمنظور شعري، حوّل المثقف إلى علاقة جمالية أقرب إلى التجريد. وواقع الحال أن مثقف جبرا يقرأ في مراتبه المتعددة، التي تتضمن شاعراً ضائعاً في «صيادون في شارع ضيّق»، وطبيباً لامعاً مغترباً في «السفينة» واختصاصيين في مجالات مختلفة في «البحث عن وليد مسعود»، وفوق كل هؤلاء جميعاً مثقف فلسطيني مختلف، مسؤول عن ذاته وعن القدس وعن أمته، وعن سلامة الأرض.

في أكثر من مكان يؤكد جبرا وحدة الحقيقة والخيال، إذ في الخيال حقيقة وفي الحقيقة نبض الخيال، وما مثقفه إلا لقاء بين حقيقة تلامس المشخص وخيال سعيد لا يلتقي به أحد.

3. المرجع المسيحي في فكر جبرا:

يتواتر ذكر السيد المسيح في روايات جبرا، بأقسام مختلفة، مضيئاً تصوره للعالم، ومسهماً في تحديد شخصية ومآل البطل الفلسطيني: يتراءى المسيح في وجه البطل في الرواية الأولى، وتعود صورته في الرواية الثانية مندّدة بـ«غرب» هجر تعاليم المسيح وأنزل بالفلسطينيين ظلماً باهظاً، ويستأنف الفلسطيني تجربة نبيّه في «البحث عن وليد مسعود»، وقد حمل صليبه وسار نحو قيامة جديدة.

تحتضن الإشارة الأولى «الجميل» ومرجعه الدنيوي - السماوي، وتترجم الثانية منظومة القيم

المحدثة عن العدل والخير واحترام الحقيقة، وتستدعي الثالثة رمزية فلسطين المقدسة، التي تبدأ بيسوع ولا تنتهي به، وتومئ الرابعة إلى «السر المبارك» الملتحم بأرض سار فوقها الأنبياء والقديسون، ونشروا عبقاً غامضاً تكتنفه الأسرار. تستحضر الإشارات الدينية الرموز والأقنعة والأساطير، ولغة شعرية تنوس بين الحقيقة والظلال.

يأتي ذكر المسيح في الإشارات مفرداً، جميلاً عادلاً، وقد يلتبس البطل الروائي به، فهو يشبهه أو كأنه هو، ويتراءى في تجربة حدّاها المعاناة والفوز، وربما يستبطنه الفلسطيني اللاجئ شاخصاً إلى الخلاص، ومساوياً بين الصليب وشقاء المنفى. جمع جبرا صفات المسيح وأذابها في فلسطيني محمل بالأمل، توحّد داخله بخارجه، وتشخصن في شكل متوازن ينبئ عن جوهره.

استعار جبرا في روايته، الشكل الفلسطيني من ماهية المسيح، مصرّحاً بمفهوم: التناظر اللامتكافئ، إذ جمال المسيح قائم في الشخصيات التي تؤمن به، وإذ في جمال الطرفين ما يخبر عن الجمال الإلهي الموزّع على مخلوقات الله. فالأشياء جميعها متناظرة، في جمالها، بنسب معينة، فهي ظلال الجمال الأعلى، الذي هو: الله: صورة الجمال الكامل. يقول الفيلسوف الفرنسي جاك ماريتان، وهو يتحدث عن العلاقات الجميلة المتناظرة في الوجود: «الله هو «النظير السيد»، والجمال في العلاقات انعكاس لوجه الله. والجمال أحد الصفات الإلهية....»[4] وما علاقات التناظر، النسبية، إلا ترجمة للقول الصريح: «خلق الله العالم على صورته»، وأقامه على التوازن والانسجام والضوء.

ترجم جبرا تعاليم المسيح بمقولات ثلاث: الجمال والحقيقة والخلاص النهائي. وإذا كان الجمال معطى مباشراً، جاد به الله على مخلوقاته، فإن في الجمال نزوعاً إلى الحقيقة، التي تأخذ بيد الإنسان الجميل إلى الخلاص، بعد تجربة قوامها السعي الشائك والأقل. أعطى جبرا الفلسطيني ترجمة للمقولات الثلاث. فهو جميل الوجه والروح، يلتمس الحقيقة ويبلغ قراراها، ويؤدي راضياً إلى الخلاص الموعود به.

وإذا كانت المقولات الثلاث ماثلة في البنية السطحية للرواية، إذ جوهر الفلسطيني من جوهر المسيح الذي يلوذ به، فإن فلسفة جبرا الدينية، إن صح القول، تتكشّف بالرجوع إلى السيد أوغسطين، الذي أفرد له الروائي مكاناً صريحاً في روايتيه: السفينة، والبحث عن وليد مسعود، حيث مجمل القول قائم في الجملة القائلة: «الإيمان لا يحتاج إلى برهان». لا غرابة أن يكون بطل جبرا مؤمناً بما يفعل، وبما يريد الوصول إليه، وأن يأخذ إيمانه شكل البداهة، وأن يكون «انتصاره» مسألة وقت لا أكثر. ولعل هذا الإيمان هو الذي يعيّن المستقبل زمناً أساسياً في رواية جبرا، فهو الموقع الذهبي الذي لا اغتراب فيه. بل إنه الزمن الذي يحدّد ملامح الحاضر، ما دام هذا الحاضر يقرأ في ما يؤول إليه، لا في راهنه المعيش.[5]

دفع مفهوم الخلاص، المؤسس على الإرادة الإلهية، جبرا إلى النفوز من فكرة: التقدم، في شكلها التطوري، التي جاء بها عصر النهضة، واشتقها من صعود العلم والتقنية. وضع جبرا «سر الإنسان» في الإنسان، وربطه بقيم معنوية روحية، جمالية الشكل والمعنى، محرراً الخلاص من قيوده التاريخية وشروطه الاجتماعية، ومساوياً بين الخلاص والانبثاق، الذي لا ينصاع إلى جدول زمني. ولعل نفوره من السببية الاجتماعية - التاريخية هو الذي جعل بطله في «صيادون....» ينصر ذاته بذاته، أو ينصر وجوده المادي بعالمه الروحي المدعوم بقوى خيرة متعددة. يفصل هذا التصور بين المرئي، المتمثل بالطبيعة، واللامرئي الذي يومئ إلى الله، «الذي خلق السموات والأرض وتجاوز استطاعته، بشكل لا نهائي، عوالم الخليقة». مع ذلك فإن لله حضوره، وفقاً لسان أوغسطين، المتمثّل في جمال جميع الأشياء المرئية، التي تعكس جمال خالقها. فالعالم المرئي محتشد بالجمال والانسجام والمعجزات، لا شيء إلا ليتكشّف فيه خالق العوالم الوحيد، الذي هو: الله. ولهذا يبدو القبح في روايات جبرا هامشياً، كما لو كان موجوداً على أطراف الأشياء، أو خارجها، بينما يحتل «الجميل»، في مراياه المتنوعة موقعاً مسيطراً. فالشخصيات التي يخالطها السلب، أو تلك المندفعة إلى غلو فقير التوازن، تتسم بهامشيتها وحضورها الثقيل، حال الإنسان - الجمجمة في «صيادون»، أو ذاك الذي يطارده «الصراع» في رواية «السفينة»، وكذلك حال الشخصيات التي تقترب من «وليد مسعود» ولا تتقبله، فهي معطوبة أو يلازمها بعض العطب. ويبدو الأمر أكثر جلاء في الأنثى التي تعترف بالفلسطيني وتقاسمه مصيره: فالفتاة «السجينة» في «صيادون» متميزة الشكل والسلوك والطيبة في «السفينة»، التي تجمع بين العلم والأناقة والجمال، وتلك الشابة المندفعة نحو الحياة والمولعة بوليد مسعود. يتبادل الخير والجمال، في هذه الشخصيات، المواقع، معلنة عن جمال الخليقة ومبرهنة، مرة أخرى، عن فضائل «ابن القدس»، الذي يرى يعين الإيمان، لا بالحسابات العقلانية، ويكشف عن ماهيته بالنهاية التي يصل إليها، متوسلاً تكامله الأخلاقي والمعنوي المنفتح، دائماً، على الأمل.

يقول كارل لوفيت، في كتابه «التاريخ والخلاص»، وهو يعرض أفكار سان أوغسطين: «الحجة الحاسمة في مواجهة المفهوم الكلاسيكي للزمن هو النظام الأخلاقي الذي يقول: الوثنية بلا أمل، ....، بينما يعد الإيمان المسيحي بغفران على مقاس الحقيقة والغبطة الأبدية لهؤلاء الذين يحبون الله، خلافاً لعقيدة الشرك في أطوارها النافلة التي تقضم الأمل والحب. فلو ارتبطت الوقائع دائماً بفواصل ثابتة، لتلاشى معنى الأمل المسيحي في حياة جديدة»[6] رفض أوغسطين النظرية القائلة بالعود الأبدي، المغلق على ذاته ولا جديد فيه، مؤكداً الإيمان المسيحي إيماناً بجديد غير مسبوق، مصدره المخلص الذي يحكم العالم وتاريخه.

رافق هذا الجديد غير المسبوق، الذي يقول به الاعتقاد المسيحي، روايات جبرا. وبهذا لا تقرأ رواية «وليد مسعود» كنص مكتفٍ بذاته، له نهاية ملتبسة، تقول باختفاء البطل أو بموته، إنما تقرأ في ضوء

فكرة الخلاص، المشبعة بالتفاؤل، التي أغلقت الروايتين السابقتين عليها، كي تخبر بأن الفلسطيني «يحتجب»، دون أن يضل أو ينتهي.

ومما لا مراء فيه، أن فكرة الأمل المنفتح على مستقبل مفعم بالخير، ترجمت البعد الديني في تصور جبرا، وليست، في الوقت ذاته، وضعه كلاجئ فلسطيني، مقتنع بعدالة قضيته، وموقن بأن العدل منتصر، ولو بعد حين. وهذا ما يسوغ تصوره المشبع بالتفاؤل، الذي لا يستند إلى حسابات سياسية وأيديولوجية ساذجة.

4. الإيمان بالله والطاعة المرغوبة:

تحظى ثنائية الخير والشر، وهي دينية الجوهر، بمكان مريح في رواية جبرا الأولى، بل إن فيها ثنائيات تفصل بين الزائف والحقيقي والطهر والدنس والسماء والأرض. فعلى خلاف العاشق، الذي يضنيه عشقه، تمثّل فتاته المعشوقة الكذب والخديعة، وعلى خلاف «المدينة الجديدة»، المحملة بزيف لا يطاق، تأتي «المدينة القديمة»، المثقلة بالفقر والقريبة من القيم الفاضلة. تفضي بهذه الثنائية إلى ثنائية الثواب والعقاب، حيث للإنسان الخير مآل مغاير للآخر الشرير. يتجلّى معنى المآل في اختبار ضروري، يعيشه الطرف الصادق ولا يعرفه نقيضه، يجمع بين المعاناة والولادة الجديدة، كما لو كان الصادق بمنأى عن الخسارة. ولهذا يقبل «الشاب»، الذي يشبه أباه على الحياة بأمل جديد، بقدر ما يستأنف فقراء «المدينة القديمة» حياتهم، رغم بؤسهم، كما لو كانوا «ورثة» المدينتين، الجديدة والقديمة معاً.

تفصح وجهة النظر، في «صراخ في ليل طويل»، عن ثنائيات متعددة، متوسلة موقع البطل واختياره، فانجذابه إلى «ميدنة الفقراء» يجعله واحداً من الفقراء، ويعيّن مدينته المختارة «قرية بريئة» تنفتح على السماء، بقدر ما يؤكد «مدينة الأغنياء» موقعاً يفتقر إلى المحبة والقيم. ومع أن جبرا يبدو في روايته الأولى مشغولاً بالرموز والأسطرة والمونولوج الداخلي، اجتهد في رسم منظور تمتزج فيه المسيحية والرومانسية. يحضر العنصر الإيماني مع شخصية الأب المتطلع إلى تقصير المسافة بين الأرض والسماء، وتتراءى الرومانسية في الاحتفاء بالطبيعة وجمالية الفقراء كما لو كان الفقر الصابر ترجمة لجماليات الإنسان الحقيقي، الذي لم تفسده المتع المادية.

يركن جبرا في روايته الثانية «صيادون في شارع ضيق» إلى مقولة دينية - رومانسية أخرى هي: المستقبل السعيد الأكيد، الذي يمحو شقاء الحاضر ويُرجعه إلى فترة مريضة عارضة. فبعد حصار مثقل بالوعيد يظفر الفلسطيني، المؤمن بعدالة السيد المسيح، بما تطلع إليه، يختبر المنفى اللاجئ كما اختبرت التجربة «يسوع»، ويتقاسمان مالاً واحداً، رغم اختلاف الأزمنة، ذلك أن في جوهر المؤمن ما

يلغي ثقل الزمن اليومي. ولعل هذا الإيمان، الذي لم يتخلَّ جبرا عنه أبداً، هو الذي أملى عليه أن يرسم شخصياته من وجهة نظر مآلها الأخير، ففي مطالعها ما يقول بنهاياتها، وفي دروبها ما يوهن الحاضر ويستعجل المستقبل المبرّأ من الأمراض.

ولأن التصور الديني - الرومانسي، يحتضن الاختبار والمكافأة، ففي روايات جبرا مكان لثنائية الشهيد والانبعاث، التي تستجيب للالتزام الفلسطيني والوعي الإيماني في آن. تستهل رواية المنفى الأولى بشابة تكوّمت تحت الأنقاض، وتحكي «السفينة» عن فلسطين القدس والصخر والمحبة والشر الصهيوني، وفي الرواية التالية شاب واعد تنتهي حياته مع عملية عسكرية في أرض فلسطين. كان المسيح قد أعطى حياته «مصلوباً»، وانتظر يداً ترفعه إلى السماء وتعطيه حياة جديدة. ولذلك تبعث الشهيدة الفلسطينية في كيان العراقية المتمردة، وتستأنف حياة الشهيد الفنان في شخص رفيقه «المجبول بتربة فلسطين وبإرادة صخرية، وتظل روح الشهيد، اللاحق هائمة مع أبيه، الموجود في فلسطين وفي كل مكان تردّ النهاية المنتصرة التي لها شكل القانون إلى بداية واعدة، لها شكل القانون أيضاً، امتثالاً لعدل إلهي يتحقق بعد زمن».

في مطلع سيرته الذاتية المجزوءة «البئر الأولى» يتحدث جبرا، وهو يستنطق الطفل الذي كانه، عن «الكينونة الأولى»، التي تترجم جماليات الخالق، المتجسدة في طفل أقرب إلى «الهبة». يحيل الحدث على «إله» جدير بالعبادة، وعلى إيمان يقصر المسافة بين الخالق والمخلوق. ولعل قوة الإيمان للانتساب إلى «الكينونة الأولى» هي الي تجعل روح «الرجل»، الذي غادر طفولته، تستبقي جمالاً «قديماً»، جاء في روح لحظة الميلاد ولم تمحه السنوات اللاحقة. تقضي المسافة القصيرة بين الخالق والمخلوق، بطاعة مؤمنة، فالمؤمن يطيع رباً جديرًا بالطاعة، أو أنها تقضي بطاعة مرغوبة، تحذف المسافة بين الطاعة والمكافأة. لذا يذهب المؤمن إلى واجبه سعيداً، مدركاً أن سعيه لن يخيب، فهو قريب من الله بفعل الطاعة المرغوبة.

من أحب الله ارتضى بالحياة التي اختارها الله له. هذا ما تقول به فلسفة جبرا الروائية في لحظة أولى، قبل أن تقول، في لحظة تالية، «إن من أحب الله حافظ على الصفات التي يرضى عنها الله» التي تأمر المؤمن بأن يكون مدافعاً عن «الخليقة» كما أرادها الله. يبدو في الإيمان فعل «كفاحي» غايته «عالم بلا خطيئة» يتجدّد بتجدّد الكفاح ضد الخطيئة، ويتوق إلى التعرّف على الخلق الإلهي، الذي ينوس بين غموض ووضوح، ويفتح عقل الإنسان على عالم الأسرار. تتراءى في المستويات جميعاً «محبة الله»، وما يقول بأن «الله حب»، وأن محبته توقظ الروح وتجددّها غير مرة، تدعوها إلى مواجهة الخطيئة. تكون فلسطين، في تصور جبرا/ «حباً» لقربها من الله، ويساوي الاحتلال الذي وقع عليها خطيئة مميتة، يدعو الرب إلى محاربتها، ويعد بعقابها عقاباً لا هرب منه.

5. الوعي الرومانسي والمفرد الثابت:

أصدر جبرا عام 1960 كتاباً عنوانه: «الحرية والطوفان»، ضم «دراسات نقدية»، كما جاء في تعريف الكتاب، وضعها المؤلف في الخمسينات الماضية، أو في ما سبقها بقليل. احتوى الكتاب مواضيع لامست الشعر والمسرح والرسم و«الأدب» بعامة، وملاحظات سالبة عن «السياسة وأدب الالتزام». غير أن ما ميّزه، في وحدته الفكرية المتسقة، تجلى في دراسات ثلاث مختلفة العناوين موحدة الرؤية: ما هي الرومانسية؟ بايرون والشيطانية، ثورة على العقل. صرّح المؤلف بمعرفة عميقة بموضوعه بالكلام النافل وميل إلى الاقتصاد في اللغة وصرّح، في الوقت ذاته، بقربه البيّن من الرومانسيين، الذين يحتفون بالخيال، ويقصروّن المسافة بين الحلم والواقع، ويدعون إلى فردية «تخلق ما تشاء» وتؤمن به فترى الإنسان كوناً مستقلاً بذاته، يتمرد على «الجماعة» ويقف فوقها كما لو كانا بين الفرد والجماعة مسافة صعبة التجسير.[7]

جاء في الدراسة التي حملت عنوان الكتاب: «فالسبب في قصر عمر الالتزام كمذهب أدبي هو أنه يتوخى السياسة أكثر مما يتوخى الإنسان، ويستهدف المجموع المبهم أكثر مما يستهدف الفرد المحدد. ص: 20». تحدث جبرا الشاب، آنذاك، عن ذاته، وهو يتحدث عن «المذهب الأدبي»، معلناً أنه «الإنسان المحدد»، الذي يتمرد ليصف كيانه الفردي، ويثور ليكشف عن رؤيته الخاصة بالحياة. ومع أن كلامه يتسع للتمرد والخير والثورة ويندد بالوسائل الجماعية «الطاحنة للذهن»، فإنه كان مشدوداً إلى مفهوم «الخلق»، وإلى إنسان نوعي يخلق ذاته، ينكر «العادة» ويتطيّر من المألوف.

مرّ جبرا وهو يتحدث عن الرومانسية مروراً سريعاً على الألماني شليغل، الأعلى صوتاً في الرومانسية الألمانية في مطلع القرن التاسع عشر، ليتوقف طويلاً أمام الرومانسية الإنجليزية، التي شهدت تطوراً هائلاً، ما بين 1798 و1830، متخذة من الشعر حقلاً أثيراً، انتسب إليه، بأقساط مختلفة، مشاهير الشعراء: وليم وردزورث، لورد بايرون، بيرسي شلي، وكوليريدج الذي مزج بين الرمز والخيال، ورأى في الرمز طريقاً إلى الحقيقة. تأثر الفلسطيني، الذي لم يكن شاعراً بالمعنى الاحترافي، بالرومانسية الإنجليزية، وهو الذي أتقن الإنجليزية مبكراً ودرس في بريطانيا، وأخذ منها معظم مفاهيمه، واطمأن إلى تصوراتها الشعرية، التي اتكأ عليها في النقد وأدرجها في منظوره الروائي للعالم.

يقول جبرا بلغة احتفالية تزجر «الكلاسيكي» وتتحـزّب للرومانسي: «فالنظرة الكلاسيكية تأتي من وضع المجتمع الثابت فوق كل شيء، ووضع الفرد في المنزلة الثانية، ما يحتم عليه طاعة التقاليد لأن فيها حفاظاً على كيان المجتمع. أما الرومانسي فإنه يضع الفرد - أو الشخصية الإنسانية كما يعرفها عن نفسه - فوق كل شيء وأن يحاول إرغام المجتمع على تقبل وفهم الرغبات والأخيلة التي تجيش في صدر الفرد، لكي يتحقق بذلك تغير المجتمع ودنّوه من منابع الخير والجمال...ص: 79».

يلفت القول النظر في ثلاث نقاط منه: يقاس الفرد بذاته ولا يقاس بغيره، يرتكن إلى معرفته بنفسه معرفة لا يستطيعها سواه مثلما أن الجوهر الإنساني مزيج من الوضوح والإبهام. تثير النقطة الثانية الفضول، وهي تتحدث عن فرد يرغم المجتمع على القبول برغباته «وأخيلته» معاً، مفترضة أن في الفرد الرومانسي طاقة تخضع المجتمع، وأن على الأخير أن يرضى بالممكن وغير الممكن، ما دام عليه أن يلبي الخيال الرومانسي الذي هو شأن الفرد المتميز لا شأن المجتمع. ترى النقطة الثالثة تغير المجتمع على مستوى الأخلاق والقيم، ولا تراه في مستويات ترتبط، منطقياً، بالاقتصاد وبنى الدولة وبالمرافق الاجتماعية المختلفة.. ولعل فتنة الأخلاقي والجمالي، وهنا حيّزان مجردان، هو ما يفسّر كراهية جبرا للسياسة، التي هي شأن يتوزّع على المجموع ويتكوّن في فضاء العمل الجماعي.

يوحّد جبرا بين «الفردية الهائلة» والفعل الإبداعي، إذ لا إبداع بلا فرد تحركه عاطفة طليقة، ترفض بلا حساب وترغب بلا تحفظ وتتصادم فيها أزمنة مختلفة، وتعبر الفرد «أكواناً» تحايثها أزمنة منفتحة على ما جاء وما سيجيء. جاء في الصفحة الثالثة من دراسته «ما هي الرومانسية»: «الرومانسي تجتمع فيه رغبات لا تحد، وأحاسيس لا يكبحها زمام، وشعور بالأبدية في اللحظة الآنية، وغمرة من الحب تخلط بين الفرصة الكبرى والأسى العميق، تأتيه كلها متوالية أو مجتمعة وتفيض على إنتاجه..» يفصل القول بين الرومانسي وغير الرومانسي فصلاً يتاخم الفراق، ويميّز الأول بما لا يحد ولا يتناهى بكيان جمع بين المتناقضات، منتهياً إلى «ما فوق الإنساني»، بلغة غامضة، إلى إنسان - نبي، بلغة أقل غموضاً، أو إلى «الإنسان الخالق»، الذي يطبق قواعده على ما خلق ولا ينصاع إلى الآخرين.

يضيء جبرا ماهية الإنسان الرومانسي في دراسته: «أقنعة الحقيقة وأقنعة الخيال» حين يكتب عن ذاته «إنني في الكتابة أو الرسم أناني شديد الأثرة، أشعر بأنني مركز الحياة، وأن كل ما حولي ليس إلا ظلالاً، وليست له إلا حقيقة الظلال. - الحرية والطوفان - ص: 126». ويعود بعد ثلاث عشرة صفحة ليصوغ القول بشكل جديد: «ولذلك فإنني أرى حقيقة رمزية عميقة في نظرية أوسكار وايلد التي تقول إن الحياة تقلد الفن بدلاً من أن يقلد الفن الحياة. أي أن الأشكال والصور والمثل التي يخلقها الفنان تصبح فيما بعد نماذج يحذو الناس حذوها، فتغيرهم وبذلك يدنو الفنان من مرتبة النبوة التي ينسبها «شلي» إلى الشاعر..».[8]

إذا كانت الطبيعة خلقاً إلهياً، فإن الفنان يعيد خلقها بدوره، ويخلق منها صوراً تزيح الناس عن عاداتهم، لا يقصد جبرا منافسة الخلق الإلهي بخلق آخر فقد كان مؤمناً بالله طيلة حياته، إنما يقصد قدرة الفنان على الإبداع «الذي يتحدى النظرة التقليدية والفكرة المسبقة. وعن وحدة الإبداع وتحدي النظر المسيطر تصدر «نبوّة» الفنان، أو يصدر الفنان - النبي الذي يتبع الناس أفكاره، ولو بعد حين، لأنهم لا يستطيعون رؤية ما يراه.

أدرج جبرا في روايته الثانية - صيادون في شارع ضيّق - مقولات الرومانسيين من دون انزياح، فالبطل فرد متميّز، متمرّد، يتحدى المسيطر ويخلق وقائع جديدة، يقرأ المستقبل في حاضر، أسهم في خلقه وأقنع غيره على السير على خطاه، وهو الغامض المتكامل الصفات، الذي لا يمكن القبض على سرّه، يعارض الناس بماهية تباين ماهيتهم. احتفظ جبرا في رواياته اللاحقة برومانسيته الأولى وأضاف إليها، في ضوء تجربته الفلسطينية، شيئاً من الحزن، فما توقعه بعد إخراجه من فلسطين ظل رغبة حبيسة، فالناس أنصتوا إلى عاداتهم ولم يعوا دعوات الرومانسيين. ولعل حدسه بقوة الفنان وضعفه معاً هو الذي جعله يقول في «الحرية والطوفان»: «كثيراً ما يدنو الفنان أيضاً - على الطريقة البدائية الغابرة - من درجة كبش الضحية... ص : 139».

استلهم الأديب الفلسطيني الفرد الرومانسي في روايته الأولى، وطوّقه بالحب والمعاناة، وأطلقه منتصراً في النهاية. وظفر فرده الأثير بصورته الأكمل في الرواية الثانية، وعمد إلى التناص حيث أدرج فيها حكاية رومانسية تُنسب إلى الشاعر «شلي». ومع أن الرومانسي المتفرد حافظ على موقعه في الرواية الثالثة، فإن تجربة جبرا مع «العالم العربي» عدّلت من صورة المفرد الرومانسي في روايته الرابعة «البحث عن وليد مسعود»، حيث البطل الحزين يلجأ إلى مستقبل بعيد، أقرب في انتصاره إلى الاحتمال[9].

ما الذي جعل جبرا رومانسياً في حقله الكتابي؟ إيمانه المسيحي بـ «قوة الكلمة» القائل في البدء كانت «الكلمة»، واعترافه بفاعلية الحلم، التي تسمح للفلسطيني أن يقيم في «قدسه» وهو بعيد عنها، ومزاجه الشخصي المتفائل، الموطد بحب الخير والجمال وثقته بأن الخير منتصر، وأن الله ينصر الأخيار، حتى لو ابتعد عنهم زمناً، أو بعض الزمن. يقول جبرا في دراسته عن «وليم بليك»، الذي عرّف العقل تعريفاً صوفياً : «الإنسان الذي يفعل «بحافز من الدافع التلقائي» لن يأتي إلا ما يشاء له الله من الخير والعافية». ينصر الله الإنسان الرومانسي لأنه يذهب إلى ما يهديه إليه حدسه، وينصر الله الشاعر الرومانسي، وكان جبرا شاعراً، لأنه يكتشف بإدراك الحقائق الأولى، تلك الحقائق التي تقيم صلة بين الشعراء والأنبياء، وتقصر المسافة بين دخيلة الشاعر والأنوار الإلهية. قرأ جبرا الدافع التلقائي لدى وليم بليك، الذي قرأه بدوره لدى السيد المسيح، وهو يتأمل الشاعر والنبي أن له «دافعه التلقائي»، الذي يظلله الشعر والسيد المسيح وأرواح فلسطين المعذبة والمنتصرة معاً.

المراجع

1. أقنعة الحقيقة وأقنعة الخيال: المؤسسة العربية للدراسات والنشر، بيروت، 1992، ص : 16، 127
2. جبرا إبراهيم جبرا: ينابيع الرؤيا، المؤسسة العربية، بيروت، 1979، ص : 125.
3. أ. م. وتيليارد : الأدب في عصر شكسبير، دار المعارف بمصر، 1971، ص : 28.
4. Christ the form of beauty مرجع سبق، ص : 52 – 53
5. روجيه كايوا: الإنسان والمقدس، بيروت، المنظمة العربية للترجمة، 2010، ص 184 – 186.
6. lowith: histoire et salut, gallimard paris, 2002, o: 201-205.
7. الحرية والطوفان، المؤسسة العربية للدراسات والنشر، بيروت، الطبعة الأولى.
8. Edmund Blunden: shelley, oxford peper back, 1965
9. Edmund Blunden: shelle، مرجع سبق، ص : 205 – 212

وجوه وليد مسعود المتعددة

أراد جبرا في «البحث عن وليد مسعود» أن يرسم، بشكل أخير، الفلسطيني الذي يحلم به، مقصّراً المسافة بين «ابن القدس» والإنسان الكامل. فبعد بطل «صيادون في شارع ضيق»، الذي لا تخذله رغباته، جاء فلسطيني آخر في رواية «السفينة»، يرفض القلق والاضطراب، ملتمساً ثباته من ثبات الأرض المقدسة التي رأى فيها النور. توحّدت الرغبة المتحققة وغياب القلق وقادا إلى «وليد مسعود»، الفلسطيني المغترب، الذي يشبه ذاته ولا يتقاطع «قلقه المقدس» مع قلق الآخرين.

أسبغ جبرا على بطله صفات التنوع والتعدد والنزوع إلى المطلق، فهو متعدد الاهتمام والأحوال والأمكنة، وخصب في أحواله وشواغله، في جدّه شيء من العبث وفي عبثه ملامح جد لا يهزم، وهو في عبثه وجده فاضل وامتداد لمدينة فاضلة. وهو في حالاته جميعاً يرنو إلى إنسان مبدع يخلق ذاته، ويقترب من «الخالق» ويحفظه في قلبه. لكأنه نبي يقاتل من أجل عالم نظيف يعطي القيم الجميلة مكاناً مريحاً. ولعل هذه الصفات، التي لا ترتاح إلى العادات، هي التي تصالح بين الفلسطيني و«نزعة الإبداع الغامضة»، وتجعل من حياته مغامرة وتفجراً وعشقاً، بلغة جبرا.

كتب جبرا عن بطله بحرارة يساوقها اللاهوت، وأفرد لها مساحة «للتحرق الفلسطيني»، الذي يربط بين فلسطين مستعادة ووجود عربي جديد. توزع البطل على الوضوح والغموض، فهو الوسيم الموهوب الذي تعشقه النساء، المبدع الذي جاء من «وديان سريّة». ومع أن في تعددية الصفات ما يفتح باب اللايقين، إذ اليقين أحادي اللون، فإن الإيجاب المتراكم في شخصية وليد مسعود يبدّد اللايقين، ويعطي فلسطينياً يتفوّق كثيراً على الآخرين، سواء أنجز ما يريد أو كبا في منتصف الطريق.

1. التعدد كتابة وشخصية:

تبدأ الرواية بالجملة التالية: «تمنيت لو أن للذاكرة إكسيراً يعيد إليها كل ما حدث في تسلسله الزمني، واقعة واقعة، ويجسدها ألفاظاً تنهال على الورق.». في القول ما يشير إلى وَهَن في الذاكرة، وإلى ضيق

في الألفاظ لا يعطي ما كان الشكل الذي كان عليه، وفيه إلماح إلى «اللاوعي»، الذي يستعيد ما شاء ويسقط أموراً لا يودّ الإفصاح عنها. ولأن الوقائع لا تأتي متعاقبة متكاملة، يكون على الروائي أن يعيد بناءها بأشكال مختلفة. ومع أن إعادة البناء تبدو ضرورية تواجه ذاكرة لا يمكن التعويل عليها، فإنها في وجهها الآخر تلبي ما يشير إليه جبرا، وهو يومئ إلى المتنوع والمتعدد وصعوبة القبض على المطلق.

توسل جبرا، وهو يبني روايته أجناساً وأدوات فنية متعددة. فالرواية تستهل بـ «السردي العادي»، الذي يبدأ بحكاية ويشتق منها، أو يعطف عليها، حكايات متلاحقة. ولهذا يأتي الحديث المتصاعد عن سمات البطل وصفاته وفلسفته، القائلة بتوازن إنساني مرغوب لا يأتي، وعن التطلع إلى الجمال ومعنى النهاية وتأمل الإنسان الصوفي لذات الله المتعالية. بيد أن السرد لا يلبث، بعد خمس عشرة صفحة، أن ينقطع مستدعياً نصاً يجسد الوعي واللاوعي معاً، إذ وليد مسعود يمر، بنبرة لاهثة متقطعة، على حياته، حين كان طفلاً في بيت لحم، وعلى الحقول وعبق الكنيسة والتراتيل الدينية وأطياف النساء الشابات وثورة 1936 وأشعار الرومانسيين التي حفظها، والأغاني الشعبية التي كان يرددها أبوه، وعلى بشر أحبهم وبدّدهم الزمن، ويمر على ما رسب في القلب وتركته اللغة الناقصة مع غموضه، ذلك أن في مجالات الروح اللامحدودة ما يستعصي على اللغة المحدودة.

ومع أن النص المحكي، المسجل على شريط «مهجور» يومئ إلى تيار اللاوعي في الكتابة، فإن في كثافته المدهشة ما يخبر عن فلسفة جبرا ومراجعه الشعرية والموسيقية، وما يحدث عن «تجريب كتابي» حاوله جبرا وأراد أن يكون فيه شاعراً مستعيناً بالصور والأشباح والأطياف وكل ما ولع الرومانسيون به، مسائلاً «روحاً فلسطينية مختنقة» توسع عالمها بإشارات متعاقبة إلى الغامض والسري والملتبس، الذي تختلط فيه عوالم دنيوية ونبرة لاهوتية، أو قريبة من اللاهوت. وبعد الشعري المحمول على إيقاع الذاكرة و«حرارة اللاوعي»، يستضيف السرد «قصة قصيرة»، كتبها أحد أبطال الرواية، قصة مكتملة البداية والنهاية، تضيء أحوال وليد مسعود ووجه «أصدقاء» كانوا يحبونه ويتربصون به، أو يتربصون به، رافعين رايات الود والصداقة.

تقوم القصة القصيرة، التي تقترب من العشرين صفحة، بوظيفتين: تؤكد تنوع الأجناس الأدبية الذي أراده جبرا في نصه، وتضيء الشخصيات الروائية، ذلك أن الكاتب والمكتوب عنهم من شخصيات الرواية. وهي في الحالين أداة فنية موائمة ترسم «الفلسطيني» في طبقاته الفكرية والنفسية المتعددة، التي تغوي بأكثر من طريق وتقترح أكثر من وسيلة. فهذا البطل مركز مطلق للرواية، فعلى الرغم من اختفائه، فإن الحديث يبدأ منه وينتهي إليه، بل إن الكلام، في تلاوينه المتعددة، لا يستوي بمعزل عنه، كما لو كانت الشخصيات الروائية تتكلم عنه وبه. فالكلام في شخصياته المختلفة مجرد تقنيات فنية، تعبّر عن وليد مسعود، الذي يتكشّف في مراياها المتنوعة، حال تلك المرايا البشرية التي نثرها المؤلف في «صيادون في شارع ضيق»، التي تعكس امتداد غيرها، قبل أن تعلن عن وجودها المحدود.

بعد المستوى الشعري المتناثر في وعي الكتابة ولا وعيها، كما القصة القصيرة، استدعى المؤلف تقنية «الرسالة»، حيث المكتوب يثير الفضول ويضيء ملامح المرسل والمرسل إليه، في انتظار فعل روائي يوسع مجاليهما ويضبط العلاقة بين المكتوب وأقدار الشخصيتين، أو بينهما وشخصية ثالثة، ألمحت إليها الرسالة باقتصاد ضروري. يقرن جبرا بين المتعدد واللايقين، ويعالج السيرة الذاتية، التي تأتي متناثرة في تضاعيف الرواية، قبل أن يرويها وليد مسعود مباشرة، بشكل مجزوء، في فصل عنوانه: «وليد مسعود يكتب الصفحات الأولى من سيرته الذاتية»، حيث يعلن مباشرة عن «طبيعته الفلسطينية»، إن صح القول: «منذ أن وعيت كانت المعركة أبداً هي نفسها: بيني وبين نفسي، وبيني وبين الآخرين، بيني وبين العالم. معركة حب أردته لكل شيء... ص 177». يظهر وليد متعدداً، وهو يجمع في شخصه بين الأديب ورجل المال والعمل السياسي، وتُرى تعدديته الحقيقية في انتمائه الواسع إلى أرضه وتاريخ وطنه وقتال شعبه الذي عاينه، طفلاً وشاباً وكهلاً، وفي شغف لا شفاء منه ببيت لحم والقدس. ولذلك فإن سيرته الذاتية هي سيرة البسطاء من شعبه وسيرة فلسطين العثمانية، التي عرفت لاحقاً «رجالاً يتلثمون بالحطة ويلبسون العقال، ويشهرون السيوف في وجه الدنيا. ص : 184». حين يتذكر «مسعود» ماراً، في بيت لحم يكتب «كنت أرى الناس جميلين، وأشعر بقسوة العالم عليهم، وهم يقاومون على مهل، ولا يرضخون. أمشي حافياً، أتجول مع رفقتي في دنيا أشبه بدنيا أول الخليقة: دنيا أراها مليئة بالأصوات والأنغام، فنسير كقطيع من الغزلان الهائمة». يكتب السارد عن شعبه وذاته في آن، يمدّهم بالجمال ويستمد جماله منهم، ويذكر عنادهم الجبلي ولا ينسى عناده، إلى أن يرفع صوته بما يشبه النشيد: «لهؤلاء الذين يبيعون العنب والبندورة أنفة الأمراء وكبرياء الملوك. يكون كالمردة ويضحكون كالمردة ويهتفون: نحن الثوار جيناكم، نحن الثوار...». دخل جبرا ذاكرته وزار أطياف فلسطين وهو في الغربة، واختلط بجمال بلاده، كما عاشه في الحقيقة وعانقه في الحلم. وواقع الأمر أن في عناق الغريب الرابع الطفولة والشباب، ما يرفع الجمال إلى حدوده العليا، وما يخلط التذكّر بالرثاء، فما ذاقه الصبي وهو يسير في حواري بيت لحم ذاهباً إلى المدرسة لن يذوقه ثانية.

بعد أن أذاب السارد السيرة الذاتية للفلسطيني النموذجي، الذي يتاخم الحلم، أراد تخصيصاً ينفذ إلى عبق الروح، يوقظ ذكريات لا تموت، تحتضن تجربة ذاتية تحاكي تجارب الأنبياء في أرض النبوات. ففي الفصل الرابع: «وليد مسعود يتذكّر النساك في كهف بعيد»، يعود البطل مرة أخرى إلى ذاته الأولى، وإلى فلسطين بعيدة تصادت فيها تعاليم الأنبياء، وإلى ذاته الطفلية المحملة بحكايات تشبه الأساطير عن الخوف وجوانب الوادي المسكون بـ «المردة» والقتلة، ويرجع إلى تعاليم دينية تقول: «طريق الإنسان إلى الله شائك وطويل» ويرسل، في الحالين، تحية دامعة إلى فضاء له قمر أخضر اللون وأشجار الزيتون والورود والنباتات البرية وأنوار القدس التي تهزم الظلمة، وحيث الأصداء الغامضة، التي تلغي الزمن والمسافة وتستحضر أسماء أصحاب تشتّتوا في أكثر من مكان. يمتلئ جبرا، وهو يستحضر سيرة طفل

يشبهه، بأصداء دينية تحتضن النبي دانيال وسمعان العامودي وتراتيل باللغة اللاتينية وحكايات عن أقاصيص القديسيين ويوم عذراء السنابل ومعجزات المسيح، ....

في استذكار الكهف البعيد ما يذكّر بطفولة مشبعة بالمقدس، وببطل طريقه شائك طويل يشبه دروب الأنبياء، يصارع العالم في بداية الطريق ونهايته، ويدفع من راحته ودمه مجابهاً عالماً يحتاج إلى الإصلاح. تظهر دروب الأنبياء المفروشة بالمشقة في استشهاد شقيق وليد مسعود وابنه، وفي اختفائه الذي يحتج على العالم الذي يعيش فيه، ويعد برجوع غير محدد الميعاد.

إذا كان المؤلف قد أدرج في نصه تقنيات فنية متعددة، تؤالف بين الشعر والحلم والقصة القصيرة، فقد وضع فيه «خطاباً فكرياً مباشراً»، له شكل المقالة في أكثر من مكان ويستظهر ذلك في «سيرته الذاتية المنقوصة»، التي حدّثت عن حياة الفلسطينيين في مطلع القرن العشرين ومدارسهم وبؤسهم وحقولهم، وفي صفحات كثيرة تحاور معنى الإرادة والمطلق والفرق بين الثورة الصناعية - التقنية والتقدم المعنوي - الأخلاقي.

اشتق جبرا وليد مسعود من وطنه الفلسطيني، واشتق جوهر وطنه من غموضه البهي، كما لو كان كلٌّ منهما مرآة للآخر، وكانا معاً وجوداً أرضياً - سماوياً يتوسط بين البشر والأنوار الألهية. قررت هذه الفكرة - الأساس تكاملاً فنياً بين القول الروائي وعناصره الفنية، التي تتكشّف طليقة في تداخل الفصول وانفصالها، وفي عناوينها الموحية، وتلك اللغة المشغولة الموزعة على الشعر واللاهوت والنثر والفلسفة. لكأن جبرا، وقد قارب الستين، كان يضع رواية - وصية؛ رواية طليعية محكمة البنيان، و«وصية فلسطينية»، توكل إلى الفلسطيني ما يجب أن يكونه كي يرقى إلى مقام «وطنه المقدس» ويغدو فلسطينياً نموذجياً. والمعنى في النهاية ماثل في الفلسطيني النقي، الذي ينتمي إلى فلسطين نقية وإلى مملكة النقاء في آن، حيث للفلسطيني قيمه وتصوراته ووعوده، وحيث ما كانته فلسطين يجب أن يعود.

2. التعددية في وجود الفلسطيني المختلف:

وزّع جبرا روايته على اثني عشر فصلاً، ثلاثة منها تخص وليد مسعود، وآخر يخص ابنه: مروان. تحيل الفصول المتبقية إلى شخصيات الرواية المختلفة، التي تتضمن المحامي والطبيب والمهندس والرسامة والأستاذة الجامعية، و«بقيا» من زمن قديم لشخصيات عاشت في فلسطين ودفنت فيها. ومع أن جبرا رسم شخصياته بدقة عالية، وأظهر عوالمها الداخلية والخارجية، ووضع في بعضها غموضاً يثير الفضول، فإن الفصول جميعها، باستثناء «مروان وليد يقتحم أم العين مع رفاقه»، تتمحور، غامضة واضحة، حول وليد، كما لو كان هو الحاضر الغائب والغائب الحاضر في آن. لم ينسَ المؤلف، الذي خلق فلسطينياً أقرب إلى الأحجية، أن يوسع عالم بطله المركزي، بفصل لا يقول شيئاً كثيراً، عنوانه

«وليد مسعود يخترق أفكاراً تتجدّد» مجسراً المسافة بين كلام «البطل» وأفعاله. لم يأتِ الفصل بشيء كثير، لأن قتالية «وليد» الشاملة تذهب إلى مجالاته جميعاً، ما دامت فلسطين منه، وما دام هو مرآة لجديدها وقديمها ومستقبلها معاً.

تصف الفصول، بشكل متواتر، مناقب «وليد» وملامحه وأفعاله، بل إن مداها المتسع الذي لا يكف عن التكاثر، هو الذي جعل من دور الفصول تبياناً متصاعداً لوجود الغريب، دون أن يختلط التصاعد بالتنامي، لأنه في بطل جبرا ما يساوي بين بدايته ونهايته.

يظهر اسم وليد في السطر الثالث من الفصل الأول «وجود حسني يتسلّم تركة صعبة»، الذي يتحدّث عن أبعاد البطل الغائب أكان ذلك في بحث دؤوب عن التوازن، أم في يدين خارقتين: و«التراب يتحول إلى ذهب بين يديه»، وصولاً إلى إمكانية اليأس المستحيل، ذلك أن عناد القروي الموروث امتداد لجبال بلاده. وواقع الأمر أن الفصل الأول، الذي يسائل اختفاء الفلسطيني، قصيدة مديح وثناء، تساوي بين البطل المختفي والبحث عن الحقيقة، وتحض على الإبداع، وترى الجمال جوهراً لعالم يجب وجوده، وتؤكد أن «الشجاعة الوحيدة التي تستحق الممارسة هي مجابهة الموت بالفعل، بالعقل العنيف، حيث يكون في الموت نفسه غلبة على الموت. موت الفدائي مثلاً..». الفلسطيني الجوهري، الذي يتمثل بـ «وليد»، فدائي في جميع الأزمنة، ومرشد حكيم للأوقات جميعها، وزمنه لا يزال معلقاً في الهواء، لأنه لم يلتق بعد بالزمن الذي يأتلف معه. لا غرابة ألا يردّ وليد مسعود على المسيئين إليه، بل يجيبهم «بصمت ملؤه الاحتقار»، وأن يكون موجوداً في أكثر من مكان «حيثما ذهبت وجدتهم يذكرونه».

يتداخل في السرد الروائي، من الصفحة الأولى إلى الأخيرة، الدوران الذي لا بدّ منه حول اختفاء وليد مسعود، والبرهنة عن تميزه وتعاليه بأشكال مختلفة. لذا يكون الاختفاء بحثاً عمّا كانه فعلاً وعمّا كان بإمكانه أن يكونه، لأن التعرّف على ما لا تستنفد طبيعته مستحيل.

3. بناء السيرة الذاتية:

من حقول حبلى بالذهب في بيت لحم والقدس إلى منفى عامر بالوحشة، ومن طالب لاهوت في ميلانو إلى مقاتل مع المجاهدين في حرب 1948، ومن دفء زوجة جميلة درست عند الراهبات إلى حطام زوجة مجنونة في مشفى في بيت لحم، ومن عائلة موحدة الأفراد إلى أخرى يهاجمها موت مجتهد، ومن فلسطيني واضح الإرادة والرغبة إلى لاجئ التبس مصيره بالانتحار والقتل والاختفاء، ... كل ما يمس الفلسطيني موضوع بحث، وكل ما يقترن باللاجئ في بلدان عربية عنوان للمساءلة، وكل ما ستأتي به أيامه القادمة يساكنه الاحتمال. كيف يمكن بناء سيرة يخترقها الاحتمال والمساءلة وتختتم بالاختفاء؟ ساءلت رواية جبرا مواضيعها ناظرة إلى فلسطيني يسكن في التناقضات، وأدرجت في

التناقضات جماليات الحياة وقوة الإرادة المبدعة، قبل أن تستقر على ثنائية: التحدي المرير والاستجابة الصعبة، واستولدت من كل هذا شخصية فلسطيني نموذجي يدعى: وليد مسعود.

غير أن بناء سيروة هذا الذي يتحدث عنه الكل، تصطدم بصعوبات ثلاث على الأقل: قلق الذاكرة، الذي تستهل به الرواية، الهاجس بدروب لا يعرف بداياتها، وغموض الرجل الذي يغلب السريّ فيه على المعلوم منه، والمصير غير المتوقع في وضوحه المؤجل. لذا يكون على الذاكرة أن تجاهد كي تعيد ترتيب الأزمنة، ويكون على المعرفة أن تفسر الخبيء الشائك بالمتداول والمتعارف عليه، بقدر ما تجب صحبة وليد مسعود في رحلته الأخيرة، المشبعة بالاحتمالات. لذا يبدو البطل واضحاً في آثاره، دون أن يكون مكشوفاً في فكره وروحه، ويستظهر من خلال كلام عارفيه، قبل أن يتكشّف واضحاً في كلامه المباشر الذي يأتي، دائماً، متقطعاً ومنقوصاً.

وكعادته في رواياته جميعاً، المأخوذة بصورة الأب الفرح الجميل، تتراءى ملامح وليد مسعود في ملامح أبيه «مسعود الفرحان»، الذي يحيل على زمن جميل ذهب. فإذا كان وليد قوي البنية جميل القوام، وهو يقترب من الخمسين، فإن ما فيه يعود إلى أبيه: «رجل كبير العظم، طويل الجسم»، أو أنه «رجل عملاقي الجسم، عالي الصوت، يرتج زجاج النافذة من ضحكته، كأنه ولد عملاقاً، بقدميه الضخمتين اللتين ترسخان في الأرض كالصخر إذا وقف، وتطيران إذا مشى، ص : 93». وقد تكتمل صورته بصفات أخرى: «عالي الرأس، مستقيم الظهر في قعدته، كأنه أمير في قنباز وطربوش أحمر»، بل إن ما فيه يمتد إلى حصانيه «المطهمين، المزوّقين، المريشين، تلتمع عضلاتهما كالحرير، إذ ترتعش في شمس الصباح..»، وما يمتد منه إلى حصانيه يجعله «كالساحر، كأنه كل مرة يأتي بأعجوبة جديدة».

ليست صورة وليد إلا صورة أبيه، وقد صقلتهما المعرفة وأعادت بناءها التجربة، وليست صورة أبيه، التي تحتشد فيها الإشارات إلا صورة فلسطين، التي كانت تخلق في ذاك الزمن ثماراً ورجالاً من ذهب، والمحصلة أن في الفلسطيني طبقات من الصور والرموز، بعد أن ذاب في أرضه وذابت أرضه فيه. إنه ذلك التصور العضوي للعالم، الذي يوحد بين البشر والشجر المورق المزهر، وقد عانقا المقدس. تقرأ وحدة الإنسان والمكان في الجملة التالية: «كانت بيت لحم تبدو لي أنها اجتزئت من الفردوس»، والفردوس الأرضي لا يسكنه إلا بشر لهم ملامح فردوسية. الفلسطيني إنسان من زمن الآخرين، وإشارة تتجاوزهم ولا يقبضون على أنوارها: «لم تكن عربة مسعود هي الوحيدة في البلدة. ولكنها كانت رمز عربات العالم. والعالم كله هو هذه البلدة المتصاعدة البيوت، والمدينة هي القدس، التي كان مسعود ينقل الناس منها وإليها كالساحر».

أملى العناق بين الدنيوي والقدس على التصور الروائي أن ينعتق من مسار الحكاية الواحدة، وأن ينشر قوله على حكايات متعددة، ذلك أن في الحكاية الخطية الحركة ما يأتلف مع الإنساني واليومي

والبسيط، بعيداً عن «القدسي» الذي يتلامح ولا يمكن القبض عليه. ولذلك يكون وليد مسعود مركز رواية ليس لها مركز: فهو مركزها كموضوع، دون أن يكون مركزها كبنية، فهي تتقدّم وتتراجع وتخبر وتضمر، وتتضح ويكسوها الغمام، حال المقدسي، الذي يرضي الروح ولا يقفل الأسئلة. تتعيّن الرواية سؤالاً مفتوحاً متعدد المستويات، ولا يسمح بجواب أخير.

لا تقرأ شخصية وليد مسعود في فعل روائي محدد مرتبط بها، بل في جملة الإشارات التي تحيل عليها، إن لم تقرأ في شكل فني مفتوح، ينمو ويتطوّر ويظل بعيداً عن الانغلاق. ولذلك تبدو سيرة البطل بسيطة ومعقدة، واضحة وغير واضحة، صلبة وسائلة وملتبسة البداية والنهاية. فالبداية تشكو من ثقل الزمن ومكر الذاكرة، والنهاية تقترح الخروج إلى عالم آخر وتنهي الرواية قولها: «فلأعد إلى الغابة. ولأعد إلى البحر». والغابة والبحر عالمان من نقاء لا يأتلفان مع مجتمع غادره النقاء، كما لو كانت الرواية المكتوبة تمتد في رواية تابعة تتهيأ للظهور.

تتعين سيرة وليد مسعود، في شكلها البسيط، في جملة حقب متلاحقة: ولادة في بيت لحم وتربية دينية، ومرحلة شباب تقصد دراسة اللاهوت في إيطاليا، فعودة إلى فلسطين مهددة بالسقوط، فقتال مع المجاهدين، فخروج من فلسطين وعمل في البنك العربي في بغداد، يعقبه زواج، وعمل سياسي من أجل فلسطين، وابن يسقط شهيداً في المعركة، ثم اختفاء أقرب إلى الأحجية، فليس من طبع وليد مسعود الهرب أو الانتحار.

توقفت الرواية أمام أربع حقب تضيء الأساسي في شخصية البطل النموذجي: استذكار «الكهف البعيد» الذي يوحي بصبي له اختيار نبوي، واختراق الأمطار المتجددة، حيث الصبي النبوي يعود إلى أرض كهفه القديم، والعودة إلى الأب وتبيان استمرارية بيولوجية بين أب عالي القيمة وابن لا يقل عنه علواً، وفصل مربك عن رحيل مروان مسعود، الذي يقطع الاستمرارية البيولوجية ويحوّل «المستقبل المضيء» إلى سؤال واسع التأويل، فلن يزور «الكهف» ثانية فلسطيني حفظ حكايات وليد مسعود وتطبع بطبعه، الأمر الذي يقضي باستمرارية «وليد» وعمله على تأمين عودة جديدة.

يمكن إرجاع الحقب السابقة، باستثناء رحيل الابن، إلى فصل أساسي «عيسى ناصر يشهد موت مسعود الفرحان، بعد أن عاصر بعضاً من حياته»، الذي يرسم جوهر «وليد» موحياً بأن ما سيكونه في المنفى كانه قبل الوصول إليه، مطاولاً والداً كان «لارتفاع قامته يرى من كل صوب». فالصبي كما يشهد الذي عرفه في صباه كان مختلفاً عن الآخرين: «وقد رأيته ينمو كما تنمو زهرة في الصحراء»، محققاً منذ البداية التصالح مع التناقضات والسيطرة على ما لا يمكن السيطرة عليه، «وكان يدرس وهو قابع كفاكهة بين الأشجار» كما لو كان وجهاً مثمراً من وجوه الطبيعة أو امتداداً لها. ينتقل البطل، وقد شبه بالزهرة والفاكهة، إلى طبيعة أخرى، تتسع للسان كلسان الملائكة وعزيمة من «وهج حديد مصهور»،

..، جامعاً بين الموضوع والإشارة، بما يجعله فرداً متميزاً، بصيغة الجمع. غير أن معنى الشاب، الذي يقارب العشرين، يتعيّن أولاً وأخيراً بالسكن مع المتناقضات التي تضع فيه بعداً مباركاً، ذلك أن المبارك، بالمعنى الديني هو وحده الذي يجمع بين الماء والنار والرقة والخشونة: «يتحدثون عن المآسي تتخلل الأفراح، عن الضحك يغالبه البكاء، عن النشوة يفتنها الحزن، عن التصميم واليأس ومجابهة الموت مع معانقة الجمال والروعة - أخلط هذه كلها معاً، تتكامل صورة، ....، شعرت أن هذا المخلوق جاءنا خطأ، جاءنا إلى حيث ما كان عليه أن يجيء، جاءنا وكان لا بد له من المجيء، جاءنا عاشقاً، ضالاً، غريباً، رغم تهافت الناس عليه، رغم تهافت الدنيا عليه في غد قريب أو بعيد، .... ص : 107».

تقتفي سيرة الإنسان العادي تسلسلاً زمنياً منطقياً، وتفيض سيرة غير العادي على التسلسل الزمني، وتتوزّع على الأزمنة جميعها، ذلك أن الإنسان غير العادي «الذي تتهافت عليه الدنيا»، موطن جامع للقيم الجمالية والمعنوية والأخلاقية جميعها، التي تلازمه في حياته كلها. يتحوّل البطل النموذجي، وقد تحرّر من زمانه، إلى جوهر مكتفٍ بذاته، حركته من تجلياته المتنوعة التي يتكشّف فيها أديباً ومقاتلاً وعاشقاً وضالاً و«داهية من دواهي المال»، ... وقد يتجلى المعنى «البطل»، واضحاً، في التعبير التالي: «جاءنا وكان لا بدّ له من المجيء»، الذي هو يعيّنه نبياً، يلبي نداء القدر.

تذكر الرواية، في أكثر من مكان، أن وليد مسعود جاء في غير زمنه، وأن مجيئه السوي يستلزم زمناً آخر، مترجماً غربة الأنبياء، وحاملاً عشقاً لمجتمع لا عشق فيه، منتهياً إلى الاختفاء. ولأنه يمثل موضوعاً وإشارة، وهو حال الفلسطيني في روايات جبرا جميعها، فإن اغترابه الذي يستدعي سيرة الأنبياء (لا كرامة لنبي في قومه) يستدعي بدوره عزلة الفلسطيني المجاهد في زمن عربي سلطوي يمنع عن الجهاد ويعتقل المجاهدين، وهو ما يشير إليه السارد بمرارة عالية.

أين سيرة وليد مسعود في كل هذا؟ السيرة قائمة ولكن في صيغة الجمع: فالسيرة مرآة لحال الأنبياء في جميع الأزمنة، وهي سيرة الشعب الفلسطيني من «هبة البراق» إلى ظهور كفاح المسلح في ستينات القرن الماضي، وهي سيرة فرد فارع القامة محدد المكان والنسب «يعرفه الجميع ولا يعرفه أحد» يدعى : وليد مسعود.

4. في خطاب الرواية

أنتجت رواية جبرا خطاباً ثنائي المستوى، يصور خارجه فرداً محدد الاسم، ويمثل باطنه جوهراً فلسطينياً لا يمكن استيعابه، معروفاً ومجهولاً معاً، جمع بين العبقرية والشقاء. وإذا كانت العبقرية، المجسدة في وليد مسعود، تكشفت في المتنوع والمتعدد ومغايرة الآخرين، فقد تجلى الشقاء، الذي يتاخم المأساة المتوالدة، في حرمان الفلسطيني من مراجعه المكانية والعائلية والعاطفية: فقبل إقصائه

من «جنة المكان» خسر شقيقه في المعركة، وأفقده الزمن زوجته الباذخة الجمال، ثم سلبه ابنه الوحيد، الذي سقط في المعركة بدوره. شيء من شقاء الأنبياء الذين يعيشون موت أحبائهم، ويعيشون الشقاء منهجاً في الحياة.

وحال الشقاء من حال الغربة المتعددة الأبعاد، التي تقيم بين الفلسطيني وأرضه مسافة مؤجلة الإلغاء، وبينه وغيره مسافة أخرى تبقيه وحيداً. فعلى خلاف ثنائيات الذكر والأنثى، المتوجة بالزواج وبحياة عائلية، يقف وليد مسعود خارج «المتزوجين» جميعاً، فإن كان له زواج فهو مؤقت، وإن كان له ابن فهو في طريقه إلى الزوال، وإن كان له منزل، في بغداد، يحتشد بالكتب والموسيقا تزين مدخله ورود جميلة، فإنه منزل عبور لا يصلح أن يكون موقع إقامة مستقرة. والمعايشة التي لها شكل العبور ماثلة في زوجة تنأى بعيداً، وفي ولد يموت، وفي علاقات نسائية تأتي وترحل وتأوي إلى بيوت المستقرين، كما لو كان ما يصلح لغير الفلسطيني لا يصلح للفلسطيني، الذي وقع عليه «الحرم»، باللغة الدينية، التي تبعته في حيّز خاص به.

تأخذ «الندبة» التي وسمت وجه والد وليد، في هذه الحدود، دلالة معينة، فهي قدر خاص به، وعلامة تفصله عن الآخرين، وهي إشارة من إشارات النبوّة، أو علامة «الإنسان المنذور»، الذي كانت له درب خاصة به، وضربه القهر وأملى عليه درباً لم يختره، ذلك أن الندبة الفاصلة جاءت على غير موعد، وتمكّنت من الوجه حتى أصبحت معلماً ملازماً له. نقرأ في الرواية على لسان شاهد «قديم»: «وكل مرة أنظر إلى الندبة الطويلة في خد مسعود، أجدها تشتد بروزاً. بل كانت ضربة السيف تلك خطاً رسمته يد نبوية نقية. خطاً فاصلاً بين شبابه الرائع أيام تلك الحياة البدائية البسيطة، وبين أيامة التالية؟ ص: 105».

لماذا حرمت «اليد النبوية الخفيّة» الفلسطيني من حياة بسيطة ورمته بحياة لاحقة كاملة التعقيد؟ لا جواب إلا في مدار ديني غامض، يربط بين النعمة الإلهية و«الابتلاء»، لأن الله إذا أحب عبده ابتلاه. ولعل هذا الذي لا يفسّر، والقريب من تداخل «الجنون والعبقرية»، في التصوّر الرومانسي، هو الذي يجعل «السري» من كلمات جبرا الأثيرة، مؤكداً في روايته، أكثر من مرة، أن الوقائع المادية لا تقبل بالتفسير العقلاني دائماً، فهناك فائض من الغموض لا يمكن النفاذ إليه.

جاءت الندبة من الأب الذي مات في فلسطين، وحملها ابنه النجيب الذي مكرت به أكثر من طريقة. فإذا كانت ندبة وجه الأب جاءت من ضربة سيف سريعة في مناسبة سارة، فإن ندبة «روح الابن»، التي لا تكف عن الامتداد، جاءت من سيوف المنفى المرئية واللامرئية، وجاءت من كفاح محاصر في وضع هجين، إذ الحصار من نصيب المكافح، وإذ الحرية من نصيب الذين يتابعون الكفاح.

يشهد الفرق بين الوجه قبل الندبة وبعدها على واقعة تاريخية - رمزية تنقل الفلسطيني، شيئاً فشيئاً، من حال إلى حال. وطد جبرا التحوّل حين أعطى بطله اسمين متعاقبين ثانيهما يمحو ما سبقه محواً

كاملاً هما: خميس ثم وليد. يربط الاسم الأول البطل بـ «بحاله» أي ببعد عائلي موروث، بينما يأتي الثاني من تمرّد فردي. ذلك أن البطل تمرّد على اسمه وخلعه ومحاه واصطنع لذاته اسماً جديداً يتضمن «لحظة تأسيس» تتطلع إلى المستقبل. وإذا كان الاسم، الذي يختاره صاحبه، يميّز إنساناً من آخر، فإن في الاسم الذي يختاره صاحبه شيئاً من «الخلق»، لأن التسمية خلق، بمعنى ما، والذي يخلق موضوعاً يسميه، والذي يسمي موضوعاً يملكه. أعلن وليد مسعود، وهو لا يزال صبياً عن ذاته «خالقاً» وفرداً يملك ذاته ومقدراته، فرداً جديداً لا يطمئن إلى الموروث ولا يقبل به، ويتعرّف بما جاء به لا بما جاء من «خاله»، الذي كان عادياً وبسيطاً ينصاع إلى عادات قرّرها الآخرون.

حمل وليد، مبكراً، خلافه واختلافه وسار في دروب لم يخترها، وإن كان قد اختار الاسم الذي يريد، الذي يعيّنه حاكماً على نفسه وكياناً ذاهباً إلى المستقبل، لأن في الوليد نقاء وقوة يدفعانه إلى الأمام. بل إن في الوليد، الذي يوحي بالطفولة، ما يستدعي: الثورة التي هي نقاء وليد يريد تغيير العالم، مثلما ألمح فالتر بنيامين مرة. ليس تعبير «على الإنسان أن يصنع ذاته»، الذي جاء في الرواية على لسان وليد إلاّ ترجمة لدلالة التسمية الذاتية، إذ الإنسان يؤسس ذاته على الخلق والاختلاف واعداً بمستقبل خاص به، ينطوي على مستقبل مختلف للآخرين.

ما العلاقة بين علائم الاختلاف التي ميزت وليد مسعود مثل الندبة والتسمية الذاتية والسكنى الدائمة في المتناقضات، وواقعة الاختفاء التي «أنهى بها حياته؟» يتأتى الجواب البسيط من مطابقة وليد بغيره، فجميع البشر ترهقهم الحياة ويبحثون، إن فاض الإرهاق عن حدوده، عن حلول موائمة. بيد أن الذي لا يشبه الآخرين لا تكون له مصائر الآخرين، فللنجباء أقدارهم الغريبة ومسارات صادرة عن غوامضهم، والنجيب الذي جاء من «وديان سرية»، وهو حال وليد، له اختفاء لا يشبه غيره.

إذا كان وليد قد آثر الاختفاء، فما هي الأسباب التي دعته إليه؟ الجواب البسيط الذي يطفو فوق جميع الاحتمالات يتراءى في التعب من الحياة وفي بحث الإنسان، الذي جاوز الخمسين، عن جديد يوازن حياته، هو الذي يرى في التوازن فضيلة الإنسان الأولى. وقد يأتي الجواب، بشكل أكثر إقناعاً ودقة، من فاجعة موت ابنه. ذلك أن لعلاقة الابن بالأب، في روايات جبرا جميعها، عاطفية وجمالية ودينية و«سرّية»، إن كان للسر موقع في علاقة الابن بأبيه. فالأب في «صراخ في ليل طويل». مزيج من النقاء والسعادة والتقوى، وللأب أسطورته المتمادية في «البئر الأولى»، فهو «سنديانة» تستعصي على الريح و«روح» نقية تحدث الله ويحدثها الله. وهو في «البحث عن وليد مسعود» قامة تطاول السماء، يعشقها الفرح وتعشق الفرح ولا يخطئ هامتها أحد. والمحصلة أن الابن امتداد للأب المعشوق المبارك، وأن الأب أصل ابنه المشبع بالاختلاف. ولهذا فإن موت الابن يعطّل تكامل الأب ويشعره بالعقم والنهاية، إذ لا أبوة مثمرة بلا بنوة تبرهن عن وجودها، وخاصة حين يكون الأب قد أعطى ما عنده ووطّد نفسه على استقرار أخير.

مهما تكن الإجابات الخاصة بالاختفاء، معقدة كانت أو بسيطة فهي تصدر، لزوماً، عن «السري الشامل» الذي يؤطر شخصية وليد مسعود، و«المنذور والمبارك والمندوب» له اختفاء ينطوي على «اختفاء مبروك»، قريب من الفضيلة، تخالطه يد نبوية «تضيء له الطريق. لذا تقرأ دلالة الاختفاء في الأودية والجبال والكهوف السرية، التي يلمح إليها وليد بصوت عال أو بصوت خفيض أو تقرأ، بشكل أدق، في الأصل المقدس الذي «انبثق» منه وليد مسعود على الرغم من المفارقة التي تربط بين الأصل والمقدس. فالأصل بالمعنى مقدس، لم يأتِ من الأشياء بل تأتي إليه الأشياء، له قدوم مضيء يؤمن له حركة في الزمن لا أعوجاج فيها،تجعله مساوياً لذاته أبداً، مستقبله كماضيه، وماضيه، المتحرر من الزمن، يمنع عنه التبدّل والتغير وفساد الأزمنة.

لم يختفِ وليد مسعود، إنما عاد إلى أصله الذي ينتظره مؤثراً الظهور إذا حلت الساعة، مبتعداً عن زمن قليل النقاء، لأن الأصل يحتجب ولا يغيب، فإن عاد كان مطابقاً لجوهره، مشرقاً، نقياً، لا اضطراب فيه. وعلى هذا فإن الفلسطيني وليد مسعود موجود في الأزمنة جميعها، ينسحب من أزمنة العطالة والمرض، ويعود مظفراً معتصماً بقوة لا تقاوم. ينقسم الخطاب الروائي في «البحث عن وليد مسعود» إلى خطاب مرجعه شخص استثنائي جوهره الخير والنبوغ، ينجذب إليه بعضهم وينفر منه بعض آخر، وخطاب يتجاوز الشخص ينطوي على الإشارة المقدسة التي تشهد على فلسطيني معتصم بمقدساته وتحميه مقدساته العلنية والسرية.

سؤالان يساوران قارئ جبرا إبراهيم جبرا: ما الذي جعل بطله يبتعد عن الرؤية قبل أن يصل إلى انتصاره؟ وما الذي أملى عليه بعض التشاؤم و«التعالي» وهو ينظر إلى آخرين، قاصراً الجمال المنير على فلسطين وحدها؟ في جواب السؤال الأول ما يحيل على الخذلان والتضييق والمطاردة التي فرضتها أنظمة على محاربين فلسطينيين يرفضون المنفى. يقول جبرا، سريعاً، في روايته: «لقد كانت مصيبة الفلسطيني لا النفي عن مسقط رأسه فحسب، بل الصعوبة المفروضة عليه بالتنقل من بلد إلى بلد، ورصده رصد المجرمين من أجهزة أمن لا تحصى أنواعها. وما من حكومة عربية إلا تصرخ بالوحدة وتضع في الوقت نفسه ألف حاجز بين قطرها والقطر العربي الآخر أمرنا لله.ص: 110». في كلمتي «أمرنا لله» ما يقارب من جملة محمود درويش: «كم كنا عرباً في إسرائيل، وكم أصبحنا فلسطينيين في بلاد العرب»، وصولاً إلى جملة لجبرا أقرب إلى تنهيدة المظلوم: «أما من قرار لهاوية الأحزان هذه؟».

يحيل جواب السؤال الثاني على «احتجاج الطفل الفقير الملقى في العراء» الذي يقاتل شجاعاً رغم عريه، ويجابه زمناً لا بطولة فيه، أو فيه ما يعاقب البطولة ويحاصرها، وهناك الفخر بجمالية الانتساب المتأتية من فلسطينيين يقاتلون منذ عام 1917 ويسقطون ليلحق بهم آخرون يقاتلون وينتظرون «مكافاة بعيدة».

وضع جبرا مرة أخرى، خطاباً روائياً عن «التحدي والاستجابة»، مضيفاً بعداً كان غائباً في «صيادون

في شارع ضيق»، قوامه المرارة وخيبة الأمل. لم يكن الفلسطيني، بعد سقوط بلاده، قد قرأ «الكتاب العربي» في صفحاته جميعها.

5. البطل وحلم البطولة:

وليد مسعود بطل من حيث هو، وبطل فلسطيني بامتياز. لماذا؟ بطل هو يحتضن الفضيلة في وجوهها كلها: له فضيلة العمل المثابر، عشق المعرفة، مساعدة الآخرين، والجرأة التي تتاخم التهور، والفتنة المبهرة التي تجذب النساء وتزعج الرجال - بطل له مغامرات جنسية عارمة، تقول الرواية، مواجهة العوز والانتصار عليه، ومواجهة العدو، وانتزاع الاعتراف بالتميز من جهات مختلفة..

وللفلسطيني، المتمرّد على اللاهوت وحراس الحدود العربية، فضيلته البطولية الأولى: عدم نسيان الحق المغتصب والعمل، بالوسائل جميعها، على استعادته، يسبق عمله قوله، أو يوازيه، ويراهن بحياته في سبيل وطنه، محققاً معنى: الرهان المقاتل الذي يسير طويلاً في درب شبه معروف، ذلك أن فلسطين تمتثل إلى فعل كفاحي مفتوح يعيد تعريف القتال والإرداة معاً. أتى بطل جبرا من تجربة حدّاها الحرمان والسعي إلى التوازن، وكلّما اتسع الحرمان وتعقدت سبل مواجهته اتسعت قدرات البطل وتعددت إمكانياته. وإذا كانت سعادة الإنسان، في تصور جبرا، متأتية من وجود متوازن تتحقق فيه حاجات الإنسان المادية والروحية، فإن لسعادة الفلسطيني شروطاً أكثر صعوبة ومأساوية، تبدأ باستعادة حق مغتصب قبل أن تقترب من حقوق الإنسان الأخرى. فلا توازن من دون أرض وهوية، ولا إنسان متوازن إلا بفعله من أجل حياة متوازنة، ولذلك يقاد الفلسطيني إلى بطولة إلزامية، سواء استعد لها أو لم يكن مستعداً، وسواء أفلح في مسعاه أم سقط مسحوقاً أمام مهمة لم يخترها ولم يستشر فيها.

تتداخل البطولة والمأساة، في الشرط الفلسطيني: فتكون بطولة الفلسطيني مأساوية أو لا تكون. لا غرابة أن يشهد وليد مسعود استشهاد أخيه، في بداية الطريق، وأن يعيش استشهاد ابنه في منتصف الطريق. ومع أن في هذه البطولة أبعاداً من «جمالية الانتساب»، التي تحتقب أباً جميلاً وأخاً مقاتلاً وابناً شجاعاً، فإنها بطولة مرتبكة ومربكة، فالفلسطيني لم يستعد ما سلب منه، ولم يستطع التخلي عنه، وتابع اغتراباً لا تحرّر منه، لازمه في مراحل حياته كلها.

تأمل جبرا الاغتراب والحرمان والتوازن المطلوب والمفقود معاً، وصاغ فلسطينياً نموذجياً، أو لنقل إنه صاغ إنساناً نموذجياً ينتمي إلى فلسطين يتمتع بصفات غير مألوفة تتجسّد «الخلق الذاتي»، أو في الإنسان الذي يصنع نفسه بنفسه، بلغة جبرا، اعتماداً على الإرادة والفعل وقوة المثال و«السريّ»، الذي يحرص جبرا على الإشارة إليه.

في حديثه عن «السري» الذي يحايث فرداً مختاراً، قرأ جبرا الفردية الطليقة مدخلاً إلى العالم

ومبتدأ له، تتعرّف عليه وترفضه رفضاً شاملاً، أقرب إلى القطيعة الكلية، ذلك أن الفرد، الذي يصنع نفسه بنفسه، لا يكتمل إلا بعالم من صنعه يأتي بعد زمن. تصدر القطيعة الكلية عن الكيف المختلف للفردية الطليقة، التي تمثل جنساً جديداً من البشر، وتعد بوصوله وبزمن له كيف جديد، يحقق أنواع التوازن المختلفة، وعودة فلسطين عنوان أول فيها.

إن اختفاء البطل النازع إلى الكمال وعد بعودة في حقبة زمنية موائمة، يكون فيها «الآخرون: » قد تخففوا من سلبهم، وأصبحوا أكثر قدرة على وعي طموحات البطل وأهدافه. شيء قريب من الرعد الذي يهزّ الفضاء ويخترق غيوماً ممطرة، تغسل «آخرين» يقودهم بطل موعود، غسل نفسه بنفسه وعهد إلى نفسه بالحوار مع المستقبل وتخليقه. والواضح في الاختفاء، كما في الأمطار القادمة، بطل رومانسي، اقتفى آثار «بروميثيوس طليقاً»، الذي عايشه شلي، ولم يكن غريباً عن اللورد بايرون، ولا عن الوديان العميقة التي ائتلف معها طويلاً وليد مسعود. نقرأ في الرواية: «هو المحق دائماً والآخرين على ضلال». «فمعارفه تسبق معارف غيره. وزمنه متقدم على زمنهم، وحاضره من مستقبله ومستقبله «رؤيا» لا تخذله أبداً.

مزج مسعود، الذي شبّ في بيئة تكسوها الإشارات الدينية، بين البطل الرومانسي الذي صاحب الشعراء، والسيد المسيح، الذي كان مشبعاً بالخير ومارس بطولة لم يسع إليها. أخذ من الشعراء تصوراتهم وملامح تجارب مفرطة الحسية وباذخة في دنيويتها، واستلهم من المسيح روح تجربته المنسوجة من الشجاعة والصبر والشقاء والانتظار والمتوجة بأكثر من معجزة.... بين ظاهري يمكن لمسه وسرّي لا يمكن النفاذ إلى قراره، أضاء جبرا تجربته بكلمات سريعة وبجمل ناقصة الوضوح، كأن يتحدث عن حضور الظلال في العقل وضرورة التوفيق بين ما هو عقلاني وضروري معاصر وما هو لا عقلاني وضروري أيضاً محيلاً، في الحالين، على فضاء تعمره الوقائع والإشارات معاً. ولذلك ظن صديق وليد «أن المطر نفسه كان من تدبيره»، واعتقد آخر «أن التراب يتحول بين يديه إلى ذهب»، واعتقد ثالث أن وليد مسعود قد جاء قبل زمانه، فاصلاً بينه وبين الآخرين فصلاً كاملاً.

يظهر البعد الرسولي في شخصية الفلسطيني المغاير لمحيطه في الكلمات التالية: «وليد قد نشأ نشأة مسيحية لا يقلل من أهمية ذلك، فهو يبدو أنه لا ينتمي إلى أية أرض مئة بالمئة، ولا ينتمي إلى أية طبقة مئة بالمئة، إن لم يكن يتبنّى الأرض كلها»،إنه ما لا يعرّف تماماً، ينتمي إلى جوهر الإنسان قبل أن يقف أمام أنساب فقيرة، ويرتبط بالحق والخير والسعادة، على مبعدة من انتماءات ضيقة، لا هي بالريفية ولا هي المدينية، ولا هي بذلك الأمر الهجين الذي يريّف المدينة ولا يمدن الريف. في حديثه السائل المنساب المتدفق حراً يقول وليد: «أينما أنظر لا أرى إلا الغربان. ص: 33»، مستنكراً قبح الآخرين وراجعاً إلى ذاته المليئة بأحلامها، التي تحنّ إلى أضواء القدس وألوان بيت لحم.

هل البطل الذي لا يشبه غيره إعلان عن حرمان ضاق باتساعه أم افتخار إيماني بفلسطيني لا تهزمه مفاجآت الحياة الكثيرة؟ تحتمل الإجابة البعدين معاً وتشتق منهما رغبة يتحرك فيها فلسطيني أقرب إلى الحلم، في انتظار «زمن رومانسي» يترجم الحلم المتعدد الألوان إلى حقيقة واقعة. ومع أن الحلم يترجم، نظرياً، رغبات مستحيلة واستغراقاً في سعادة أثيرية، فإن في فلسفة جبرا، التي هي لقاء غير محسوب بين الشعر والدين، ما يعطي الحلم معنى خاصاً يحذف المسافة بينه وبين الواقع، بل يلغي المسافات بين وقائع لا متجانسة، تدمج فلسطين بالفردوس، والطفولة بالأسطورة، والأنثى المعشوقة بالقصيدة. جاء في الرواية على لسان وليد مسعود: «قلت لك مرة إن الخيال والواقع، بالنسبة إليّ، متبادلان في كثير من الأحيان».

ولعل وحدة الحلم والواقع، بالمعنى الذي ذهب إليه جبرا، هي التي جعلت بطله يتوقف طويلاً أمام الكاتب الفلورنسي القديم «بيكو ديلا ميراندولا» الذي قال: «قال الله للإنسان: لقد صنعتك مخلوقاً، لا أرضياً ولا سماوياً، لا فانياً ولا خالداً، لكي تكون خالق نفسك، وتختار أي شكل تتخذه لنفسك. ص: 324». حالة من السيولة الطاهرة تجسر حالات الإنسان المتعارضة، وترسل به إلى حالة ثالثة تأتلف مع الواقع ولا تأتلف معه، تجعل من الحلم وجوداً واحتمالاً معاً.

تبدو قوة الحلم، في مستوى أول، معطى رومانسياً يروّض الأضداد، وتظهر في مستو ثانٍ صدى إيمانياً عميق الجذور يُرد إلى تجارب دينية قوامها المعجزات. لذا ذكّر جبرا على لسان الصبي الذي اختبر الإيمان مع أقرانه في «كهف بعيد» أن إيمان النبي دانيال الذي ألقى به في جب الأسود «ألجم أفواه الأسود وأخضعها ليديه وجعلها تتمسح وديعة بقدميه»، و«بأن أنبياء الله لا تمسهم الوحوش في الفلاة، ....، وسمعان العامودي يجابه لظى الشمس وعتو الرياح سنة بعد سنة، وهو من على عاموده الشاهق يرسل تعاليمه إلى الناس...».

ولأن في وليد مسعود ما يشبه الأنبياء - فهو قادر على مصالحة الواقع والحلم والوقائع والرغبات، وقادر على أن يكون الإنسان - النبي الذي يضم بين أعطافه كوكبة من الأرواح اللامعة. تصفه إحدى شخصيات الرواية فتقول: «وليد إنما هو ذلك الفلسطيني الرافض، الرائد، الباني، الموحّد، العالم، المهندس، التكنولوجي، المجدد، المحرك للضمير العربي بعنف. ودوره تغذية الروح الجديدة المبنية على العلم، على الحرية، على الحب، على التمرد على السلفية... ص: 322». إنه الخير الشامل من وجهة نظر الأرواح السليمة والخطر الشامل من وجهة نظر الأرواح العقيمة. وهو في صفاته جميعاً روح فلسطين، كما يجب أن تكون، روح «الحقيقة» التي تحاور الحياة، وهو روح عصر مختلف يوحد بين العلم والتقنية والفن والإيمان.

إضاءة خامسة

ديمومة المرأة الجميلة

لا رواية عند جبرا من غير أنثى، بصيغة الجمع، ترافق الفعل الروائي من بدايته إلى نهايته، ولا أنثى من غير ذكر، تلاحقه أو يلاحقها، فالمرأة كوجود مستقل غائبة أو أقرب إلى الغياب. وإنْ كان هناك أنثى بلا ذكر، بدت يابسة أقرب إلى الموات. يشبه جبرا، في هذا المجال، نجيب محفوظ ويختلف عنه، ذلك أنه لا يستقدم السياسة إلى نصه، وما يبدو صراعاً، أو يشبهه، صراع بين أفراد.

تحقق الأنثى، في وجودها الروائي، وظائف عدة: فلا إمكانية للفعل الروائي من دونها، ما دامت تلازم «البطل - الذكر»، وتحتل جزءاً من حركته، إن لم تكن مسيطرة في النص كله، كما هو الحال في «صراخ في ليل طويل»، أو حاضرة وشبه مسيطرة - صيادون في شارع ضيّق - حيث بطولة الذكر تتجلى في اقترابه من الأنثى ونصرتها. وهي في هذا كله تعبير عن توازن منشود، تحققه أو تدعه مفقوداً، فالذكر يصارع كي يظفر بالأنثى، وهي تصارع كي يكون بين يديها، و«نهاية الفعل الروائي» موسومة، دائماً، بحدود ذلك الظفر أو آماد تلك الخيبة.

ولأنها، أي الأنثى، محكومة بمنظور رومانسي، فمجالها متاح أن تكون امرأة - مثالاً، تختلط بالربيع والبحر والنعمة، تترجم صورة الذكر - المثال الذي ينالها، كما لو كانت جوهر الوجود ومجلى للتجربة الإنسانية. وهذا الإتساع هو الذي يسبغ عليها رمزية متعددة، فتكون شيطاناً وتكون ملاكاً، وصورة عن الوطن - الأم، أو ظلاً حارقاً من ظلال الغربة.

وإذا كان جبرا قد ذهب في روايته الأولى إلى رمز «المرأة القاتلة»، التي تُسعِد وتتعس وتدمّر، فقد ذهب في رواياته الأخرى إلى صورة «الأنثى المكتملة»، المشبعة بجمالها وبأناقة جميلة. ولهذا عني الروائي جبرا بوصف «أنثاه» وصفاً دقيقاً، متوقفاً أمام البشرة والشعر والمشية ولون العينين وفتنة الابتسام، ومتوقفاً أيضاً أمام لون اللباس واتساقه وتعارضاته. ومع أنه أوحى بأنه يشتق المرأة من «الفصول الأربعة»، فقد أوقفها طويلاً في فصل الربيع، تأخذ ألوانه وتعطيه ألوانها وتظل قدراً لا يمكن الهروب منه.

ربط جبرا الرومانسي «أنثاه» بالطبيعة، فلها ألوانها وامتداداتها ووجودها السرمدي، وهي، في النهاية، عمل فني وتكوين إبداعي، تُقرأ في وجودها المحسوس، الطافح بالرغبة واللذة، وتقرأ كعمل فني له مستوياته المتعددة. ولعل جمالية المرأة، أو فنيّتها، إن صح القول، هي ما يهمّش وظيفتها التناسلية، كما لو كانت نموذجاً جمالياً وموقعاً للحب والهوى. ولهذا لا ذكر «للأنثى - الأم» في رواياته، باستثناء «البحث عن وليد مسعود»، بل إنها حاضرة دائماً في عشرينياتها، أو في ثلاثينياتها، فإن جاوزت «الأربعين» اقترنت بالخطيئة.

اتكاء على العلاقة الصريحة، أو المضمرة، بين الأنثى والطبيعة، رسم جبرا جمعاً من النساء الجميلات في روايته «السفينة»، وأحاطهن بفضاء طبيعي - أنثوي، إن صح القول، حيث الشمس الناعسة والنسائم المريحة والموج الهادئ - الغضب، والعاصفة التي تنزع «الذكر» من سكينته. أدرج جبرا في «السفينة» معرضاً ذكورياً واسعاً، حيث الوسيم والقبيح والمتأنق والأشعث والشاعر والمتفلسف والطبيب ورجل الأعمال، وحيث المرأة العربية والإيطالية والفرنسية واللبنانية، ذات الشعر الطويل المسترخي والشعر القصير، والعيون الزرقاء والخضراء والسوداء، ....، أراد أن يرسم فضاء طبيعياً، مكتملاً، يتوسطه البحر، وتزيّنه النساء بأشكال مختلفة. ولم يتكشف الجمال البهي للعراقية «مريم الصفّار»، التي عشقها، فترة، وليد مسعود، إلا في أحضان «الجبل»، حيث تبدو الأنثى زهرة بين الزهور، أو شجرة خضراء تطاول القمر، ورافداً شهياً من روافد الحياة.

لا وجود لثنائية الرجل والمرأة، في أعمال جبرا، التي تشير إلى علاقات اجتماعية، بل القول منصرف إلى ثنائية الذكر/ الأنثى، التي تستدعي الحب والرغبة. وتستدعي «المرأة» مخلوقاً أنثوياً، يتقوقع في أنوثته، منصرفاً إلى الذكر، أو يجبر الذكر على الانصراف إليه. فهي تظل مستقرة في «أنوثتها»، تهزم الذكر أو تستسلم له لا فرق، لأنها لا تتمرد، وغير قابلة للتمرد، فإن تمردت كان ذلك بفضل «ذكر» من خارجها، كما هو الحال في رواية «صيادون».

وواقع الأمر أن تصور جبرا، في علاقته بالمرأة، مسكون بالمفارقة: يدفعه فكره الحداثي إلى الاحتفاء بالمرأة المتحررة، ويشدّه تصوره الرومانسي إلى «الأنثى اللدنة»، التي تنتظر من يؤكد أنوثتها، أو تنتظر الآخر - الذكر، الذي لا تكون إلا به. والواضح، رغم شيء من الاضطراب، التصوّر الذكوري القائم على المرتبة، حيث البدء بالذكر ثم تتلوه الأنثى. ولذلك لم تتحرر «المرأة العراقية» إلا بفضل الذكر الفلسطيني، الذي «أنار حياتها» ووضع فيها قوة متمردة. ويقف «الذكر» في «السفينة» هادئاً، بعد أن أخلفت صديقته وعدها، واثقاً أنها آتية له، وأنها ستأتي إليه في «نهاية الحكاية». أما الذكورة العامرة، التي تمر على النساء جميعاً وتبقى متفردة، فقائمة في «البحث عن وليد مسعود»، حيث كرنفال نسائي آخر، عامر بالوجوه الجميلة، والقامات الفاتنة، الأقرب إلى الأحلام.

يستطيع قارئ جبرا أن يُرجع صورة الأنثى، في رواياته جميعاً إلى صورة - أصل، قائمة في قصة قصيرة له، كتبها في مبتدأ مساره الكتابي، عنوانها «ملتقى الأحلام» نشرها، لاحقاً، في مجموعته القصصية «عرق وبدايات من حرف الياء».عطف جبرا المرأة على عالم الأحلام، ودعاها «رباب»، أي الغيم الأبيض الناعم الذي لا يقوى على مقاومة الريح، وحركها في فضاء من الأدب والموسيقى والرؤى، يربطها بعالم ميسور، أو قريب من اليسر.

احتفظ جبرا بالمرأة - الأصل في جميع رواياته، حيث المرأة قبضة متعالية من الغيم، لدنة طرية متأبية، لا تتمرد ولا تميل الى التمرد، فهي فكرة أو أقرب إلى الفكرة، تشع جمالاً وتبعث في العين المسرة. وحين حاول إلحاقها بـ «العمل الفدائي»، كما هو الحال في «البحث عن وليد مسعود» بدا كلامه غير مقنع، لأن من دار طويلاً في عالم الفن يظل علاقة فنية. ولن يختلف الأمر في روايته الأخيرة «سراب عفان»، فالمرأة جميلة لها جذور في القدس، مثقفة ودائمة الفضول، اسمها يدل عليها، توجد ولا توجد في آن، لأن السراب يرى ولا يمكن القبض عليه. ولهذا فإن تمردها مشتق من حالها، لا تنزل إلى المجتمع ولا تختلط بالعلاقات الاجتماعية، بل تؤثر السفر إلى الغرب، إلى باريس ربما، «مدينة النور» التي حلم بها المثقفون التنويريون العرب.

لا تتمرّد المرأة بل تسافر، مغيرة المكان محتفظة بجوهرها «الأنثوي» الذي لا يمكن تغييره. وواقع الأمر أن جبرا الحالم، والذي ترجمته أحلامه إلى صور كتابية، ظل طيلة حياته مشدوداً إلى فكرة الأصل، التي تعني «المرأة المكتملة الأنوثة»، و«الرجل المكتمل الرجولة». ولذلك هجس طويلاً بكتابة رواية عن شخصين، شخصين فقط، رجل وامرأة وقصة حب، «أعزلهما عن كل ما يحيط بهما، كما تعزل نقطة دم صغيرة؟ وأنا أشعر أنني بذلك أحقق نوعاً من العودة إلى الجنة، الجنة الأولى. سراب عفان، ص : 241».

الجنة هي الأصل الأول، حواء وآدم ولا أحد غيرهما، والأصل في الجنة هي المرأة، التي تدفع بالرجل إلى حيث تريد. والرجل الأصل، الذي حلم به جبرا، هو جبرا الفنان المقدسي الأصل، الذي يقبض على الغيوم، ويسافر مع أحلامه إلى حيث يشاء.

المراجع:

1. **القلق وتمجيد الحياة**: جبرا إبراهيم جبرا، كتاب جماعي، الطبعة الأولى 1995، المؤسسة العربية للدراسات والنشر، بيروت. يتضمن الكتاب دراستين عن رواية «سراب عفان».

رواية جبرا إبراهيم جبرا

فلسطيني الأحلام أو: الفلسطيني المستحيل

يرسم جبرا إبراهيم جبرا، في رواياته، صورة لفلسطيني يلتقي البشر ويختلف عنهم. يبدأ الفلسطيني متحقّقاً، تلبي فيه الإرادة الطموح، ويستجيب العقل فيه لإرادة عاقلة. غير أن ذاكرة ضاغطة تسكن الفلسطيني المتحقّق وترده أبداً إلى أرض خرج منها واغترب. تحتضن الذاكرة جرحاً نازفاً يؤرق المتحقّق، فيعرف غربة الوطن ولا يمسّه الاغتراب الاجتماعي. تشطر الذاكرة الفلسطيني إلى نصفين، يكون، في الأول منهما، سيداً على نفسه، وعلى ظروف الغربة وأحوالها، ويكون، في نصفه الآخر، غريباً، تنقصه الأرض التي لا يرضى عنها بديلاً. كأن تحقّق الفلسطيني ذاتياً تعويض عن نقص الأرض المرغوبة، أو كأن تحققه إعلان على قدرته على قهر الغربة واستعادة ما فقده، ولو بعد حين.

يستلزم الاقتراب من معنى الفلسطيني، الذي يصوغه جبرا، التعرّف على المصادر الفكرية والثقافية التي تقود جبرا إلى صياغته، وهي مصادر تختلط فيها تجربة ذاتية بمنظور للمكان محدّد، وتتمازج فيه الثقافة بطفولة ذات أسرار كثيفة، أي أن بطله محصلة لزمان ومكان وتجربة، لا خلقاً باذخاً تمليه ذاكرة أضاعت ضوابطها. تحيل كتابة جبرا على ذات تستلهم مسارها الذاتي، تصد هجوم الفقر وتتذوّق طعم الحياة، وعلى مدينة مقدسة هي القدس التي تستولي على الذاكرة، وثقافة تآلف الإنسان والمكان، وقد تقدسا، وصدر عنهما إنسان أعلى يتحدث بجمالية الإنسان. يفضي الاقتراب من بطل جبرا إلى قراءة أيديولوجيا خالقه، التي تنتج رواية محكمة البناء، وتغرس فيها بطلاً يجول بين العلاقات الروائية، ولا ينتمي إليها بالضرورة، لأنه ساكن منذ البداية، يتعرف على اغتراب الغير، وتحقّقه يصد كل اغتراب.

1. أيديولوجيا البطولة في مصادرها الأولى:

حين يصوغ جبرا بطله المتحقّق، فإنه يرى فلسطين، ويرى فيها سيرة الطفل الفقير، الذي كانه جبرا. وسيرته الذاتية، أو بعض منها، التي وضعها في كتابه: «البئر الأولى»، تطلعنا على البيت الفقير، الذي

أنجب طفلاً، ينهي دراسته متفوّقاً، ويحتضن غنى المعرفة، ويصل إلى أفق رحيب ثمنه جهد وإرادة ومثابرة. لا يرى جبرا في الفقر فضيلة، غير أنه يعرف بوضوح أن الفقر لا يمنع الفضائل ولاينهي عنها، إن لم يكن، في أوقات قليلة، تجربة تفضي بصاحبها إلى فضائل متعددة. نقرأ في «البئر الأولى» على لسان الأب عودة السطور التالية: «ويسوع مثلنا تماماً، كان فقيراً معدماً. انظروا كيف أنه ولد في مغارة تعتلف فيها الحيوانات في الشتاء. كان البرد قارساً، والثلج يتساقط، فوضعته المسكينة في المعلف ليدفأ، وعندما كبر، كان يمشي في طرقات بيت لحم والناصرة والقدس مثلنا حافياً، وبثياب قليلة، وممزقة، نهباً لزمهرير الشتاء وقيظ الصيف... إن الطبيعة قاسية، ولا نقدر جميعاً على تحمل قسوتها، كما فعل السيد المسيح، ولكن علينا، رغم كل شيء، أن نقتدي به. وطوبى للفقراء لأنهم سيرثون جنة الله...» [1]. نشأ جبرا في أسرة معدمة وتشبّثت بقيم السيد المسيح وأخلاقه ومثله. وقيم المسيح صاغت الطفل الذي كانه جبرا، فهمّشت الفقر وأكّدت الإنسان، الذي تقرّر إنسانيته معنى الفقر والغنى.

يأخذ جبرا في مقدمة كتابه بقول الشاعر وردزويرث: «إن الطفل هو والد الرجل»، والطفل الذي كان والد جبرا، مشى مثل المسيح حافياً في بيت لحم، ومشى طويلاً قبل أن يكتب روايته الأولى «صراخ في ليل طويل» باللغة الإنكليزية، ويرث جنة العلم والمعرفة والتنقّل بين الأقطار. قاد استلهام تعاليم المسيح الطفل، الذي كانه جبرا، إلى فضيلة المثابرة، فلم يخذل ذاته ولم يخذل غيره. يقول أستاذ اللغة الإنكليزية للصبي: «ولكنك لن تستطيع مواكبة هذا الصف في الجزء الخامس»، ويعطي جبرا جوابه: «هل خيّبت ظنه بعد شهر؟ دخل الصف، وأخرج من بين أوراقه قائمة «العلامات»، وهز رأسه، وهو يتأملها، ويضحك ضحكة التعجّب بصوت خافت، وقال: «يا جماعة، ظلمنا جبرا، فماذا فعل ؟ سبقكم جميعاً...» [2]. هزم التلميذ فقره بأدوات تنتمي إلى القيم والإرادة والمعرفة. إن حوار الفقر والمدرسة، في عالم الطفل، سيتحول إلى حوار المنفى والنجاح، في عالم الرجل، وسيجعل جبرا يستعين بالطفل الذي كانه، ليصوغ لاحقاً بطله الأثير، الذي يمشي على الجمر ويخرج سليم القدمين.

يدرج جبرا تجربته الذاتية في تجربته الروائية، لا بمعنى الموضوع، بل بمعنى المنظور الفكري الذي جوهره: إنسان الإرادة. ينضاف إلى عنصر الذات المنتصرة عنصر يحيل على المكان الذي ضمّ الذات ودرجت فوقه، والمكان موزع بين بيت لحم والقدس، فالقدس ترشح عميقاً في روح جبرا وفكره، فيكون لها عاشقاً، وبها مأخوذاً. يكتب جبرا عن القدس في روايته: «صيادون في شارع ضيق»: «وإذا الآثاري يقول بنبرة تشبه الترتيل: «قدس الفضة، يا قدس الذهب»... فأضفت مجاناً من عندي «قدس الزمرد والبنفسج»... «يا قدساً سماؤها ياقوتة لا تنتهي، صدفة غسلتها مياه البحر ورفعتها...... يا أرض التربة الحمراء والحجارة بلون الورود، أرض الزيتون بخضرته التي منذ الطوفان ما حالت، والشقائق بحمرة الدم. ألم يسق ترابك دم تموز والمسيح...» [3] ؟. وقد تبدو صورة القدس، في هذه السطور، ضرورة روائية أملتها غربة أنطقت أحزان الغريب، غير أن تغلغل الذاتي، في تجربة جبرا،

يكشف تهافت الاحتمال. القدس، كما الذات المنتصرة، عنصر كامل الحضور في كتابات جبرا، يشتق منها معنى الإنسان والكتابة والرواية. نقرأ في «البئر الأولى»: «هذا الانفتاح اللانهائي على الدنيا كان لي متعة هائلة: فنحن نرى الشروق كل يوم بألوانه الصاخبة، ونرى كل ليلة، في الناحية الشمالية، وقد جلسنا نسهر على الدرج الحجري، وهجاً ينتشر على امتداد من الأفق وراء الجبل. ولما سألت أخي يوسف عن ذلك الضياء الغريب، قال دون تردد: «إنه ضياء مدينة القدس... يريد الله لها أن تتوهّج في وسط الظلام الذي يملأ الدنيا». وكان جبرا يعتنق كلام أخيه، ويرى في القدس، كشفاً لا ينتهي، ويعيش في تأمل أحجارها متعة هائلة، فلو كان الجمال مدينة لكانته القدس، ولو كان الضياء موقعاً لكانته تلك المدينة، التي تصد الظلام عن العالم. تؤسطر الذاكرة المدينة الجميلة، وتضيف إلى جمالها جمالاً، فتغدو مدينة - أسطورة، أو أسطورة تحدّث عن أجمل المدائن: «ولكنني أذكر التراب في القدس والصخور في القدس، كأنني أذكر جواهر الدنيا» (4). وجواهر الدنيا التي يتحدث عنها جبرا، في مقابلة معه، تأخذ أسماءها في رواياته، فتكون قدس الذهب والفضة وقدس الزمرد والبنفسج، مدينة لا يشبع العقل منها ولا تستنفدها الروح.

في مقالة شهيرة له، كتبها عام 1965، عنوانها «القدس: الزمان المجسّد»، يواصل جبرا وصاله مع القدس، ويطلقها مقدسة في مراياها التي لا تنتهي، فمكاناً يسكنه عبق التاريخ تكون، وتكون مكاناً جسّده الزمن في وجوه لا تنتهي، ومكاناً - سراً يأسر من التقى به إلى الأبد، فالمدينة المقدسة هيئة تضيء وصوت عذب لا يعرف الأفول، ورمز رحب تتعدد فيه الرموز وتتوالد: «قضيت سنتي الأخيرة داخلياً في الكلية العربية، ولن أنسى منظر القدس عبر وادي الربابة، وهي في النهار مغمورة في غمام البنفسج، وهي في الليل تتقد وتتلألأ»(5). يحيل التلألؤ، كما غمام البنفسج، على مدينة واقعية، وعلى مدينة لا مرئية تسكن الأولى وتساكنها، كأن جبرا يشتق من القدس، التي يحب، قدسه الأخرى المنسوجة من ضياء غريب. إن إضافة الرمز إلى مدينة حافلة بالرموز هو ما يجعل جبرا يرى القدس مدينة مرئية ولا مرئية في آن، فيذهب بعقله إلى المرئي واللامرئي. تتعدد المدينة في وحدتها، وتتوحد في تعددها، فهي المدينة والمعجزة والروح السرمدية المتأبية على الدمار والموت: «غير أن معجزة التاريخ هي هذه المدينة التي قدسها البشر، وبقدر ما قدّسوها أعملوا فيها يد التخريب والدمار، ولكنها تجرح ولا تموت، تتحطّم ثم تنتعش من جديد» (6).

ينتسب جبرا إلى فلسطين، وينتمي إلى القدس منها، لكأنه لا ينتمي إلى فلسطين إلا لأن القدس فيها، أي أنه يرتبط بمقدس تجسد في مدينة مقدسة. ولعل هذا الارتباط بمقدس هو في أساس البطل المرئي - اللامرئي في روايات جبرا، الذي يتحطّم ثم ينتعش من جديد. فالبطل قائم ورمزه المقدس يقوم فيه، فيتكشّف عادياً بين البشر، ثم يفارقهم لأنه لا يعرف الخيبة والاغتراب. يشير الرمز إلى مدينة صاغتها ذاكرة الغريب، وإلى مدينة عرفها الغريب قبل الرحيل، وإلى منظور يقدس مدينة مقدسة. أي:

لا يتعامل جبرا مع مدينة مقدسة، إنما يبدأ من منظور فكري يقدس المدينة وعلاقاتها، بسبب علاقة صوفية تربطه بالمدينة، وبسبب غموض مقدس يداخل المدينة ويحايثها. يقيم هذا المنظور علاقة رمزية بين الفلسطيني ومدينته المقدسة، فيكون على صورتها، واضحاً - غامضاً - وإنساناً - رمزاً، يمتلك من الاستطاعة ما يؤكده سيداً على ذاته، وعلى المصير الذي يسير إليه. والاستطاعة في وجهيها تغوي جبرا بتذكير قول ينسبه إلى أرنولد تويني: «ذكرت قبل مدة لأحد أصدقائي ما قاله لي توينبي في الخمسينات عندما التقينا في بغداد. قال «أنتم الفلسطينيون خرجتم من فلسطين كما خرج العلماء الإغريق من القسطنطينية بعد أن احتلها الأتراك سنة 1453 أنتم تلعبون نفس الدور الحضاري الهائل في الأمة العربية، هذا هو مصيركم أم حتفكم، لا أعرف» [7]. يأخذ الفلسطيني بعداً رسولياً تحوّطه المأساة، فالموت يتجنّب حامل الرسالة إلا في ظروف قليلة.

تتداخل عناصر عديدة وتنشئ تصور العالم عند جبرا، فالفقر تجربة واهنة: «لم أشعر قط أن للفقر قدرة أوقوة تمنعني من تذوق الحياة والتمتع بها» [8]، وتجربة المكان المقدس تستحضر تعاليم المسيح بلا انقطاع: «بيت لحم كانت بالنسبة لي مدينة المسيح أيضاً، فأوجد ذلك صلة حية بيني وبينه» [9]، وتجربة الثقافة التي تقرأ الواقع وتستنطق إمكانية الإنسان: «لقد أعطتني الثورة الرومانسية فكرة إمكانية قيامنا بثورة مشابهة» [10]، وتجربة المنفى تعيد قراءة القراءة وترى الحق يعود إلى أهله. تغوي العناصر السابقة بإرجاع تصور جبرا إلى تصور أحادي الدلالة، أو اختزاله إلى وعي ديني يواجه الخير فيه الشر ويصرعه. غير أن تأمل جبرا مساراً وثقافة وكتابة يقترح صيغة أخرى: لا يتكوّن وعي جبرا من عناصر يتجاور فيها الوطني والذاتي والديني والثقافي، إنما يتكون من تمازج العناصر جميعاً، وتحوّلها إلى عنصر جديد يتضمن العناصر المكونة له ويفيض عنها. والعنصر الجديد يرد إلى الجميل والجمال البريء المفقود أو البريء الضائع. بهذا المعنى، فإن جبرا يقيس العالم ويعايره بتصور جمالي خالص، يحتضن الحق والفضيلة والعدالة، ويكون الجمال فيه طاقة خلاقة تواجه قبح العالم وشروره. وفي هذا التصور يصبح الفلسطيني علاقة جمالية في جملة من العلاقات الجمالية، يتصف بالاتساق والتناغم والتوازن، فهو كيان جمالي لا موقع فيه لفساد أو خلل. وبالتأكيد، فإن جبرا لا يرسم الفلسطيني العادي، إنما يرسم الفلسطيني الممتد بين مدينة رمزية مقدسة وثقافة تضيف إلى المدينة المرمّزة رموزاً جديدة. فلسطيني موغل في جماله وغيابه في آن، لأنه أثر لثقافة ترى الجمال في اتساق العلاقات وتوازنها.

2. صيادون في شارع ضيق: الفلسطيني المتحقّق

يعطي «جميل فران» في «صيادون في شارع ضيّق» صورة الفلسطيني كما تتكوّن في تصور جبرا إبراهيم جبرا. فلسطين تأتي إليه الحياة لأنه يهزم نقيضها: «نحن نريد الحياة مهما دعانا داعي الموت» [11]. ينطق البطل بتصوره، ويأخذ به ولا يحيد عنه، ذلك أنه تسيّد على ذاته، وروّض علاقات الحياة التي

تستعصي إليه. يبدأ غريباً عن المدينة بنقود قليلة وينتهي مستقراً في الوضع الذي يريد. المكان بغداد والزمن يتلو ضياع فلسطين مباشرة - 1949 - والمجتمع العراقي يعيش مخاضاً عسيراً، فالشعب فيه يرفض القائم، ولا يعرف ما يريد، والطبقة الحاكمة عجوز تخلّفت عن الحياة. وجميل فران يدخل المدينة مسكوناً بفضول لا يقاوم، يعرف ويتعرّف ويحسن المعرفة والتعرّف، فتفتح له المدينة أبوابها، وتبوح له بأسرارها، فيتسيّد على ما يشاء، بعد أن أتقن التسيّد على ذاته.

يحمل جميل فران صفات الفلسطيني الذي يحمله تصور جبرا: متميزاً يكون، يهجس بالقدس، يؤدي دوره الرسولي ويسوّي المتناقضات، ولا يقبل التحوّل، لأنه معطى كامل منذ البداية. حين يصل البطل إلى المدينة الغريبة يكتب السطور التالية: «عندما وصلت إلى بغداد كان لدي ستة عشر ديناراً» [12]. وتتبدّل أحواله لحظة دخول الجامعة وعثوره على جمهور يستمع إلى محاضرة عن اللورد بايرون. تظهر الجامعة لِتُظهر جدارة المدرّس فيها، وتأتي المحاضرة برهاناً على ثقافة الفلسطيني الغريب المديدة. لا يدخل البطل بغداد لابساً أيديولوجية اللجوء إن صح القول، إنما يدخلها محمّلاً بأيديولوجيا الانتصار. ولذلك، فإنه ينتقل من الفندق الهامشي إلى مركز النخبة: «ودارت بي سلمى لتعرفني بضيوفها الآخرين: انكليزيين اثنين، وأمريكي من سفارة الولايات المتحدة مع زوجته، وفتاتين شديدتي الحماس عادتا للتو من الدراسة في إحدى الجامعات الأمريكية» [13]. الوسط الذي يتعرف عليه نخبوي، والفتاة التي يظفر بها الفلسطيني، تنتمي إلى نخبة النخبة، إن لم تكن تنتمي إلى نخبة ذات بعد ثالث، لأنها مهيأة للتمرد على الوسط الذي تنتمي إليه. يعرّف البطل ذاته بقدراته على امتلاك الموضوع الذي يريد: «لقد رأيت الفقيرات يفضن زرافات من أحيائهن الشعثاء ويجلسن على الأرض وأكوام الروث. أما أمثال سلافة فلربما تجمعن في حدائق بيوتهن لسماع الراديو، أو ربما لعزف أسطوانات التانغو والباسو دوبلي القادمة من أمريكا اللاتينية» [14]. يفضّ البطل أسراره بطول المسافات التي قطعها: الدخول إلى الجامعة أستاذاً، الدخول إلى الحياة الاجتماعية نجماً ثقافياً، الوصول إلى النخبة وتجاوزها، الزواج من «سلافة» التي تُؤثره وترفض غيره، رغم اختلاف الدين واختلافات أخرى.

يتعرّف جميل فران، إضافة إلى النخبة، على أنماط بشرية أخرى، واضحة السمات الاجتماعية والفكرية والروحية، مثل : عدنان، حسين، توفيق، بريان، سلمى، عماد.. يصوغ جبرا هذه الشخصيات بدقة فنية مدهشة، تقارب التوثيق وتفيض عنه، منتجاً صورة موضوعية لمجتمع يحتضر لا يعرف الطريق إلى ولادة جديدة. تقوم هذه الشخصيات بوظيفتين: تتكشّف الأولى في إنتاج معادل روائي للواقع الاجتماعي الموضوعي في وجوهه المختلفة، وتتجلى الوظيفة الثانية في الكشف عن إمكانيات البطل المتعدد، كأن الشخصيات لا تحضر من أجل ذاتها، بقدر ما تحضر من أجل إنارة عالم البطل في مراياه المختلفة. تحضر الشخصيات في اللحظة الأولى، تعبيراً عن مستويات اجتماعية متباينة ومتقاطعة ومتصارعة، تعكس ضياع المجتمع ونقائصه، التي تهدمه ولا تجدده بالضرورة. وتأتي الشخصيات،

في اللحظة الثانية، كجملة من المرايا المتجاورة نقرأ فيها ثقافة جميل فران، حكمته وجرأته، لمعانه ومثابرته، قدرته على الدهشة ومقدرته على تعلّم الحياة وتعليمها. نتأمل في اللحظة الأولى، ملامح عهد آيل إلى السقوط، وسمات طبقة تقترب من الأفول، أي تغدو الشخصيات تكثيفاً عميقاً لحركة تاريخية مستسرّة، تمزج، بشكل فجائي، بين الجمال الخارجي لطبقة وانهيارها القادم. ينتج جبرا، في هذا المستوى، وعي الرواية، في دلالته العميقة، من حيث هي وعي بتحولات البشر وتغيراتهم، يرصد الآفل الذي لا مردّ لموته، ولا يقترح بديلاً، لأن البديل صدفة واحتمال ومساحة من ضباب. أما في المستوى الثاني فيظهر بطل جبرا يسير مستقيماً، بلا انحراف، مبتعداً عن الزمن الروائي، الذي يُحيل على النقص والاغتراب. يكون زمن البطل هو زمن البرهنة على تحققه، زمناً مغلقاً ومنغلقاً، زمناً خارجياً، لا يغيّر من كيف البطل في شيء، ولا يمس نزوعاته، ولا يمسّ عالمه الداخلي، فالماضي يستقر في البطل مُذكراً بالزمن الغنائي لبطل مكتمل تحنو عليه الريح وتسعفه النجوم المتلألئة. تقول الرواية، في علاقاتها المختلفة، قولها، ويقول جبرا قوله الفلسطيني في الرواية التي يكتبها عن عراق يتأهب لدفن حكمه الملكي.

يطوف الفلسطيني في دروب المدينة وتعلن الدروب عن فلسطيني يحمل معه مدينة: القدس: «كانوا يتسلقون جبل بيت جالا لينظروا إلى المدينة التي يحبونها، وهي تنتشر على الأفق الشمالي في هالة من البنفسج الشاحب، لا تبعد عنهم أكثر من ستة أميال، وكأنها على بعد مئة ألف ميل، مدينة الأحلام تتراءى لهم عبر واد هو وادي الموت» [15] وجميل فران يحمل القدس في جوانحه ولا ينظر إليها، فالقدس حاضرة كذكرى في ذاكرة، وحاضرة كنموذج للجمال، وهي حاضرة في روح البطل وكيانه. وحضورها الأخير تكثيف لكل حضور سبق وتجاوز له. القدس حاضرة في كيان الإنسان الذي ينتسب إليها، غائبة في وجودها الجغرافي، حاضرة في آثارها، وجميل فران هو أثر المقدس، الذي يهزم الشر، ولا يمتثل لقواعد الزمان. وذلك ما يقيم مسافة بين جميل والشخصيات الأخرى، فهي تحتاجه وهو لا يحتاجها، فما فيه من إمكانية يمنع عنه الحاجة ويهبه الملء الذي يتمتع به.

يتكئ الفلسطيني على موروثه ليلعب دوره الرسولي، فيحل، بشكل صحيح، مشاكل الآخرين، التي يعالجونها، بسبب قصورهم، بشكل خاطئ. يرى الرسول ما يراه من لم يكن رسولاً، إذ هو يخترق الظاهر إلى الجوهر، ويمتلك اللحظة ويعرف ما يتلوها. يسمح هنا الدور لجميل فرّان أن يقنع البدوي توفيق أن يبتعد، سلمياً، عن سلافة، وأن يحرّر سلافة من ربقة خيار كانت ترفضه. ومثلما يستنفر جميل في توفيق كرامة تصد الأذى، فإنه يضع «عدنان» فوق أرض جديدة متخففة من الحقد والانتقام. يتسيّد الفلسطيني على المدني والصحراوي برفق وهدوء، لأنه يرى ما لا يراه غيره. في إقصاء توفيق البدوي عن درب سلافة، التي تذوب رقة ودعة، يُؤمّن جميل سلامة إنسانين، غير أنه يهزم أولاً رموز المجتمع القديم، الذي يجب زواله. يهزم جميل فرّان، بهذا المعنى، الخيار الخاطئ والمجتمع القديم ورموز

البشر التي تقف خلفه. لا ينقذ الفلسطيني البشر من شرور المجتمع، إلا بقدر ما يسعى إلى هزيمة المجتمع المنتج للشرور. تظهر هنا الرسالة الفلسطينية المقدسة في تغيير الواقع العربي وتبديله، كي يكون قادراً على مواجهة النكبة وذود الدنس عن القدس المقدسة. ولعل هذه الفكرة هي التي تجعل جبرا يردد برضى القول المنسوب إلى المؤرخ البريطاني توينبي. يصبح الفلسطيني، في هذه الحدود، إنساناً/ رمزاً، يرد إلى بشر/ رموز، فما عقم أحمد الربيضي، الذي ينتمي إلى النخبة، إلاّ مقدمة لاندثاره، الذي يحرّض جميل عليه، وما موت عماد النفوي، والد سلافة وسجانها، إلا صورة موت الطبقة القديمة التي يمثلها. ولذلك فإن سلافة المحررة تذهب إلى الفلسطيني محررها، وسلافة مجاز جميل للحي الذي يصادره الميت ويتطلع إلى النور والحرية.

حين ينظر جميل فران إلى الشباب العراقيين الذين يلتقون به، يرمي بالجملة التالية: «ولكن كثيراً ما كان يسئمني في مثل تلك الحلقات أن أراهم يثورون ويتشاجرون جراء أفكار أولية. وكنت في شيء من إرهاق الإرادة أضع نفسي مكانهم لأذوق نشوة اكتشاف أفكار مهزوزة لأول مرة. فقد كانوا كمن ينظر إلى نهر دجلة ثم يهتف فجأة: «انظروا! إنه يتحرك! وفيه سمك يعوم» [16]. يقع الاستنكار الساخر على بشر يحترفون القراءة ويفتشون عن معرفة، فيجعل من البشر ظلالاً للإنسان الحقيقي، ومن المعرفة ظلاً واهناً لمعرفة مغايرة. ويمكن لمفهوم المسافة أن يتضاعف لحظة التقاء جميل فران ببشر بعيدين عن الكتب والقراءة: «كان ثمة رجل عاري الجذع يتدلى ثدياه السمينان كأثداء الزنجيات» [17]، «مررنا حين دخلنا برجل مستدير الكرش»[18]، «الشراقوة بعماماتهم الملوثة وقمصانهم الملطخة بالعرق»[19]. لا تحمل هذه الأوصاف إساءة إلى أحد، بقدر ما تستحضر صفات الراوي، الذي يحترم الرشاقة والرهافة ويؤكد لطف الهيئة واتساق القوام. يقدّم الراوي صوراً عن الحياة، غير أنه يقدم أولاً حكماً على نمط من الحياة لا يأتلف معه. ولذلك يمكن القول: يحل المنظور الروائي علاقات الحياة كلها في ثنائية الجميل والقبيح، فالقدس مقدسة لجمالها، وفلسطين ماثلة أبداً لاحتوائها الجميل، والمعرفة درب يفصل الجميل عما خالفه، والرواية فن يندّد بالقبيح، والرحمة مشتق من مشتقات الجمال، والصهيونية يد كريهة تسطو على بلد ضم الجمال منذ زمن سحيق.

إن اختزال التاريخ إلى علم الجمال، بمعناه الميتافيزيقي، هو الذي يجعل الكتابة الروائية تقارن بين البشر ومعايير الجمال «الأكاديمية». «تأملت قدمي شاب وتذكرت تماثيل مايكيل انجيلو»[20]. وكذلك حال الفتاة التي اعتقلتها التقاليد بشاعرة ذات زمن آخر: «فتاة تشبه أليزابيت باريت، بل إنها مثلها شاعرة أيضاً» [21]، ويتم تجميد عامل الحمام الأسود ليغدو ظلاً لموضوع فني بعيد: «عنده صدر يصلح لأبوللو» [22].

ترصد الرواية مجتمعاً لا سواء فيه، يقبل به من تمسّك بزمن قديم مضى، وينفر منه من يتطلع إلى زمن بديل. ينقّب الإنسان، في الحالة الأولى، عن زمن أضاعه، ويفتش، في الحالة الثانية، عن

زمن لم يعثر عليه بعد، ويعيش في الحالين نقصاً وضياعاً ورغبة بعيدة عن التحقق. يحاصر الاغتراب الشخصيات كلها، وإن اختلفت مستوياته ووجوهه: ينشر الاغتراب أجنحته على سيدة مترفة تقتات الفراغ وبائسة لاذت بالبغاء وقتلها أهلها، وبائع أوراق يانصيب يتدثّر بالبؤس ويعد غيره بالثراء. في هذا الفضاء المحاصر بالنقص والحرمان يعيش جميل فران الملء والكُمُول، ويقترب منه إنكليزي جاء يقرأ القرآن بلغة أهله يدعى: برايان.

يطل الاغتراب من أعتاب حوار رطبة وفنادق مرذولة وأجساد شائهة وأرواح ميتة. يعطي الاغتراب أول أقواله في شخصية: حسين. شاعر هامشي يقتات الوهم ويعشق بغياً ويعمل في صحيفة هامشية، فلا يكون الشاعر الذي يود، ولا بودلير الذي يظن، إنما يكون ظلاً لشاعر آخر، لا يقل بؤساً، وعاشقاً خائباً ومنتحراً فاشلاً. ويتجلّى الاغتراب مرة أخرى في شخص: عدنان. هارب من ماض تنقصه البراءة ومن عائلة يحتقر قيمها، فلا هو مع عائلته، ولا هو مع نقائضها. وهناك «سلافة»، ابنة الإقطاعي التي يعطيها الفلسطيني دروساً خصوصية. ليس في سلافة من السلب أقل من الآخرين، مع فرق قوامه جميل فران، الذي يحررها من البيت القديم وينقلها إلى القصر المسحور.

يقف خارج حقل الاغتراب شخصان، الفلسطيني جميل فران والإنكليزي برايان. يتمثل تحقق الفلسطيني في موقف سلافة منه واستجابته للتحدي الذي وقع عليه. يتعيّن الفلسطيني حبيباً ومنقذاً ومخلصاً، ففيه استطاعة تهدم جميع العوائق، ذلك أنه منقذ لذاته وغيره، أو أنه منقذ لغيره لأنه يستطيع إنقاذ ذاته.

شيء ما من غياب الاغتراب يسم شخصية الإنجليزي برايان، الذي تتسم علاقته بالفلسطيني بالتناغم والاتفاق. ولذلك يختلف الفلسطيني مع غيره، وينفي أفكاره وينبذها، وتظل علاقته مع الإنجليزي المثقف علاقة حوار وتكامل. نقرأ في الصفحات الأخيرة من الرواية: «أما برايان، فبعد أن أصبح طلق اللسان بالعربية، بدأ بتعلّم العزف على «الناي»، تلك الآلة الأصيلة العروبة المصنوعة من زوج من القصب. كان منظراً مضحكاً، بل غريباً ومتناقضاً، منظر ذلك الرجل الأشقر، الأزرق العينين، خريج جامعة أكسفورد، وهو ينفخ خدّيه ليعزف على تلك الآلة كأنه أعرابي في عرس» [23]. تحوّل الصورة الإنجليزي إلى مخلوق جمالي، غير أنها تقدم صورة لإنسان موهوب في الدرجة الأولى، إذ خريج أكسفورد يحسن اللغة العربية حديثاً، ويتقن العزف على آلة عربية بامتياز. يصدر انسجام جميل فران مع برايان عن الانتماء إلى حيّز متجانس هو: الثقافة. بمعنى آخر: إن احتفاء جبرا بالثقافة، إلى حدود التقديس، هو الذي يجعل روايته تنتج بطلاً يعاين المجتمع والعلاقات الاجتماعية من وجهة نظر ثقافية، أو من وجهة نظر تحتفي بالثقافة إلى حدود التقديس. تبدو الثقافة درجة ترفع من اكتسبها وتسوّغ له السيطرة على من هم أقل منه ثقافة. فبالثقافة ينتصر الفقير على فقره، والفلسطيني المثقف على غيره، وبالثقافة يسهم الفلسطيني في تسريع هزيمة المجتمع العربي القديم.

3. بطولة الثقافة أو الثقافة كبطل غريب

يتكئ الفلسطيني على مراجعه المتعددة ليكون مثقفاً منتصراً. لذلك نقرأ في مسار جميل فران مساحة ثقافته المبنية من فلسفة الجمال، التي تضع الوجوه والقامات في متحف خيالي سكن ذاكرة المثقف واستقر فيه. يرد اسم سلافة، قبل رؤيتها، إلى الشاعرة باريت، وتحضر بعد رؤيتها صورة إميليا فيفياني، الفتاة الإيطالية التي التقى بها الشاعر الإنجليـــزي شيلـــي.[24] وتستحضر عيناها «عيون المنحوتات الجداريات الآشوريات». وسطوة الفن تسحب الفنان من الحديث العارض مع غيره إلى عالم جوهري مغاير: «ثم وقف وأعطاني سيكارة أخرى من الصندوق المصدف وأخذ هو واحدة. نظرت إلى صورة كبيرة مطبوعة لإحدى كاتدرائيات مونيه الجميلة»[25]. تكشف الرواية، في صفحاتها المتتابعة، عن منظور جميل فران، الذي يحتشد بالرسم والموسيقا والأشعار والتماثيل، كما لو كان فضاء البطل ينقسم إلى حيّز أصيل قوامه ثقافة فنية متعددة الأبعاد، وحيز عارض يستقي وجوده من العلاقات اليومية. ولعل هذا الفضاء المنقسم إلى أصيل وعارض، هو الذي يدخل الفنان إلى اغتراب عن صورته. يغترب الفنان عن جوهره، لا بسبب فقر أو إخفاق أو نقص، بل بسبب درجة ثقافية تجعله يرى الأصيل في عالم يوازي عالم البشر ولا يلتقي به. فيكون الفن ملاذاً، ويكون من البشر مقبولاً من شابه الموضوع الفني، أو أحال عليه، بل تسكن فلسطين الروح، لأنها قلب الجميل أو امتداد له. ولهذا، فإن الثقافة مدخل إلى الشهرة وتحقق الذات، وهي الجسر الذي يلتقي فوقه جميل فران بحبيبته العراقية، وهي الموضوع الذي يفصل الأستاذ الجامعي عن البدوي توفيق. في حوار الأخير مع نقيضه البدوي يسأل الأول: «إذن تعتقد ألا حاجة للفن؟»، ويجيب الآخر: «كل فنان، بالطبع، كل كاتب قصة، كل روائي، إنما يطعن بخنجره المسموم جسم الحياة السليم»[26]. يحيل السؤال، كما جوابه، على منظور الفنان والاغتراب الذي يعيشه.

تتماهى الثقافة بالمعرفة، بعد أن تغدو الثقافة نظيراً للفن، ويصبح الفن مرادفاً للجمال، ويمسي الجمال ضامناً للانتصار. ينتصر الفلسطيني لأنه جميل وعارف بالجمال وتنتصر فلسطين لأنها قوام الجمال وآيته. يأخذ الجمال، بعد تجريده من اجتماعيته وتاريخيته، معنى الحق، فالحق جميل بقدر ما يكون الجميل صورة عن الحق. وتبادل الأدوار بين تصورين متعاليين يؤمّن الغبطة ويوطّن اليقين، فتكون فلسطين، كما من ينتسب إليها، منتصرة، ولو بعد زمن.

تستدعي وحدة الحق/ الجمال مفهوم المسؤولية، فالقانع بحق جميل مسؤول عن الدفاع عنه. ورواية جبرا تطرح بحرارة عالية مفهوم المسؤولية. غير أن هذا المفهوم يقوم، روائياً، في مستويين، مستوى خارجي تلتقطه العين بيسر أليف، ومستوى داخلي يتجاوز العين والرائي. تتجلى المسؤولية الأولى في احتضان فلسطين المغتصبة في ذاكرة دافئة، وفي تذكّر اللاجئين المشرّدين الذين لا يهجرهم الفلسطيني الجميل أبداً. وتتكشّف المسؤولية الثانية، وهي الأصل والجوهر، في إنقاذ الجميل، لأن إنقاذ

الجميلَ إنقاذ لفلسطين مرجع الجمال. وفي المستوى الأول، يسرّع الفلسطيني انهيار قديم المجتمع العراقي، وفي المستوى الثاني يلوذ من القديم والقبيح معاً، ليحتفظ بالجمال. هنا تأخذ سلافة دلالة مزدوجة، فهي تحيل على الجمال الموجود في العراق وعلى الجميل الأكبر الذي تمثله فلسطين. يتعامل المنظور الروائي، في الحالين، مع الجمال - الحق، والحق - الجمال، فإنقاذ سلافة إنقاذ لفلسطين، والانتساب إلى فلسطين يأمر بتحرير سلافة. يدور مفهوم المسؤولية حول ذاته، فيقترب من فلسطين والعراق لحظة اقترابه من الجمال، أي أنه لا يقترب من البلدين إلا ليضيفهما إلى كتاب واسع موضوعه «علم الجمال». ومهما كانت حدود هذه المسؤولية، فإنها تردّ، دائماً، إلى فلسطيني يكون مع البشر، ولا يكون منهم، أي أنها ترد إلى فلسطيني مستحيل.

تتقدم الثقافة / الفن / الجمال حقلاً يحقق فيه «الإنسان» انسجامه مع ذاته والعالم، فلا يقف أمام ألغاز الواقع وأسئلته، بل يفتش فيه عن صور الجمال المسبق الذي يسكن ذاكرته. لكأن الجمال ضامن لوجوده ولوجود الإنسان الذي يبحث عنه. يعيش جميل فران، الفلسطيني المبعثر، فضيلة الانسجام، عن طريق الفن. يستعلن، هنا، الفرق، والاختلاف، بين فلسطيني غسان كنفاني، الذي يهرب منه الزمن وتميد به الأرض، وفلسطيني جبرا القابض على تماسك المكان والزمان في مملكة الجميل. يتكوّن الفلسطيني، عند غسان، في سيرورة البحث عن الوطن المفقود، ويكون بطل جبرا معطى ثابتاً، منذ البداية، لأنه ساكن لجمال يعرفه. يبدأ غسان بنقص الفلسطيني وجبرا ينطلق من كماله.

يبدو جميل فران، في القراءة العارضة، مثقفاً فلسطينياً دخل بغداد وتحقق فيها منتصراً. لكأن جبرا يقول روائياً: إن انتصار الفلسطيني خارج فلسطين شرط لعودته الجديدة إلى فلسطين منتصراً. يمكن وضع الرواية، في اللحظة الأولى، في حقل الأدب التحريضي، إذ السياق يستدعي النص ويختلط به. غير أن لحظة ثانية تنقل البطل من الأدب التحريضي إلى أدب التعويض. يتم تعويض الهزيمة داخل فلسطين بانتصار خارجها، أو يتم تعويض الوطن المفقود بوطن جمالي. يصدر الانتقال من التحريض إلى التعويض عن ماهية البطل التي لا تحويل فيها، أو عن بطل يتكاثر فيه الجمال إلى حدود الإلغاء الذاتي، يمكن أن يدعى بـ: الفلسطيني المستحيل.

يكتب جبرا أسطورة الفلسطيني المستحيل. وقد توحي كلمة الأسطورة بارتباك أكيد، ذلك أنها ترد إلى بطولة لا تاريخ لها، بشكل عام. غير أن للأسطورة منطقها، الذي يحوّل التاريخي إلى لا تاريخي، فالبطل، وقد تأسطر، يعيش زمنه التاريخي بشكل لا تاريخ فيه. وهذا ما يوحّد جميل فران بانتصاره، رغم تشتّت الفلسطيني ومخيماته وبؤسه وتخلّف واقع عربي لا خفاء فيه. يكون البطل بطلاً، وتاريخياً في بطولته، حين يكون صعوده، كما إخفاقه، تعبيراً عن صعود القضية التي ينتمي إليها أو إخفاقها. وبطل جبرا ينتصر على بغداد، ويهدم قديمها، وشعبه عاجز ومهان في مخيماته المتعددة. وهذه المفارقة هي

التي تدرج رواية جبرا في أدب التعويض وتجعل من بطله طيفاً أسطورياً لا وقائع فيه، فتكون البطولة، كما الانتصار، نظيراً لفردوس المؤمن الورع لا أكثر.

ولقد كان بالإمكان قراءة جميل فران كشخصية روائية وازعها النجاح الذاتي على مبعدة من الوطن المفقود وقضاياه، غير أن إمّحاء المسافة بين البطل والروائي يلغي هذا الاحتمال، فالبطل شفاف لا التباس فيه، نجح في ما فعل ونجاحه أكيد في ما سيأتي. ذلك أن مركز البطل ثابت فيه، وذاته نواته الأصلية، لا تحتاج غيرها. يحل البطل مسائله وحيداً، ويعثر في وحدته على حل لمسائل الآخرين. يستدعي مفهوم البطل رحلة واختباراً، والعنصران الأخيران يحددان نوع البطل وماهيته. وجميل فران عاش رحلة توّجته بهالة على صورته. قطع المسافة بين فلسطين وبغداد واحتفظ بعشق الحياة، واجتاز مظفّراً المساحة بين الغريب الهامشي والمثقف المرموق، وعبر حيّز الحاجة والغبار والفنادق الرخيصة إلى أمكنة تتدثّر بالنعمة واليسار. تكتمل دائرة الرحلة ويكتمل فيها مسار الاختبار، والفوز الكبير مستقر في كيان صاحبه، لأنه لم يغادره أبداً.

الذات - الأصل خلق، والخالق يخلق ما عداه تأتي إليه الأشياء ولا يذهب إليها. ولهذا يُعيد جميل فران خلق المصائر، يهدم ويبني، ولا يهدمه أحد. في مدار الذات - الأصل تنحل الأسئلة وتتساوى الإجابات، طالما أن الأصل يخلق المرايا التي تعكس صورة البطل. البطل منتصر لأن أصله يسعفه على الانتصار، أو لأن الانتصار محايث للأصل المكتمل. وكذلك الجمال الذي لا غبار عليه، والحق الخالص من الشوائب، والنجاح الملازم لأصل لا يعرف الهزيمة. تختفي من فضاء البطل دلالة «كيف؟» ومعنى «لماذا». ترد الإجابات إلى أصل مكتمل وتكون متجانسة، إذ الأصل المتعالي يطمس في علوّه كل سؤال ويجعله نافلاً، فالمتعالي يعثر على حلول القضايا التي جاءت إليه والتي لم تأتِ بعد. مع ذلك فإن جواب المتعالي هو اللاجواب، لأنه في رجوع إلى الذات - الأصل المكتملة يتخلّص من تنوّع الأسئلة بإجابات متماثلة. يحجب الجمال - الحق، في تصوّر جبرا، كل جواب حقيقي، جاعلاً من الجواب نفياً للجواب بامتياز. تستعلن في ثنائية الجمال / الحق إيمانية طليقة، تختزل تعقّد الوقائع إلى بداهات إيمانية، فيكون الفلسطيني منتصراً رغم هزائمه المتوالدة.

يحيل اختزال الوقائع إلى جواهر مكتملة إلى مثالية صريحة. غير أن تقرّي مسار جبرا يحيل على فلسطين قبل أن يستدعي تصوراً مثالياً. فبطل جبرا يحتضن فلسطين التي صاغت روحه وصاغتها ذاكرته، مذكّراً بشيء من عالم أفلاطون: لو لم تعرفني لما فتّشت عني، أو، وفقاً لتصور جبرا: لو لم تعشقني لكنت قد فارقتني. وجبرا يعيش فلسطين التي تعيش فيه، وقد رتّبت صورها وعلاقاتها ثقافة تحتفل بالخير والحق والتناسق والجمال. وقد تكون لفلسطين صور متعددة، ينسجها البعض من نثار الحكايات، ويبنيها البعض بتحريض قوامه حياة البشر، ويكتبها بعض ثالث نصاً باذخ الجمال. وجبرا يكتب عن جمال يتوق الإنسان إليه طويلاً، ولا يلتقي به.

المراجع:

1. **البئر الأولى**، طبعة الريّس، ص 72 (الطبعة الأولى).
2. **البئر الأولى**، ص 169
3. **صيادون في شارع ضيق**، دار الآداب، الطبعة الأولى، ص103
4. **البئر الأولى**: ص: 92.
5. **شؤون فلسطينية**، العدد: 77، ص 181
6. **الرحلة الثامنة**، المؤسسة العربية، بيروت، ص 118
7. المرجع السابق. ص: 119.
8. **شؤون فلسطينية**، مصدر سابق، ص 189.
9. **شؤون فلسطينية**، مصدر سابق، ص 178
10. **شؤون فلسطينية**، مصدر سابق، ص 178
11. **شؤون فلسطينية**، مصدر سابق، ص 178
12. **صيادون في شارع ضيق** ص 25
13. **صيادون في شارع ضيق** ص 9
14. **صيادون في شارع ضيق** ص 101
15. **صيادون في شارع ضيق** ص 204
16. **صيادون في شارع ضيق** ص 21
17. **صيادون في شارع ضيق** ص 95
18. **صيادون في شارع ضيق** ص 32
19. **صيادون في شارع ضيق** ص 36
20. **صيادون في شارع ضيق** ص 162
21. **صيادون في شارع ضيق** ص 43
22. **صيادون في شارع ضيق** ص 80
23. **صيادون في شارع ضيق** ص 51
24. **صيادون في شارع ضيق** ص 256
25. **صيادون في شارع ضيق** ص 85
26. **صيادون في شارع ضيق** ص 82
27. **صيادون في شارع ضيق** ص 96

ملحقان

ملحق أول

الحلم الفلسطيني في كتابات روائييْن

ما معنى الرواية كما تعارف عليه بعض المنظّرين؟ وما هو هذا المعنى إن قبلنا بنجيب محفوظ مرجعاً؟ لا وجود لجواب قطعي، دون أن يمحو ذلك معنى جاءت به الأزمنة الحديثة، يستعيض عن اليقين بنسبية المعرفة ويحوّل الإنسان إلى علاقة تصوغها علاقات أخرى.

يسقط المرض في رواية محفوظ «خان الخليلي» على شاب مليء بالحياة ويقوده إلى الموت. وتخطئ الرصاصات القاتلة إنساناً آثماً في «اللص والكلاب» وتصيب إنساناً بريئاً. وتصرع الجماعة المنتشية في «ثرثرة فوق النيل» فلاحة بريئة. أقام محفوظ رواياته على مبدأ: اللامتوقع، الذي يجرّ الإنسان جرّاً إلى وضع لم يهجس به، أو على مبدأ صدفة لها شكل القانون، تحرم الإنسان من خياره وترمي به إلى خيار مخالف مؤثّث بالكوابيس. أعلنت الصدفة عن وجود إنساني هش، يعطّل رغبات الإنسان ويسخر من تطلعاته.

السؤال الآن هو: ما ضرورة التذكير برواية نجيب محفوظ في دراسة موضوعها الرواية الفلسطينية؟ الجواب المنتظر قائم في الفرق بين روائي يعشق القاهرة ويعيش مطمئناً فيها، وروائي آخر كان يعيش في القدس وهجّر بالقوة منها. يكتب الأول روايته في شرط عادي، ويصوغ الثاني روايته في شرط شاذ، يرمي عليه بالتهديد والغربة. كأن على الفلسطيني أن يسجّل رواية المنفى، في انتظار زمن سوي، يتيح له كتابة «رواية عادية» مثل الآخرين.. تتضمن رواية الخروج من الوطن رواية عن العودة إليه، لأنّ الحديث عن صعوبة المنفى حديث عن نعمة الوطن. ولذلك لا يكتب الإنسان المنفيُّ عن هشاشة الوجود، بل عن الإنسان المقاتل من أجل العودة إلى وطنه، ولا يتأمّل الإنسان الذي تنتظره خيبة في آخر الطريق، إنّما يخلق رواية الفلسطيني المتفائل الذي ينتظره الانتصار.

تتعامل «الرواية غير الفلسطينية» مع مقولات الاغتراب والخيبة وضياع اليقين، وتدور رواية المنفى الفلسطيني حول النصر واليقين وعودة الحق الأكيدة. والفرق بين الروايتين هو: الأمل، الذي يقنع صاحبه بأنّ المنفى عارض، وبأنّ المستقبل استئناف للماضي السعيد. تعوّض رواية الأمل بؤس الحاضر بنعيم

المستقبل مقرّرة، دائماً، نهاية سعيدة.. ولعلّ النهاية السعيدة التي انتهت إليها الروايات الفلسطينية، في فترة صعود الكفاح المسلّح، هي التي جعلت منها رواية واحدة، تبرهن عن انتصار الأمل بأشكال مختلفة.

1. جبرا إبراهيم جبرا: المنفى وأسطورة الفلسطيني الكامل:

جعل جبرا (1920 - 1994) من الفلسطيني المنتصر موضوع رواياته الأساسية الثلاث: صيادون في شارع ضيّق، السفينة، البحث عن وليد مسعود. أنجز الروائي أعماله مطمئناً إلى «اختصارين»: اختصر فلسطين إلى مثقف مفرد، استقرّت فلسطين في كيانه ونطقت بلسانه، واختصر المفرد الفلسطيني إلى إنسان كامل مشبع بالفضيلة.

آمن جبرا مبكّراً، منذ أن كتب روايته الأولى «صراخ في ليل طويل» - 1946، بفكرتين أساسيتين: تعيين الثقافة الحديثة أداة لإيقاظ المجتمع الفلسطيني وتحريره، وتقرير دور رسولي للفلسطينيين في العالم العربي، يُنقذ العرب من تخلّفهم، فلم تهزم الصهيونية فلسطين، إنما هزمت «الحداثة الأوربية» مجتمعاً فلسطينياً متخلّفاً. أوكل جبرا، بهذا المعنى، إلى المثقف الفلسطيني دوراً مزدوجاً: تحرير مجتمعه من قيم بالية، وإيقاظ المجتمع العربي من سبات موروث.

يقود مفهوم الثقافة، كما أخبر عنه الروائي، إلى ثنائية: النخبة والعوام، حيث المثقف الذي يعرف يعلّم البقية التي لا تعرف. والفرق بين الطرفين هو الفرق بين الماضي والمستقبل، وبين المعلوم والمجهول، ذلك أنّ الاقتراب من المجهول يثير في العوام الخوف والرهبة. يرمي الفرق بين المثقف والعوام مثقف جبرا في اغتراب لا تسهل معالجته، فهو يعرف ما لا يعرفه غيره، ويرى إصلاح الوعي العامي أمراً بالغ الشقاء. لهذا يراهن المثقف على المستقبل، وعلى قلّة يعلّمها وتحاكيه في القيم والأحلام. يصل جبرا، إن شاء أم أبى، إلى: المثقف الرسولي، أو المثقف القائد، أو المثقف - النبي، الذي ينفتح على الآخرين ويغترب عنهم: ينفتح عليهم ليميّز لهم الخطأ من الصواب، ويغترب عنهم لأنهم لا يعون من كلامه إلاّ القليل. يظهر اغتراب المثقف الفلسطيني، الذي يروّض المنفي ولا يروّض البشر، كما أشرنا، في رواية: «صيادون في شارع ضيّق»، التي تسجّل حوارا طويلاً بين عقل مستنير وأرواح متكلّسة.

أعاد جبرا في روايته «البحث عن وليد مسعود» إنتاج أسطورة الإنسان الكامل، ورفعها إلى مستوى غير مسبوق، منتهياً إلى: البطل المطلق، الذي هو ترجمة روائية لمقولات علم الجمال وعلم اللاهوت. فإذا كان البطل في «صيادون في شارع ضيّق» ينتسب إلى المقدّس قائلاً بـ «قدس» لا نظير لها، فإنّ «وليد مسعود» هو المقدّس بعينه، تحتضن ذاته أسراراً غامضة، وتحمل في ذاتها أسرار السيد المسيح، الذي مشى فوق تراب فلسطين ذات مرّة. يأخذ «وليد» في الرواية الصفات التالية: «هذا الغريب القادم من وديان مجهولة/ أقل الناس أنانية وأكثرهم عشقاً/ التراب يتحوّل إلى ذهب بين يديه/ لكلامه سهولة

الهذيان، كانوا يتصوّرونه داهية من دهاة المال/ جذور الحقيقة في جبال ووديان تغذيه سراً/ كان يريد لهذا المجتمع أن يحقق ذاته عن طريق العقل والحرية والإبداع/ كان مدفوعاً بنزعة الإبداع الغامضة/ يكتب بحرارة اللاهوت/ خيّل إليّ أنّ المطر نفسه كان من تدبيره/ أمس رأيته عائداً من دار وليد وكأنّه عائد من زيارة ولي أو بطل أسطوري/ كأنّه وهج حديد مصهور في بوتقة ذكاء ونفاذ بصيرة واتزان/ رجل عبر الماء ولم يغرق/ عبر النار ولم يحترق..»[1]

الغريب، المجهول، المعجز، الغامض، المبدع، الوليّ، البطل، الولي الأسطوري، هو ما لا يُعرف، وما لا تدركه العقول. إنسان ما هو بالإنسان، يفعل ما يرغب ويأتي فعله كاملاً... إنّه جملة من التناقضات المتصالحة، التي تتيح له أن يكون داهية من دهاة المال وظلاً غريباً لوديان سريّة، وتسمح له أن يأتلف مع النار وأن يكتب بأسلوب له حرارة اللاهوت.

خلق الروائي بطلاً لا تناقض فيه، دون أن يدرك أنّ بطله المفترض يحتمل أمرين: إمّا أن يكون ميّتاً، فالموت هو الذي يحرّر الكائن من نقائضه، أو أن يكون مخلوقاً لا علاقة له بالبشر، فهو ملاك أو روح تجاور الآلهة. والواضح أن «وليد مسعود» لا وجود له، ولا إمكانية لوجوده، فهو أقرب إلى السماء التي يرى فيها العاجز المحروم ما يشاء من المعجزات والقوى الخيّرة. إنّه البطل - الحلم، الذي يتوق إليه إنسان أرهقته الكوابيس، بطل يتلاشى في ساعة اليقظة، تاركاً الكابوس الصهيوني ثقيلاً كما كان، وكما سيكون.

أعطى جبرا في «البحث عن وليد مسعود» بطلاً تحمل صفاته الذاتية ضمان انتصاره. تأتي الصفات من الثقافة ويجيء الضمان من الأرض الفلسطينية المقدّسة. قاده البحث عن ضمان الانتصار إلى الجمع بين بطولة الثقافة وبطولة المقدّس، أي بطولة الفرد وبطولة أرضه، منتهياً إلى الكامل المقدّس، كما لو كان في فلسطين ما يضمن انتصارها. والواضح هو القول بـ «بداهة الانتصار»، ذلك أنّ المقدّس يهزم المدنّس، وأنّ وديان فلسطين ترعى الفلسطيني وتدرأ عنه الخطر، قريباً كان من أرضه أو بعيداً عنها. لا غرابة أن يسبغ الروائي على بطله صفات الغموض والغرابة والإبداع والإعجاز، التي تحيل على فلسطيني لا ينفصل عن أرضه ولا تنفصل أرضه عنه، فبينهما وحدة وتواصل لا ينقطع. فهو يذهب إليها حين يشاء، وهي تأتي إليه حين تريد. شيء قريب من الأفكار المتصوّفة، التي ترى الله في الإنسان وترى الإنسان في الله، فالفلسطيني هو أرضه، والأرض هي الإنسان الفلسطيني، فلا هو يغادرها ولا هي تغادره.

خلق جبرا، بطلاً تحريضياً، يحدث عن إمكانيات فلسطين، وعن بطولة غامضة قادرة على استعادتها. أنتج، في النهاية بطلاً مسكوناً بالمفارقة، يدعو إلى القتال وينهى عنه في آن: يدعو إليه مؤكداً وحدة الفلسطيني وأرضه، وينهى عنه، حين يخلق بطلاً منتصراً بذاته، ينوب قتاله عن قتال الفلسطينيين جميعاً. يفقد البطل التحريضي وظيفته قبل أن يقوم بها، بسبب بطل مطلق ينصر ذاته وغيره. ينقلب التحريض إلى تعويض، بقدر ما تنقلب المعركة إلى انتصار، قبل الذهاب إليها.

طرحت رواية جبرا سؤالاً صحيحاً يقول: ما هو شكل البطل الفلسطيني القادر على مواجهة التخلّف العربي والعدوان الإسرائيلي؟ وصل السؤال إلى بطولة الثقافة مقترحاً جواباً صحيحاً، قبل أن يربكه المنفى ويمزج الكمال بالثقافة والثقافة بالمقدّس. فالكمال، كما المقدّس، وهما فكرتان دينيتان، تعطلان الزمن، وتحاصران الحركة والفعل. بل إنّ الكمال، الذي يمازجه المقدّس، يساوي بين الكلمة والشيء وبين الحلم والواقع، أو يساوي، باللغة الفلسفية، بين الإمكانية المجرّدة والإمكانية الفعلية. والمنتظر، في الحالات جميعاً، زمن ذهني قادم، تتحرّك الرغبات فيه طليقة ولا تصطدم بما يكدّرها. ولهذا ينهي بطل «صيادون في شارع ضيّق» عمله في بغداد ويعود إلى أهله مطمئناً، ممتلئاً أملاً وتفاؤلاً. ويعود الفلسطيني في «السفينة» إلى أرضه، ليزرع الأرض ويستمع إلى الموسيقا، مبتعداً عن التائهين الهاربين من أوطانهم. لا شيء في النهاية لا تصرّح به البداية، طالما أنّ الفلسطيني يحمل في ذاته ضمان انتصاره، ولا شيء في البداية لا يعد بالنهاية السعيدة. أما «وليد مسعود» فيدخل إلى فلسطين ويخرج منها حين يشاء، محصناً بأسرار غامضة. إنّه «الغريب القادم من وديان مجهولة» تقول الرواية. و«الغريب الفلسطيني» غريب عن البشر العاديين لا عن أرضه، لأنّ «الوديان المجهولة» التي جاء منها تمدّه بأجنحة لا يراها أحد.

انشغل جبرا إبراهيم جبرا بسؤال الانتصار على العدو الصهيوني، في شرط عربي متخلّف لا يعد إلاّ بالهزيمة. دفعه سؤاله إلى الانتقال من شروط الانتصار المادية إلى معادلات رغبية، تعبّر عن عزلة اللاجئ الفلسطيني المؤسية وعن ضرورة انتصار. انتقل في سؤاله من المشخص إلى المجرّد، ومن الواقع إلى الحلم، ومن السياسة إلى الإيمان. أخبر مساره عن أسى المهزوم، وعن أمل ضروري ينتظر المعجزة. أعاده إيمانه الحزين إلى فلسطين، محاولاً أن يبرهن أنّ فلسطين تنصر فلسطين، دون حاجة إلى عون خارجي. عثر في مجاز «الصخر» عمّا أراد، مساوياً بين الصخر وماهية فلسطين. يقول وديع عسّاف بطل رواية «السفينة»: «لقد جعلنا من «الصخر» سراً نتقاسمه في ما بيننا. قلنا إنّ الصخر يرمز إلى القدس: شكلها شكل الصخر، تضاريسها تضاريس الصخر. والصخر على حافة كل طريق في المدينة. أينما ذهبنا رأينا أناساً يكسرون الصخر لرصف الطريق، أو للبناء. مقالع الصخر حول المدينة. فلسطين صخرة تبني عليها الحضارات، لأنّها صلدة، عميقة الجذور، تتصل بمركز الأرض. والذين يصمدون كالصخر يبنون القدس، يبنون فلسطين كلها. والمسيح من اختاروا من الناس ليكون خليفة له؟ سمعان الصخرة، والعرب، ما الذي ابتنوه ليكون من أجمل ما ابتنى الإنسان من عمارة؟ قبة الصخرة. وهؤلاء المزارعون في المنحدر؟ في الليلة المقمرة ترى رؤوسهم وأكتافهم ناتئة من حفرها، وإذ هي صخر! وبركة السلطان ما الذي نهواه فيها؟ الصخر الذي يحيط به الماء، ... فَلْنَتَغَزّل بالصخر..»[2]

يَتَغَزّل بطل جبرا بما يود جبرا أن يتغزّل به، لأنّ في الصخر ما يخلق فلسطين المرغوبة وما يخلق البطل الذي تشتهيه فلسطين. فالصخرة، لغة، هي الحجر العظيم الصلب، والصّاخر، لغة، هو صوت

الحديد بعضه على بعض، وجاء في الحديث النبوي: «الصخرة من الجنة». وفلسطين المخلوقة من الصخر جزء من الجنة، أو جنة أخرى، أرض إلهية، لا يستطيع الشر حيالها شيئاً. و«ابن الصخرة»، أي الفلسطيني، مخلوق مبارك على صورة أرضه، لا تحتّه الأيام، قوي ومخلص كـ«سمعان الصخرة»، الذي انتدبه المسيح خليفة له. عثر جبرا على إجابات أسئلته في «الجنة»، التي هي مبتدأ الأحلام ومنتهاها.

2. غسان كنفاني وانبثاق الفلسطيني المقاتل:

وحّد جبرا بين البطل - الحلم وحلم تحرير فلسطين. احتفظ غسان كنفاني (1936 - 1972) بالحلم وعهد بتحرير فلسطين إلى بطل مختلف، تخلقه التجربة اليومية القاسية، التي تعلّم اللاجئ الفرق بين الذل والكرامة، وأن الاصطدام المباشر مع العدو سبيل وحيد لاستعادة الكرامة المفقودة. اعتبر كنفاني أنّ الخروج من الوطن عار، وأنّ المخيّم صورة عن العار وتجسيد له، وأنّ الإنسان الحقيقي هو الذي يختار ويقرّر ويرفض ما فرض عليه، وينتصر. حكاية واضحة محددة عناصرها: الخروج المهين من الوطن إلى المخيّم، التمرّد على الذات وشروط المنفى البائسة، والكفاح المسلّح الذي يمحو عار الخروج بعودة مظفّرة.

أقام كنفاني مشروعه الروائي، باستثناء روايته الأساسية «رجال في الشمس»، على أفكار قاطعة: التمرّد الضروري الذي يكشف عن إمكانيات الفلسطيني المرئية واللامرئية، دور الكتابة التحريضية التي تنقل الإنسان المهزوم من الاستسلام إلى التمرّد، الفاعلية الحقيقية للكتابة التي تميّز بين الموجود وواجب الوجود، والقادرة على نقل «واجب الوجود» من حيّز الأفكار إلى حيّز الواقع.

صاغ غسان أفكاره الروائية، التي قطع تطوّرها موت مبكّر، مشدوداً إلى ثلاثة عناصر: عنصر أخلاقي يفصل بين الإنسان الزائف الذي يرضى بعاره والإنسان الحقيقي الذي يدافع عن كرامته حتّى الموت، وعنصر كتابي يعتقد أنّ الكلمات الصادقة قادرة على التحوّل إلى حقائق مادية، وعنصر ثالث يأتي من جهة العدو الذي وحّد بين المشروع السياسي والمشروع الكتابي، وبرهن أنّ الطليعة الأدبية مقدّمة للطليعة السياسية. اعتقد غسان، وهو يقرأ «الأدب الصهيوني»، بقوة الكلمات، صهيونية كانت أو معادية لها، وبدور الكلمة الصهيونية التحريضية في نجاح المشروع الصهيوني فوق أرض فلسطين. يقول في كتابه «في الأدب الصهيوني»: «وسيقوم هذا الأدب، بدأب لا مثيل له، بمهمة مزدوجة: من ناحية المشاركة في تعبئة اليهود عبر العمل على خلق جو عالمي للعطف على قضيتهم، ومن ناحية أخرى طمس كل ما من شأنه عرقلة «المشروع الصهيوني»... والذي لا شك فيه أن ثيودور هرتزل كان أول من أعلن هذا الاتجاه بصراحة في مطلع القرن العشرين، حين نشر روايته «الأرض الجديدة القديمة»، هذه الرواية التي استبقت، عند هرتزل نفسه، الصهيونية السياسية، وكانت حافزاً لقلب هرتزل «الفنان» إلى هرتزل «السياسي»...[3]

تقول سطور غسان بأمرين: تحوّل الفنان، عِبْر الكتابة، إلى قائد سياسي، كما لو كانت الكتابة فعلاً

خالقاً، تعيد خلق الفنان وما خارجه أيضاً، ودور الكتابة في تحويل الأرض القديمة إلى أرض جديدة. يتعيّن الأدب، في هذا المنظور، مرجعاً للسياسة، ويتعيّن «الأدب السياسي» مدخلاً لنقل «الأرض» من وضع إلى آخر. دفع هذا التصوّر، الذي يطرح أسئلة كثيرة، كنفاني إلى العمل السياسي، لا بمعنى التحزّب فقط، بل بمعنى ممارسة دور تنظيمي قيادي، ودفعه، في الوقت ذاته، إلى كتابة رواية تجعل من الأرض المغتصبة أرضاً مستعادة. وما روايته: «ما تبقّى لكم» إلاّ نموذجاً لـ «الكتابة الخالقة»، التي تحوّل الأرض القديمة إلى أرض جديدة، بلغة صهيونية، وتحوّل الأرض المغتصبة إلى أرض محرّرة، بلغة فلسطينية.

تسرد رواية «ما تبقّى لكم» أحوال عائلة فلسطينية لجأت من يافا إلى غزة، حاملة معها عاراً مزدوجاً: عار الهرب من الوطن، وعار الحياة في مخيّم يفتقر إلى شروط الحياة. أضاف غسان إلى مأساة العائلة، من حيث هي مأساة عامة، مأساة خاصة صادرة عن أوضاع ومصائر أفرادها: غياب الأب الذي قُتل دفاعاً عن أرضه، غياب الأم التي تاهت وانفصلت عن أبنائها، خالة عجوز ينتظرها موت وشيك، وأخت شبه «عانس» عبث بها فلسطيني «نتن»، بلغة الرواية، عميل للعدو الصهيوني، وأخ صبي في السادسة عشرة من عمره، يحنّ إلى أمّه ويمقت أختاً اقترنت بخائن متعاون مع الصهاينة، .. تنتظر كل شخصية علاجاً، يعيدها من دائرة اللامعنى إلى دائرة تتسم بالصواب والانسجام. فالأب الشهيد ينتظر من ينتقم له، والأم الغائبة تتوقع من يعثر عليها، والأخت مخنوقة بخيار بائس لا يمكن القبول به، والأخ الصغير ممزّق لا يستطيع علاج ما يجب علاجه، وفلسطيني ينتظر مَن يعاقبه، وعدو صهيوني هو سبب هذه الأوضاع جميعاً. جملة من الأوضاع المتناقضة، يوزعها الروائي على جملة من الثنائيات الحادة: الأرض/ المخيم، الوطنية/ الخيانة، الدنس/ الطهارة، العجز/ القوّة، العار/ الشرف، الاستسلام التمرّد، ...

تطرح الرواية، في علاقاتها المختلفة، قضيتين أساسيتين: علاقة الإنسان بأرضه وعلاقة أرضه به، فخارج الوطن منفتح على جهنم، ووحدة العائلة الضرورية، لأنّ وراء العائلة المفكّكة جهنماً أخرى. كل شيء خارج وضعه السوي، يتطلع إلى إنسان منقذ يعطيه خلقاً جديداً لا شواذ فيه. وشروط العائلة، كما ترسمها الرواية، لا تتضمن السوي ولا تعد به. يظهر في هذه اللحظة دور الفنان - السياسي، ليسرد، حكائياً، ضرورة ظهور الإنسان السويّ، الذي يعالج شذوذ وضع الأرض والعائلة معاً. اشتق جبرا بطله من الصخر المقدّس الذي لامسه المسيح، واستولد غسان بطله من عالم الضرورة، فعلى الفلسطيني أن يكون ما يجب أن يكون، وإلاّ كان إنساناً بائساً جديراً بالاحتقار.

حين اشتق جبرا إبراهيم جبرا قوّة «الفلسطيني الأعزل» من صخر بلاده، كان يترجم، على طريقته، معجزة الانبثاق الذاتي، الذي يساوي بين الفلسطيني وأرضه، وبين الأرض الفلسطينية والمعجزة الإلهية. أخذ غسّان كنفاني، بدوره، بمعجزة الانبثاق الذاتي، مستبدلاً بالصخر المقدّس الموروث قوّة إنسانية، تنبثق من داخل الإنسان حين يختار التمرّد ويدفن الرضوخ إلى غير رجعة. اعتقد غسان، في مسرحيته «الباب»، التي ترفض كل ما هو خارج الإرادة الإنسانية، أنّ الإنسان الذي فاته أن يختار ميلاده قادر أن

يختار موته، دون تدخّل قوّة خارجية. إنّ أسطورة الانبثاق الذاتي، التي يؤمن بها السياسي - الفنان، هي التي تعيد صياغة الصبي، كي يصبح مقاتلاً نموذجياً، يصرع الجندي الإسرائيلي في الصحراء ويدفع أخته، في اللحظة عينها، إلى قتل زوج «نتن» لا يليق بها.

لا يلتفت كنفاني، كما جبرا، إلى السببية الاجتماعية، التي تؤمّن الخنوع أو التمرّد مقترباً، وهو المثقف الثوري، من التصوّرات الدينية التقليدية، التي تدعو إلى أهداف كبيرة ولا ترى إلى الشروط الاجتماعية الموافقة لها. يقوم التصوّر الروائي، والحال هذه، بأمرين: تهميش الموجود وتأكيد واجب الوجود، الذي يستبدل بإمكانيات الواقع رغبات الكاتب والقارئ اللاجئ معاً، ويقدّم نموذجاً حكائياً تربوياً، على القارئ أن يحاكيه، وأن ينقله من حيّز الكتابة إلى حيّز الواقع. وواقع الأمر أنّ الأديب الفلسطيني يحاكي الفنان الصهيوني، متعلّم منه ويقلّده ويحاول أن يحاربه بسلاحه. فمثلما أنّ الأدب الصهيوني يصيّر الأرض القديمة أرضاً جديدة، فعلى الأدب الفلسطيني أن يحوّل الفلسطيني اللاجئ إلى فلسطيني جديد مقاتل.

يحقّق النموذج الكتابي، الذي قدّمه كنفاني، التطهّر الذاتي، فالكفاح المسلّح يغسل العار، والسكين التي تقتل الفلسطيني الخائن تعيد إلى المرأة المخدوعة شرفها المهدور. غير أنّ التطهّر الذاتي، وهو تتويج لأسطورة الانبثاق الذاتي، لا يتحقق إلاّ بـ «إنسان الكتابة»، أو بالإنسان كما تريده الكتابة، الذي هو شكل من أشكال «السوبرمان». صاغ جبرا، في «البحث عن وليد مسعود» «سوبرمان» فلسطينياً، يشبه الوليّ «والبطل الأسطوري»، واخترع غسان صبياً - معجزة، يهزم عدوّه ويجمع العائلة المشتّتة من جديد. تصف الرواية تحوّلات الصبي - المعجزة فتقول: «طوال ستة عشر عاماً لفوا فوقه خيطان الصوف حتّى تحوّل إلى كرة. وهو الآن يفكّها تاركاً نفسه يتدحرج في الليل».

توزّع الرواية حركة الصبي على ثلاث مراحل: مرحلة القيود التي تختزل الصبي إلى كرة يحرّكها الآخرون ولا تتحرك بذاتها، ومرحلة كسر القيود التي تجلب حركة طليقة، ومرحلة الفعل الحر الذي يفضي إلى الانتصار. يخلق التمرّد، الذي شاءته الرغبة الكتابية، الصبي من جديد: «كان صغيراً وشجاعاً بصورة لا تصدّق، وقد ظلّ ينظر بعينيه الحادّتين إلى كل الرجال نظرة الند»، وبدا جسده الفتي تحت ثيابه متيناً ومتحفزاً كجسد قط بري»... صفات تجعله يقول: «سأتزوج حين أجمع العائلة من جديد في بيت أفضل من هذا الجحر القميء...». لا يعطي غسان، ظاهرياً، بطله المرغوب دفعة واحدة، كما يفعل جبرا، ذلك أنّه يشتقه من الفعل المتمرّد الموزّع منطقياً على ثلاث مراحل: الاستسلام، المساءلة وبدايات الرفض، اليقظة المنتصرة. لكن منطلق الرغبة، أو حلم العودة، الذي يهمّش الواقع المعيش، يمحو الفرق بين البطلين طالما أنّ المطلوب، في الحالين، بطل نموذجي يقاتل العدو الصهيوني وينتصر عليه. تساوي «الشجاعة التي لا تصدّق»، التي ينسبها غسان إلى صبيّه المتمرّد، «صلابة الصخر المقدّس»، التي هي صفة بطل جبرا. يلغي البطل المنتصر الفرق بين الحاضر والمستقبل، فالحاضر زمن مريض يعلن

المستقبل عن شفائه، والمستقبل حاضر متمرّد على ماضٍ مريض. تفصل الرغبة الحاضر والمستقبل فصلاً كاملاً عن الماضي محدثة، بشكل آخر، عن زمن ينبثق من ذاته، يشهد على حكاية سعيدة النهاية.

يقول الصبي المتمرّد: «سأتزوج حين أجمع العائلة من جديد» مساوياً، دون أن يقول بذلك، بين القائم وما سيجيء. تلغي «سين المستقبل»، في الكتابة الرغبية، معنى المستقبل، لأنّ النموذج الكتابي التحريضي يبدأ وينتهي بواجب الوجود، بما يجب أن يزول وبما يجب أن يتحقق. لذا تبدأ الرواية باقتراب الليل: «صار بوسعه الآن أن ينظر مباشرة إلى قرص الشمس معلّقاً على سطح الأفق...»، وتنتهي مع تراجع الليل وطلوع الشمس. الليل هو الاختبار الصعب الذي يكابده الصبي الفلسطيني، الذي يتدحرج في الصحراء، ومطلع النهار إعلان عن نتيجة الاختبار: «وأضاء شعاع الشمس الضيّق المتسرّب من النافذة خطاً رفيعاً من الدم...» تقول الرواية. إنّ الدم المراق في مطلع الصباح هو دم الفلسطيني الخائن ودم الجندي الإسرائيلي معاً.

حكاية سعيدة مكتوبة قبل كتابتها، تشبه حكايات سعيدة أخرى، فالحكايات السعيدة النهاية حكاية واحدة. إنّ فكرة الشوق المقدّس إلى الأرض المغتصبة هي التي جعلت غسان يقود بطله إلى الوطن، وجعلته يرى في الطريق إلى الوطن وطناً مقدّساً. يتجاوز الأساسي في هذا كلّه معاني الشوق والوطن، ويتمحور حول نموذج كتابي يخترقه تصوّر رومانسي، يقنع صاحبه بأنّ «الكلمات» لا تختلف عن «الأشياء»، وأنّ الكلمات - الأشياء تقتل وتبني بيوتاً للعائلات المشتّتة. ولذلك يسوق غسان بطله إلى حيث يريد، يعطيه الجسد القوي، والعينين الحادتين، بل إنّه قادر على إسناده بعطف الصحراء، التي تنظر إليه بحنان وتعاطف، وبظلمة الليل، التي تتيح له أن يفاجئ عدوّه. يتمثّل معنى الرواية كلّه في ثنائية الغروب والشروق، أو ثنائية الليل والنهار، اللتين تفصحان عن معنى الحكاية منذ البداية، فالقول بالغروب الحزين قول بمطلع نهار سعيد. ولهذا لا تغيّر التقنية الكتابية، التي استعارها غسان من رواية وليم فوكنر «الصوت والغضب»، شيئاً، فلا موقع للالتباس في تصوّر تبشيري يساوي بين بداية القول ونهايته. فلا إنطاق الصحراء وحضور «الساعة»، كشخصية مستقلة بذاتها، وتقاطع الأصوات المتعددة، يضيف شيئاً إلى «التصوّر الديني - الأخلاقي»، الذي يرى في الليل محنة وفي الشروق فرجاً.

تفصح ثنائية الليل والنهار، القائلة بانتصار لا نقص فيه، عن تصوّر قطعي لا مكان فيه للمحتمل والنسبي والجزئي. تصبح الشخصيات الروائية في التصوّر القطعي مقولات فكرية تترجم نسقين أخلاقيين متناقضين: الصبي المتمرّد هو النقاء الفاصل الذي ينصر الوطن وينتصر، و«الزوج النتن» هو الرذيلة الخالصة التي تخون الوطن ويكون جزاؤها الموت، والأم الضائعة هي فلسطين التي يجب العثور عليها. شخصيات لا تناقض فيها، تمثّل «حكاية الأمل»، التي يحتاجها المضطهدون. بل إنّ الأم تمرّ كفكرة بلا ملامح لها، تبدأ وتنتهي «رمزاً»، دون أن يرى القارئ من ملامحها الإنسانية شيئاً. فهي «زوجة الشهيد» و«أم الصبي المتمرّد»، وهي «رمز فلسطين»، التي ضاعت فترة قبل أن تعود من جديد

جميلة كما كانت. تتحوّل الشخصيات إلى أقنعة فكرية تشرح معنى الشهادة والتمرّد والخيانة، بقدر ما تكون مرايا متقابلة ومتجاورة، فالصبي امتداد لأبيه الشهيد، وأبوه صورة عن الوطن، والمخيم نقيض لصورة الأب والابن معاً. وبسبب ذلك يموت الأب في مدينته ولا يصل إلى المخيم، ويذهب الابن إلى الصحراء بعيداً من المخيم أيضاً، ذلك أنّ المخيّم هو العار والهزيمة.

تولّد شخصيات غسان، في ملامحها وممارساتها، من وظيفتها التربوية الإيضاحية؛ ينتمي الصبي المتمرّد إلى عالم الإيجاب الكامل، وينتمي الفلسطيني النقيض إلى عالم السلب الكلّي، فلا توسط بين الطرفين ولا وجود لما هو مشترك بينهما. وعلى القارئ أن يحاكي الصبي الجميل وأن يترجم حكايته إلى حقيقة. يكمل المكان بدوره دلالة الشخصيات، ويكون مكاناً وقناعاً للمكان معاً. فالمدينة التي لم يغادرها صاحبها صورة للنقاء الفردوسي، والمخيّم الذي انحشر فيه اللاجئ صورة للدنس الجهنمي، والصحراء هي المكان الواجب عبوره كي يتحرّر الفلسطيني من الدنس ويعود إلى فردوسه القديم. الصحراء موقع اختبار، يجتازه الصبي ليلاً، وساحة معركة، وشاهد صادق على انتصار الخير على الشر. تتحوّل الصحراء، في دلالاتها المتعددة، إلى شخصية روائية حيّة، تراقب وتتأمّل وتتعاطف وتقلق، ولا ترتاح إلاّ بعد عودة العلاقات الأخلاقية إلى وضعها الصحيح.

يفصل غسّان بين القائم وما يجب أن يكون. فلا مجال لحوار المتناقضات والتعايش بينها. يقول الصبي الفلسطيني مخاطباً الجندي الصهيوني: «إنّ حياتي وموتك يلتحمان بصورة لا تستطيع أنت، ولا أستطيع أنا فكّهما». بعد سنوات قليلة قامت المخابرات الإسرائيلية باغتيال غسان في بيروت في مطلع صيف 1972، مجابهة الكلام الروائي بحزمة من المتفجّرات. وواقع الأمر أنّ غسان لم يكن مشغولاً بـ «جوهرين» منفصلين هما الفلسطيني والإسرائيلي، إنّما كان مهجوساً بعالم القيم. فلا يحق للإسرائيلي أن يغتصب أرض الفلسطيني، ولا يحق للاجئ أن يرضى بسقوط كرامته. ولعلّ هاجس القيم هو الذي دفع بغسان إلى الحوار مع الجندي الإسرائيلي في روايته «عائد إلى حيفا» منتهياً إلى نتيجة منطقية: احتل الصهيوني فلسطين بفضل كفاءة قتالية وإخلاص لقضية مقتنع بها، وعلى الفلسطيني، إن أراد العودة إلى وطنه، أن يتعلّم من عدوه إخلاصه وانضباطه وكفاءته.

انطلق غسان من سؤال محدّد: كيف يكون الفلسطيني جديراً بوطنه؟ ووصل إلى سؤال لاحق: كيف يكون الإنسان جديراً بإنسانيته؟ أكّد في سؤاله الثاني أنّ الإنسان قيمة كبرى، لا يبدأ من الوطن بل يبدأ الوطن منه، ذلك أنّ المخلوقات النتنة ترضى بأوطان أكثر نتانة. وصل الروائي إلى فكرته مدفوعاً بتجربة شخصية وجماعية معيشة، عرف الفلسطينيون فيها الإهانة والذل والاحتقار والنبذ والإقصاء.. اقتربت به التجربة من فكرة «السوبرمان»، الذي يختار موته حرّاً، بعد أن فاتته حريّة اختيار ميلاده. على الفلسطيني، الذي لم يختر مأساته، أن يعيد خلق ذاته ليهزم مأساته.

يقود تصوّر غسان إلى فكرتين: البطولة هي مجابهة الموت ومهاجمته، والفلسطيني البطل هو الذي يهزم موته، يبحث عنه ولا ينتظره، رافضاً الموت في الحياة والإيمان بالقدر. تصبح الرواية، بهذا المعنى، درساً تربوياً، يكشف عن الفرق بين الموت الذليل والموت الحرّ، ويدلّل على أنّ معنى الأشياء قبل التجربة مختلف عنه بعد التجربة. فالجندي الصهيوني يخيف قبل لقائه في الصحراء، وتذهب هالته بعد لقائه، ويصبح قابلاً للهزيمة. بيد أنّ هزيمة الصهيوني، في رواية «ما تبقّى لكم»، لم تكن ممكنة من دون الاختيار الطوعي لتجربة الموت والمغامرة، ذلك أنّ الإنسان الحر هو الذي تحرّر من خوفه وذهب إلى تجربة كان خائفاً من الذهاب إليها. يقول سارتر في تقديمه لكتاب فرانتز فانون «معذّبو الأرض»: «إنّ المواطن من السكان الأصليين لا يشفي نفسه من العصاب الاستعماري إلاّ بطرد المستوطن بقوّة السلاح...». حوّل كنفاني قول سارتر إلى أطروحة مزدوجة: يشفى الفلسطيني من عصاب الاحتلال حين يقنع نفسه بحمل السلاح ومواجهة عدوّه الصهيوني، وحين يساوي بين الحريّة والاختيار الطوعي للموت.

كتب جبرا وغسان، رغم الفرق بين تجربتيهما، عن الفلسطيني الواجب وجوده، ولم يأخذا بعين الاعتبار الشروط الموضوعية التي تسمح به. ارتاحا إلى فكرة «الضمان الذاتي»، إذ في صخر فلسطين ما ينصر الفلسطينيين، وإذ في «الاختيار الحر» ما يهزم العدو. أعطى الروائيان، في الحالين، «رواية خاصة»، ذلك أنّ القول بـ «يقين النصر» أقرب إلى التصوّر الديني منه إلى المتخيّل الروائي. تضيء هذه الرواية معنى الكتابة لدى «المثقف الفلسطيني الرسولي»، الذي يعلّم اللاجئين واجباتهم، ويحاول أن يقنعهم بأنّها قابلة للتحقّق. وهي تشير، في الوقت ذاته، إلى رواية لا يستطيع المضطهدون أن يكتبوا غيرها هي: «رواية الأمل»، التي تمد اليائسين بأمل يحتاجونه. تسرد هذه الرواية، على طريقتها، حكاية الإنسان المغترب، بالمعنى الديني، التي تنطوي على أربعة عناصر: مكان أصلي هو الفردوس، وخطيئة أخرجت الإنسان المخطئ من فردوسه، وسقوط إلى منفى مليء بالعذاب، وتوبة أخيرة تعيد «الإنسان الجديد» إلى حيث كان. إنّ الفردوس المفقود، في الرواية الفلسطينية، هو فلسطين المحتلة، والخطيئة هي الخروج من الوطن، والمخيّم والغربة عقاب على الخطيئة المقترفة، والكفاح المسلّح تكفير عن الخطيئة ثوابه العودة إلى الأرض.

خُلِق الأمل لهؤلاء الذين لا أمل لهم، ويرون في المستقبل زمناً عادلاً.

المراجع

1. جبرا إبراهيم جبرا: السفينة، دار الآداب، بيروت، 1979.
2. جبرا إبراهيم جبرا: البحث عن وليد مسعود، دار الآداب، 1978.
3. غسان كنفاني: الآثار الكاملة، المجلّد الثاني، الطبعة الثانية، دار الطليعة، بيروت، 1980.

المأساة الفلسطينية بلغة جديدة

حسين البرغوثي يساجل جبرا

محا السياق التاريخي فلسطينيّ جبرا وغسان بقسوة مفرطة، دون أن يمحو روح فلسطين الموزّعة على الكتابة والبشر، بيأس صريح حيناً وبغضب مضطرب حيناً آخر. رحل الفلسطيني الذي تنصره أرضه وبقيت هزيمة يتقاسمها الفلسطيني وأرضه معاً. كفّت الكتابة عن النظر إلى الأمام، واكتفت بالعودة إلى الذي كان واستحال إلى نثار، كما لو كان الأمل الفلسطيني السليم قد غادرته السلامة.

1. حسين البرغوثي ومحاورة الأطياف:

ربما يكون في عمليّ حسين البرغوثي «سأكون بين اللوز»، «الضوء الأزرق»، اللذين كتبهما بعد رحيل غسان بثلاثين عاماً تقريباً، شهادة على أحوال «فلسطين الأخرى»، التي هي مزيج من الشجن والذكريات. فلا فلسطين السليمة هناك، ولا الفلسطيني قادر على معالجتها، فهو معطوب يتأمّل رام الله وما جاورها، ويشهد على تحوّل المكان والمسار واللغة. فإذا كانت «العودة» في زمن مضى، إعلاناً عن انتصار منتظر فهي، في زمن لاحق، صورة عن خيبة غير منتظرة. والفرق بين حلم غسان وكابوس البرغوثي، الذي أخذه الموت في سن مبكّرة، هو الفرق بين بداية المسار ونهايته، وهو الفرق المأساوي الذي يترك العودة كلمة تائهة المعنى. تحدّث غسان، كما جبرا، عن فلسطين متخيّلة، عرفاها قبل أن تمزّقها المستوطنات الإسرائيلية، على خلاف البرغوثي الذي عاين مكاناً فلسطينياً منهوباً، يشيد الإسرائيليون فوقه أبراجاً لاصطياد الفلسطينيين. مكاناً غادرته ملامحه وحوّلته ملامحه المغادرة إلى خراب ورهينة في آن. كتب البرغوثي في الصفحة الرابعة من «سأكون بين اللوز»[1]: «خطرت ببالي ذاكرة المكان هذه، وأنا واقف بين الخرائب. غرباً، في قمة جبل مغطّى بغابات صنوبر وسرو وبلوّط، تشع أضواء النيون من مستعمرة إسرائيلية تدعى «حلميش» عندهم، ومستعمرة «النبي صالح» عندنا...». ذاكرة المكان هي ما تبقّى لإنسان مقهور غادر المكان ولم يغادره المكان، فأوكل إلى ذاكرته الحفاظ على ما ذهب ولن يعود. ذاكرة مهدّدة، تشرف عليها مستعمرة تستوطن قمّة الجبل، ويطلّ عليها مسلّحون

إسرائيليون ينهبون من الفلسطينيين الأمكنة وأسماءها. يقف الفلسطيني فوق الخراب، ينظر إلى موقع سليم مضى، ويرى إلى المزيد من الخراب.

يستبدل الفلسطيني المقهور بالمكان ذاكرة المكان، ذلك أنّ على من يقف فوق الخراب أن يحتفظ بملامح المكان قبل خرابه. والذاكرة رهان لا يراهن عليه، إلاّ إذا حوّلها صاحبها إلى كلمات، إلى وثيقة مكتوبة، تواجه كلمة «حلميش» بكلمتين عربيّتين هما: «النبي صالح». ربما كان إيمان حسين البرغوثي (1954 - 2002) بالذاكرة المكتوبة هو ما دفعه إلى صوغ سيرة ذاتية مكتوبة تلغي المسافة بين خراب الأرض وخراب البدن: «بعد ثلاثين عاماً أعود إلى السكن في ريف رام الله. أرجعني مرض السرطان». ساوى الكاتب الراحل بين العودة إلى الأرض والعلاج، وترجم خراب الطرفين إلى ذاكرة مكتوبة يسوّرها الرثاء. عالج الفلسطيني المريض ذاكرتة لا بدنه، لأنّ الخراب الذي وقف فوقه أيقظ صوراً غفت في الذاكرة منذ زمن طويل. كان غسان يكتب عمّا سيكون، وكتب حسين عمّا كان ولن يعود، عن أطياف فلسطين وفلسطين الأطياف؛ الأم العجوز التي رأت في صباها أفعى تزغرد، وأنين «ربابة» قديمة يتّمها الزمان، وأشباح أهل تلاشت خطواتهم في الفضاء، وتوزّع رميمهم على أكثر من مقبرة. إنّ ذاكرة الفلسطيني المقبل على الموت هي ذاكرة أمّة، مثلما أنّ ذاكرة الطرفين صدى لصوت قديم امتد في غيره، كما يمتد الجبل في زيتونه والزيتون في زيته. لم يتبق، في زمن الخراب الفلسطيني، كما يقول الكاتب، إلاّ «قوى المكان» الكامنة، التي تستعيض عن الأصوات بالصدى المبحوح، وعن المرئي المتلاشي باللامرئي الحزين: «لا يستيقظ في العزلة إلاّ ما هو كامن فينا، تستيقظ «قوى المكان» الكامنة، وكأنّ كل شيء فيه، حتّى الحجارة، حانت مواعيد عودته للحياة»، يقول حسين في «سأكون بين اللوز»، أو أن يقول: «أدمنت العودة إلى «الدير الجواني»، كي أسأل جبله عن بدايات فيه. ولكن من الأدق القول: إنني أنا نفسي لست أكثر من أسئلة هذا «الجبل» عن نهاياته الممتدة في نباتاته، وحجله، وغزلانه، وناسه...». تغيّر «الضمان» وتبدّل، لا موقع للبندقية ولا للفدائي الذي يطاول الجبال طولاً، والموقع كلّه للتراب الفلسطيني الهائل، الذي استودعه الفلسطيني أسراره، قبل أن يلتحق بالتراب. ومع أنّ البرغوثي كان يرثي نفسه وهو يدنو من الموت، فقد كان يرثي وطناً انهارت ملامحه في ثلاثين سنة.

يقول الأديب المريض قبل رحيله: «كل شيء فيه، حتّى الحجارة، حانت مواعيد عودته للحياة». قرّب الأديب بين الموت والحياة، معتبراً موت الأشياء الفلسطينية عبوراً إلى حياة حقيقية. فالفلسطيني يعبر ولا يموت، يتحوّل ويتبدّل، ويظل حيّاً حتى لو بدا غائباً. كأنّ الموت الظاهري طقس للميلاد الحقيقي، الذي يدمج الأشياء الفلسطينية بالأشياء الفلسطينية. تُبعث الأفعى المزغردة في حياة أديب حسن الأسلوب، ويبعث الأديب في شجرة زيتون تمتد في زيتها. نقرأ: «في حياتي التالية في دورة التناسخ هذه سأرجع إلى الأرض وأمشي عليها كطفل - نبي»، ويكتب عن ميلاد ابنه: «ولد في شتاء

قارس، ورأيت هناك، لأوّل مرّة في حياتي، عملية الولادة، ...، وشعرت بأنني أشهد ولادتي أنا، أيضاً، ولادة كائن سيسأل «الدير الجوّاني»، في ذات يوم، من أين أتيت؟ ولماذا؟ وإلى أين أذهب؟ عبر دورة تناسخ الأرواح، تحل في المولود الجديد روح قديمة ما...».

يحتل التناسخ عند البرغوثي موقع الرابطة المقدّسة في تصوّر جبرا. لا يتيه الفلسطيني، عند الأخير، بسبب رباط مقدّس يتوزّع على الطرفين. أقصى الأول المقدّس وقرّر التناسخ، الذي يحتضن الأشياء موحّدة ومتبدّلة معاً: فهي موحّدة بفضل روح تسري في الموجودات جميعاً، توائم بين الهلال الفلسطيني وشجر الزيتون، وبين يد العجوز الآفلة وعيون الطفل الوليد، وهي متبدّلة بفضل حوار خفي بين الأحياء والأموات وبين الجماد والكائنات الحيّة. لا شيء يظل على حاله، وما يموت ينبثق في هدأة الليل في شكل جديد: «ورفعت يدي مثل الشجر العالي، كي أبدو زيتونة». تحتقب اليد الفلسطينية أشكالاً فلسطينية لا تنتهي، فهي قط برّي قبل أن تصبح حبة رمان، وهي قطعة صلصال قبل أن تستوي طيراً مغرّداً: «سأنضج عمّا قريب مع اللوز، والرمّان، والورود، وأقول لهذه الجنائن: قد نضجت، وإن ضحكت ستشرق الشمس، وإن بكيت ستمطر، وسأرجع طفلاً، وإن لم أستطع الآن، ففي حياتي الحالية سأحيا لأعرف».

يتعيّن الفلسطيني موقعاً لأرواح جديدة وقديمة متعدّدة، لا انفصال بين الأشياء ولا فروق. تقيم الروح الغنائية، التي تصيّر الكثير إلى واحد، وصالاً بين الإنسان والشمس، وبين المريض وشجرة اللوز. بل إنّ حاله من حال النبات في الليل والنهار، ومن حال الأزهار في الفصول الأربعة. ولهذا لا يموت الفلسطيني بل «ينضج»، ولا يولد بل «يرجع طفلاً»، ولا يرجع طفلاً إلاّ لينتقل من «الحياة الحالية» إلى حياة سابقة أو قادمة. تصبح فلسطين، في هذا التصوّر، وحدة مكانية- زمانية، أو وحدة زمكانية، إن صح القول، يتكشّف زمنها في أصوات مترافدة إلى الأبد، ويتجلّى مكانها في مخلوقات متناسخة لا تموت. يساوي الفلسطيني، في النهاية، مكانه، فهو من المكان والمكان منه، وتساوي ذاكرته ذاكرة المكان الذي حلّ فيه، الذي يتحوّل ويتبدّل ويظل واحداً. ولعلّ أبدية المكان، التي هي وجه لأبدية الزمان، هي التي تجعل أبدية الذاكرة الفلسطينية من أبدية فلسطين، التي يزامل مطرها الطفل الوليد. وما «قوى المكان الكامنة»، التي يتحدّث عنها الروائي، إلاّ جماع الأرواح الفلسطينية الممتدة من القديم إلى اليوم، ومن حكايات الأم العجوز إلى شجرة التين، التي تهدّدها دبابات إسرائيلية «عارضة». إنّ المتبقيّ في الخطاب كلّه هو: الحاضر المطلق، الذي يمتزج فيه القديم بالجديد بلا اختلاف، ويجتمع فيه الإنسان والحيوان والإنسان بلا تناقض.

اختار حسين البرغوثي، الفلسطيني المريض السائر فوق أرض فلسطينية مريضة، حيوان «الغريري» مجازاً لهوية مأساوية تتبدّل وتتحوّل ولا تموت. و«الغريري» كقطة كروية الشكل، يصرخ ليلاً كطفل صغير، من ألم أو غربة أو من كليهما: «كانوا قديماً يطاردونه بكلاب الصيد، ولحمه لذيذ، والآن انقرض

تماماً». والحيوان الصغير، الذي يشاكل القطة وما هو بالقطة لم يصبه الانقراض، فقد نقله تناسخ الأرواح من حالة إلى أخرى. حين يحكي المريض لخاله عن «صوت الطفل» الذي يصرخ في البريّة ليلاً، يقول له: «ربمّا أنّك سمعت صوتاً آخر «غريرياً» في هذه الجبال». لكن المريض يجيبه: «قلت لنفسي: لا، رأيت غريريات أخرى كثيرة في مستشفى رام الله، كن يلدن ويولدن في الطابق العلوي، فوق، أو يحفظن في ثلاجة الموتى، تحت، لكن رأيتهن... أدمنت العودة نحو الدير الجوّاني، وكأنني مأخوذ بالوقوف في مهب ذكريات أهلي القدماء هناك، وأحاول تركيب «بداياتي» من «نهاياتهم»...

يكون الإنسان، في دورة التناسخ «غريرياً» أخيراً، ويكون «الغريري»،الذي لن يكون أخيراً، الأهل القدماء، ويكون الجميع نزلاء مستشفى يقبض الأرواح ويرمّم الأحياء. عثر المريض، الذي يشتق بداياته من نهايات أهله، على هوية ثابتة ومأساوية، ذلك أنّ الغريري انتقل من فضاء الليالي المقمرة إلى السجن، لأنّ «المستشفى والسجن طرفا تشبيه واحد». وما حال الغريري إلاّ حال قمر فلسطين، الذي يصطدم بـ «نيون المستعمرة»، ذلك اللون الأصفر الأقرب إلى القيح. تأمّل المريض الفلسطيني هويته السرمدية في زمن مريض، مطمئناً إلى هوية لا تموت ومتوجعاً من مصير يكاثر المستشفيات والسجون: «خسارة أن تولد وتموت في زمن مهزوم، بوعي مهزوم، وخائف، وحتى اسم ابنك «آثر» حسبوه «آرثرا»، اسماً غريباً، اسم من استعمروك، ولم يخطر ببال أحد أنّه من «لسان العرب»! خسارة أن تفقد نفسك إلى هذا الحدّ». إذا كان التناسخ، في الأزمنة الغنائية السويّة، يوحّد المجموع، فهو في أزمنة الفساد يضع شيئاً من المجموع خارج المجموع، شيئاً بشرياً متهافتاً نسي «لسان العرب». بيد أنّ النافل الفاسد لا يغيّر من طبيعة الهوية السرمدية شيئاً، لأنّ في كثافة الأصوات المتواترة ما يمحو الناشز ويقصيه: «لا شيء يضيع تماماً في هذه الأرض المقدّسة، وكل شيء يرجع...»، يقول الراحل حسين، الذي أنصت إلى «غريري» القرى الفلسطينية الدارسة يموء في مستشفى حاشد بالأحياء والأموات.

رأى حسين البرغوثي في روايته «سأكون بين اللوز» الهويّة معطى طبيعياً، تتناقله أجيال متواترة كما تتناقل العادات واللغة. توقف أمام السؤال في عمله الأخير: «الضوء الأزرق»، وهو من عيون النثر العربي في القرن العشرين. دخل إلى السؤال من باب التجربة مشيراً إلى واقعتين: ترحيله، وهو في سن الرابعة، مع أبيه وأمه عن بيروت، لأنهم «غرباء» ينتمون إلى «طائفة غريبة»، ونعت «الفلسطيني» الذي كان يعرف به غسان كنفاني، عوضاً عن أن يعرف باسمه أو بمهنته، فهو «الفلسطيني الذي يسكن في البناية». الفلسطيني غريب والغريب الفلسطيني هو الذي يجب ترحيله، ذلك أنّ للغرباء مراتب ومقامات. وإذا كان على الفلسطيني أن يرحل عن بيروت، فإنّ عليه أن يرحل أيضاً عن القدس ليلاً: «قضاء الليل في القدس كلها كان ممنوعاً منعاً باتاً على كل فلسطيني من «المناطق المحتلة»، دون تصريح عسكري...». ويصل اغتراب الفلسطيني إلى ذروته حين يرى إلى «بيت فلسطيني قديم»، تسكنه عجوز هنغارية هاربة من النازية، تقتحم «ذاكرة المكان» ولا تأتلف مع «قواه الكامنة» في قليل أو كثير.(2)

حين يتأمّل حسين سؤال الهوية في «الضوء الأزرق» يقول: «إنّ قبول سيجارة المحقق يعني، في منطق السحر، قناة تسيل منها هوية السجين إلى هوية المحقق، فيضعف السجين، أي يبدأ انهيار فكرته عن ذاته ككائن مستقل تماماً عن المحقق، بسيجارة». الهوية حد فاصل بين السجين والسجّان، هي الروح التي ترفض الانقياد إلى روح أخرى، وهي اللون الفارق بين كل نفس وأخرى، «فلكل نفس لون خاص بها»، يقول الكاتب. ساوى البرغوثي بين الهوية وتكامل الأحياء والأموات منتهياً إلى «قوّة الأطياف»، التي تزور الفلسطيني ليلاً وتعلّمه حكمة الانتماء، ويزورها ليلاً ونهاراً ويفصح عن حكمة «الذاكرة القمرية»، التي هي ذاكرة القرى الفلسطينية منذ أمد طويل.

يتحدّث «الضوء الأزرق» عن «هويّة بلهاء» مستدعياً، لزوماً، «هوية عاقلة»، تعرف المكان الذي تنتمي إليه ولا تعتدي على أمكنة الآخرين. أعطى البرغوثي للهوية وجوهاً متعددة فهي: الأرواح المتناسخة، التجربة المعيشة، ذاكرة المكان، قوّة الأشباح، اللون الذي تؤثره روح ولا تقبل به روح مغايرة، معرفة اللغة بلا خسارة، ... وقد يقال إنّ الهوية ليست هذا كلّه، لأنّها أبعد من أن تكون روحاً خالصة. بيد أنّ الأديب الراحل شاء أن يصوغ السؤال أدباً وأن يجيب عنه بوسائل أدبية، جامعاً بين الواقعي والمتخيّل ومعطياً الواقع ملامح متخيّلة. «يسيل الدماغ خارجه»، يقول، ويقول أيضاً: «يعنى الليل بنمو النبات، وتعوي الثعالب في المشافي الفقيرة، ويكتب الأديب على ضوء عينية، ..... وتصرخ الهوية الفلسطينية على شاطئ مشبع بالزرقة استجار أهله بأحضان الجبل، ...».[3]

إذا كانت المأساة قد تربّعت، ذات مرّة، في وعي فلسطيني بريء ساوى بين إرادة الكاتب ومشيئة الأقدار، فقد رأى حسين البرغوثي المأساة الحقيقية في خرائب فلسطين. نقد في منظوره رواية بريئة، تحجب المأساة الواسعة بمأساة وعي مفرط التفاؤل، فاتحاً للكتابة الفلسطينية أفقاً جديداً، يجمع بين الانتماء والثقافة، وبين العقل والعاطفة، وبين فعل الكتابة وإحساس رهيف، يدرك أنّ دور الأدب هو طرح الأسئلة.

2. حدود رواية الأمل

تنطوي رواية الأمل الفلسطينية، مهما كان شكلها، على مراحل ثلاث: مرحلة سديمية قوامها حاضر مريض أقرب إلى اللعنة، انفصل عن ماضٍ مغاير له كل المغايرة. فلا شكل ولا نظام ولا معنى، ولا ما يساوي الفلسطينيين بغيرهم من البشر. كل شيء ممزّق يفتقر إلى الوحدة، وكل شيء فقد براءته واختلط بالدنس. تحدّثت رواية غسان «ما تبقّى لكم» عن الأمرين معاً، إذ عائلة الصبي موزّعة على أماكن معروفة ومجهولة، غزة ويافا وما وراء الحدود، وإذ العائلة الممزّقة مغطاة بالوحل والمهانة. لا يختلف الوضع في رواية جبرا «صيادون في شارع ضيّق»، فالشاب النجيب الذاهب إلى بغداد، خلّف وراءه، في القدس حبيبة دفنتها الأنقاض، وعائلة مفتقرة تنتظره في مخيّم رخو المكان. رفع إميل حبيبي،

في «المتشائل»، مأساة الانفصال إلى حدها الأعلى، فأهل القرى خارج القرى، والخارجون من القرى لن يلتقوا ببعضهم بعضاً إلاّ صدفة.

تتلو الحالة السديمية، التي تنقض النظام، حالة مؤرّقة تحضّ على حلم استعادة النظام المفقود: يضيق الصبي ببؤس مخيمه، وينطلق إلى عرض الصحراء مراهناً على مكافأة عادلة. كما يصل الفلسطيني إلى بغداد فقيراً مجهولاً، ويدخل إلى نفق مضيء يخرج منه عَلَماً. ولم ينسَ حبيبي، بافتعال شحيح المعنى، أن يدرج في عمله فدائياً يعود إلى أرضه، يستدفئ بغيره ويعانقه غيره ويشعر بالدفء. تواجه التجربة، المثقلة بالفقد والحرمان، السديم متطلّعة إلى وضع يستأنف الوضع المفقود.

يتكثّف معنى رواية الأمل في علاقة أساسية هي: النهاية. تترجم النهاية الفعل الصائب الذي يصل بين زمنين سليمين ويمحو الزمن المريض الطارئ بينهما، وهي انتصار الجميل الموحّد على المشوّه المليء بالتصدّع، وهي إعادة النظام إلى وجود فارقه النظام. إنّها روح الحق الذي عابثته صدفة ظالمة وعاد حقاً بهياً كما كان. تفرض النهاية، في دلالاتها المتعددة، كتابة الرواية من وجهة نظر النهاية. تستوي في ذلك العلاقات جميعاً: الأرض المفقودة، حركة الإنسان الفلسطيني، طريق اللجوء، الأرض المفقودة - المستعادة إليه. فالأرض المفقودة مثال جمالي يصعب تجاوزه، اختلف إليه إميل حبيبي بحنين يلتبس بالبكاء في «إخطيّة»، إذ ما كان في فلسطين من جمال فلسطين التي كانت، وتأمله غسان بشغف فَرِح في «العاشق»، فسهول فلسطين عينا الفلسطيني ولباسه، وتذكّرت سميرة عزام أرضاً مسقوفة بالنور والعصافير. أمّا جبرا إبراهيم جبرا فجعل من نسيان «القدس» كفراً، لأنّ أنوار القدس ليلاً امتداد للجنة. تحضر فلسطين في النص الروائي نموذجاً جمالياً مطلقاً، يساوي بين اللجوء والجحيم.

ومثلما تعيد النهاية خلق أرض سليبة ابتعدت، فهي تخلق الفلسطيني اللاجئ المشدود إليها: يتجاوز الصبي في «ما تبقّى لكم» عمره، يعطف عليه الليل، وتشدّ الأرض من أزره، وتحالفه الطريق السائر فوقها التي تخدع، عادة، غير الفلسطيني وتضلّه عن غايته. ويكون بطل جبرا، في رواياته جميعاً، مع البشر وفوقهم، يحاورهم ويعلّمهم، ويتصل بهم ويقودهم، ويدركون من مقاصده شيئاً ولا يدركون ما تبقّى... إنّه البطل المخلص الذي تشد خطاه الغاية الخيّرة التي يمشي إليها. هناك دائماً «المضاف»، الذي تأمر به رواية الأمل، الذي يجعل الأرض فردوساً، والفلسطيني روحاً وروح الحق معاً.

ومع أنّ الطريق تنظر إلى الفلسطيني السائر فوقها برفق فهي، في اللحظة عينها، طريق اختبار مليئة بالصعاب والشوك، كما لو كان في شدّتها ما يشي بالفرج الواقف في نهاية الطريق. فصبي غسان ذاق الهوان في وجوهه جميعاً، وبطل جبرا يصل بغداد بنقود قليلة، و«الفدائي» يخلف عرف الجوع والسجون ومياه المخيمات الآسنة. يجيء معنى الطريق من معنى نهايتها، مثلما أنّ سعة النهاية من ضيق الطرق التي أوصلت إليها. ولذلك تبدو نهاية الطريق مكافأة ذهبية، تليق بالروح التي تحمّلت صعوبات الطريق.

تحيل النهاية في الكتابة الفلسطينية «السابقة»، كما كل نهاية في لاهوت الأمل، إلى البداية - الأصل، حيث معنى فلسطين القادمة من معنى فلسطين التي كانت. أملت وحدة البداية والنهاية، وهي تصوّر ديني يلازم المضطهدين، على الرواية التبشيرية أن تشذّ عن قواعد الرواية، وأن تستبدل باللامتوقع متوقعاً مضموناً، يحمل الغبطة إلى الكاتب والقارئ معاً. استعادت هذه الكتابة، في كثير من نماذجها، حكاية الخير والشر، محوّلة التقنيات الروائية إلى عناصر خارجية، لا تغيّر من حكاية الخير المنتصر شيئاً.

انطوى النص الأدبي الفلسطيني، شعراً كان أو رواية، على شكلين من النهاية: أولهما النهاية الزمنية، التي تشير إلى حقبة لم تكتمل، ذلك أنّ النهاية الزمنية في ذاتها بداية زمنية جديدة. آية ذلك المخيّمات المختلفة التي أعقبت القرى المتوارثة، والقرى المهدومة التي قامت فوقها مستعمرات إسرائيلية، ومقاتلو عام 1948 الذين خذلهم السياق. نهاية تنفتح على بداية جديدة، فالمخيم أنتج صبياً يتمرّد على المخيّم، وأهل القرى حفظوا آثار قراهم في ذاكرة لا تموت، والمقاتلون الذين خذلهم السياق حلّوا في أرواح روّضت سياقاً لاحقاً. يظهر الشكل الثاني في النهاية المكتملة، التي لا تقبل ببدايات لاحقة، لأنّ البدايات جميعاً متحققة فيها. أوضح غسان الفرق بين النهايتين في روايته «عائد إلى حيفا»، حين جعل الفلسطيني يرجع إلى بيته المفقود، ويذهب ابنه إلى معسكر يسير إلى النهاية الكاملة. أما «وليد مسعود» فهو البداية والنهاية معاً، لأنّ زمن الكمال المتحقق لا نقص فيه، لا ينتقل من مرحلة إلى أخرى ولا يقرّ مبدأ الانتقال.

أفضت الرواية - الحكاية إلى مقولتين دينيتين: الأرض المفقودة - المستعادة، وفساد الأزمنة. الأرض الفلسطينية ضاعت حين احتلها العدو، وأعادها الكفاح الفلسطيني إلى ما كانت عليه. فهي مفقودة - مستعادة، أو أنّها لم تفقد إلاّ لتعود، مما يجعل من فقدانها تجربة إيمانية، تبرهن أنّ صاحبها جدير بها. وإذا كانت عودة الأرض، عند غسان، تتحقق بإرادة إنسانية لا شروخ فيها، فهي عند جبرا تجربة إيمانية - جمالية، تبيّن أن الفلسطيني جزء من أرض المسيح وأنّ الأرض المقدّسة مستمرة في أبنائها. لا تسمح الأرض المقدّسة لأعضائها الإنسانية أن تنفصل عنها، ولا تقوى الأعضاء على العيش بعيداً عن الجسد الذي تنتمي إليه. وما حكاية الخروج إلاّ حكاية العودة التي تلغي الخروج. يتعيّن الزمن الفاصل بين العودة والخروج زمناً عارضاً، مريضاً، فاسداً، يتطاول على الأرض - الأصل، التي تمحوه موحدة من جديد بين الماضي والمستقبل. والمعروف أنّ الزمن الفاسد، الذي يتلو زمناً مباركاً ويتلوه زمن مبارك يمحوه، إعلان عن تصوّر أسطوري، يقرأ الظواهر منفصلة، ولا ينشغل بالسببية التاريخية التي تستقدم زمناً وتطرد آخر. ملأ غسان فراغات الزمن التاريخي بفكرة الإرادة المتمرّدة، واستعاض عنه «أدب المقاومة» بصنمية البندقية الخيّرة، وحذفه جبرا مستبقياً «إنساناً» كاملاً لا يحتاج إلى الزمان.

يسمح النص الفلسطيني، المشبع بلاهوت الأمل، بالتمييز بين شكلين غريبين عن تصوّر التاريخ: التاريخ الداخلي والتاريخ الخارجي، إذ الأول تاريخ مضمر يسري في ذاكرة الأشخاص الذين يؤمنون

به، يساوي بين ما يُرى وما لا يرى، وإذ التاريخ الثاني تجسيد للأول بعد زمن. بل إنّ التاريخ الأول، كما يرى المضطهدون، هو التكثيف الجوهري للتاريخ الثاني، يسبقه على مستوى الإيمان ويقصّر عنه على مستوى التحقق. يمثّل هذا التصوّر، كما يعرف قرّاء الفلسفة، «التاريخ المقدّس للإنسانية»، الذي يتعامل مع الرؤى والأحلام والأمنيات. ومع أنّ فيه ما يذكّر بـ «الفكرة المطلقة» عند هيجل، فهو لا يتقاطع معها في شيء، وذلك أنّ فكرة هيجل تردّ إلى واقع قابل للتعيين، خلافاً لـ «التاريخ المقدّس»، الذي هو جملة من الرؤى لا تحتاج إلى خارج مادي. لا غرابة أن تؤمن التصوّرات التبشيرية جميعاً بمبدأ «الانبثاق»، الذي يأتي على غير توقع، رافضاً التاريخ الدنيوي وساخراً منه، كما يقول. شيء قريب من الماركسية التبشيرية عند فالتر بنيامين، التي قالت بتاريخ إنساني لا متجانس تتعايش معه، ربما، الأفعال والصلوات، إذ للفعل مجاله وللصلاة فضاؤها، أو تتصارع فيه مادية العلاقات الاجتماعية ومضمون الأرواح الإنسانية. والانبثاق المفترض كسر للزمن المعيش المرئي المتجانس وتبشير بزمن مضيء يأتي على غير توقّع.

يقبل النص الفلسطيني، بهذا المعنى، بقراءتين: قراءة خارجية تربط بين النص المتفائل وأيديولوجيا شعاراتيه، ترى إلى الغد وتبسّط صيغ الوصول إليه، وقراءة داخلية تكشف عن الأبعاد الدينية التي حايثت حكايات متفائلة. وإذا كانت القراءة الأولى ترفض في رواية الأمل اختصارها المستقبل إلى زمن قابل للقياس والتعيين، وهو ما حاول جبرا التحرّر منه في «البحث عن وليد مسعود» فإنّ القراءة الثانية تسوّغها شريطة اعتبار المستقبل زمناً مفتوحاً لا سبيل إلى تقييده ومعرفة مساره. ذلك أن الأمل، الذي يفصل بين زمن المنتظر (بفتح الظاء) وزمن المنتظر (بكسر الظاء) يوقظ في الإنسان المقهور أخلاقاً عملية، تحضّه على الفعل وتستولد منه ذاتية جديدة. [4] يدعو الأمل، بالمعنى التبشيري العميق، إلى تحالف بين الإنسان المقهور والمستقبل ضد الزمن الحاضر، الذي ينبغي أن يكون موضع اتهام مستمر، على خلاف الوهم الأيديولوجي، الذي يفترض تحالفاً بين الإنسان والزمن الحاضر. بل إن هذا الأمل هو الذي يقترح المدينة الفاضلة، ويبنيها شيئاً فشيئاً داخل الإنسان لا خارجه. إنّ وَهَن الرواية الفلسطينية، بعد رواية «البحث عن وليد مسعود» يعود، في وجه منه، إلى تصوّر مضطرب للمستقبل، يستبدل بالزمن المفتوح زمناً سلطوياً ضيّق الحدود.

المراجع

1. حسين البرغوثي: **سأكون بين اللوز**، المؤسسة العربية للدراسات والنشر، بيروت، 2004
2. حسين البرغوثي: **الضوء الأزرق**، المؤسسة العربية للدراسات والنشر، بيروت، 2004.
3. Les imaginaries. Cause commune. 1976/1. 10/18 – paris. p: 401 - 444
4. D.jasper: the study of literature and religion, Macmillan. London, 1989. p: 97 - 106

ملحق ثانٍ

جبرا إبراهيم جبرا وتأويل الفن

عاش الأديب الفلسطيني المتعدد جبرا إبراهيم جبرا حياته، مؤمناً بعدالة لا تحتاج إلى الاختبار، تحتجب وتأتي كاملة بعد زمن. ارتكن منظوره إلى قيم لا يمكن اختبارها، وإلى وعد بأن فلسطين لا تتخلى عن أهلها. اشتق ما آمن به من «مملكة الفنون»، حيث للفن جمالية غامضة، تخاطب السمع والبصر والقلب، وتواجه مقاييس العقل بحدس لا اضطراب فيه. واتكاء على تصور فني للعالم، واجه الشاذ والنسبي والزائف بالسوي والكامل والحقيقي، كما لو كان العالم عملاً فنياً ماهيته التكامل والانسجام.

***

نشر جبرا في حياته كلها مجموعة قصصية واحدة، عنوانها: «عرق»، صدرت طبعتها الأولى في بيروت عام 1956، وطبعتها الرابعة عام 1981. احتفظت المجموعة بقصصها من دون تغيير، باستثناء الأخيرة التي أضيفت إليها قصة واحدة: «بدايات من حرف الياء»، التي هي حوار ذهني يخالطه شيء من ملامح «مسرح العبث». جاء في تقديم الطبعة الأخيرة: «لا بدّ من القول إن هذه المجموعة لا تحوي القصص التي كتبتها قبل عام 1946. ولأذكر - هنا - أنني أعتبر إحدى تلك القصص «ابنة السماء»، قد نشرت أواخر عام 1938، في مجلة «الأمالي» البيروتية لصاحبها الدكتور عمر فروخ، مدخل الصبي الحالم التواق للحق في زمن صعب، في اتجاه المعاناة والتجربة القادمتين في زمن أصعب».

نشر جبرا قصته الأولى وهو في الثامنة عشرة من عمره، تواقاً إلى الخلق، كما قال، في زمن صعب تلته سنوات أكثر صعوبة، وزعت الفلسطيني على منافٍ قريبة وبعيدة. حافظ المؤلف، الذي استيقظت حياته على زمن صعب، على «تصوراته الأولى»، كما لو كان المستجدّ الصعب، الذي حوّل الفلسطيني إلى لاجئ، منفصلاً عن إيمان كامل، يمنع عنه اكتماله التحوّل والتغيّر.

رسم جبرا في مجموعته ما يفصل بين الشاذ والسوي، وترك مكاناً واضحاً للفن، كاشفاً عن هوية أديب - فنان، لا يرى حدوداً بين الرسم والكتابة، ويرى الكتابة الفنية في احتضان الجميل ونفوراً

من نقيضه. خصّ الفن بثلاث قصص محددة العناوين: «الغرامفون، ملتقى الأحلام، الرجل الذي كان يعشق الموسيقى»، وترك ظلال الفن تتسرّب إلى القصص الباقية، وهي ثلاث عشرة قصة، ولم ينسَ أن يقرأ صورة صبي متمرد بإشارات فنية في قصة: «المغنون في الظلال». أدرج في قصصه فنونه الأثيرة: الموسيقى والرسم والغناء، وأضاف إليها التكامل الأخلاقي - المعنوي، الذي ينفتح على الفن ويكون مجلى للفنون في آن.

استعار المؤلف قصة «الغرامفون» من حكايات صباه المقدسي، الذي مر عليه متمهلاً في السيرة الذاتية: «البئر الأولى»، حيث الصبي الحالم يقايض خبزه الضروري بمجموعة من «الاسطوانات»، كانت ملك إنسان أفقره الزمن. حين يقترب الصبي من ملكيّته السحرية يقول: «قرفصت على مقربة من الأسطوانات، وجعلت أقرأ عنوانها، وأتلذذ بملمسها الصقيل. لم تكن تربو على العشرة، وبعضها مفطور، أو مكسور الحروف...». يأتي المعنى من صيغة «الأنا» التي أنطق جبرا بها الصبي الذي كانه.

سرد في قصته «ملتقى الأحلام» أطياف عشق متخيل، ووضع العاشق في بيت ريفي معزول، تتسرّب منه الموسيقى، ويأنس إلى حفيف المطر. هجس جبرا، آنذاك، وكان لا يزال في مدينة القدس، بالجمال الخالص، الذي يجمع بين جمال الطبيعة وجماليات الأرواح العاشقة. أخبر عن شوقه إلى عالم فني أثيري في قصته «الرجل الذي كان يعشق الموسيقى»، رجل أثاثه من الأسطوانات وغرامفون كهربائي و«فهارس مصانع الأسطوانات» يضيق بالمدينة ويذهب إلى منطقة جبلية «قريباً من السحب والنجوم»، فإذا ما عزف اسطوانة انطلقت الموسيقا في أرجاء المرتفعات الفسيحة... كأن مئات الملائكة قد هبطت من السماء بمعازفها، لتعزف له، وهو يتجوّل بين الصخور...».

تبدو الموسيقا إيماناً أقرب إلى العقيدة، تلتبس بها «الأرواح الباحثة عن الخلود والأزلية - يقولون إنها كثيراً ما ترمز إلى مثل هذه الأشياء الغامضة». أراد جبرا تصوراً للعالم خاصاً به، يرى الفنون مدخلاً إلى «الإنسان الكامل»، ويعيّن تبادلية العلاقة بين الفنون الجميلة مبدأ لتقويم البشر، إذ الذوق الجمالي مرآة كاشفة، تفصل بين الشاذ والسوي، وتتأمل مراتب البشر الأخلاقية. قرأ السارد في رواية جبرا الأولى: «صراخ في ليل طويل» فساد العائلة الطاردة للحب بألوان لوحة معلقة على الجدار بعيدة عن الانسجام، لوحة تفصح عن فساد الذوق وكراهية الجمال. وحين استذكر القدس في روايته «السفينة»، استعاد صورة فتى له وجه ملائكي، تحالف روحَه عيناه ويرسمان جمالاً غامضاً.

في مقابل تصور للعالم يحيل، عادة، على السياسي والاجتماعي والأيديولوجي، سعى الفلسطيني الشاب، الذي أصبح مترجماً وناقداً للفن، إلى تصور يهمش المعيش ويعتنق «المجردات الجميلة»، ويستعيض عن الزمن اليومي بزمن روحي يحاور الخلود والأزلية. أنهى قصته «الرجل الذي يعشق الموسيقى» بالكلمات التالية: «سأخرج مع أنغام «باخ» إلى الصخور، التي لم يلطخها البشر. وسوف

تحلق النسور أبداً عند أذيال ثوب الله». واجه الأديب عالم البشر بعالم أثيري قوامه الألوان والأصداء معتقداً أن ما يؤمن به «الإنسان - الفنان» يأتي إليه، أكان ذلك امرأة جميلة معتقلة في قصر قديم، أم كانت أرضاً مغتصبة تدعى: فلسطين. وهو ما صاغه روائياً في «صيادون في شارع ضيّق»..

يفضي تأمل العالم القصصي عند جبرا الشاب، في مجموعته «عرق»، إلى فكرتين: يساوي الإنسان السوي القيم الإيجابية التي يتمتع بها وتنصره، ويتعيّن الفن، في أشكاله المختلفة، مرايا للوجود الإلهي، ومجلى لنوع من البشر يقربه الفن من الله، وتحرسه العناية الإلهية.

يحرّض هذا التصوّر على سؤالين: كيف يمكن الحوار مع الإنسان - الفنان، الذي يهوى لغة الموسيقى ويزهد بلغة البشر؟ كيف ينصر الفن الإنسان - الفنان، إن كان عشق الفنان مبرّأ من النفع والفائدة؟ عاش جبرا حياته، وهو يوحّد بين الفن وفلسطين، ولم يعثر على إجابة «قريبة من الحياة».

***

لا وجود للشعر، فما يوجد شعراء، يعطون للشعر معناه. قول رومانسي يصوغه البعض ببساطة ويضعه بعض آخر في كلام غامض لا تنقصه الحذلقة. مايز جبرا، على طريقته، بين الفن والفنان، واعتبر الأول كلمة عامة تأخذ تحديدها من الفنانين قاصداً أمراً لا تخطئه البصيرة عنوانه: الفردية المتمردة التي تنأى عن المحاكاة وتأتي بجديد خاص بها. وقد يحتفي بالفردية طويلاً، ويتحدث عن: الفرادة، التي تلتصق بإنسان يعبّر عن داخله، ويرفض العادات. استشهد في مقالته، «الفن أولاً أم الفنان»، الواردة في كتاب «الفن والفنان»، بقول مؤرخ الفن أي. هـ. غومبريتش: «ليس هناك في حقيقة الأمر شيء اسمه «الفن». إنما هناك فنانون»، وأضاف: «إن الفن هو ما ينتجه الفنان». ومع أنه استعمل في قوله فعل «ينتج»، الذي يتطيّر منه «الرومانسيون الكبار» فقد قصد فعل «أبدع»، الذي يعترف بالفنان وموضوع إبداعه، ويدع ما خارجهما. والإبداع «خلق على غير نموذج»، كما يقول جبرا، يرفع الفنان فوق غيره، ويضع فيه لهباً لا يطفئه الزمن. يفصح اللهب عن إنسان - مرتبة - يساوي ذاته ولا يتشبه بأحد، يطمئن إلى سريرته ويعيّن ذاته «قائداً للذوق بين الناس». فما يراه الفنان لا يراه غيره، وما يراه غيره يبدو له شاحباً وناقص المعنى. فهو يرى بخياله أكثر مما يرى الآخرون بعيونهم، منصّباً الخيال عيناً كاشفة، تمر على المرئي وتنفذ إلى اللامرئي وتتجاوزه. يقول جبرا: «ويبدو أن الفنان، إذا رأى شخصية الجمهور تكاد تطغى على شخصيته، عزم على مقاومة هذا الطغيان بالتشديد من فرديته، وتركيز همه في دخائل نفسه...».

صرّح جبرا بتصور لا تنقصه المفارقة، إذ فردية الفنان رد على «طغيان الجمهور»، وإذا الفنان، تعريفاً، مغترب. ذلك أنه «ثائر على على الفكرة العادية للواقع التي يعرفها الجميع، ويحاول أن «يخلق إدراكاً أقرب إلى عواطفه وتجاربه الشخصية». يقف الفنان وراء الواقع، أو فوقه، كي يقبض على معنى غير مألوف، ويقف فوق الجميع، ويخلق واقعاً ينتمي إلى تجاربه الشخصية. غير أن تجاربه الشخصية،

التي تنسج «أحلاماً» لا تتحقق، على أية حال، لا تأتي ممّا عاشاه وعاينه، بل من فيض داخلي، أقرب إلى التصوف، يستظهر في «لغة جديدة»، قوامها الرموز والكنايات والألوان، قادرة، كما يعتقد، على «تغيير مظاهر الحياة».

تتجلّى لغة الفن، التي هي لغة فنان قابل للتعيين، في فضاء عامر بالضوء والفرح والنشوة، فضاء وليد نقي لا يكرر غيره.. لهذا يربط جبرا بين الفن والجمال، وبين الفني الجميل و«هزة اللذة والطرب - هزة الاستجابة لروعة الكون، كما في الموسيقى.» تعطي الهزة - الاستجابة تجربة الفنان دلالة غامضة، لا تفتقر إلى السر، يدعوها جبرا: التجربة الرؤيوية، التي لا حدود لها ولا خرائط، فهي ضرب من «الدخول في مجاهيل إنسانية»، أو «انسراح في التيه العريض»، يشبه تجربة الأنبياء. والماثل في الأفق الفني جمال قوامه الصدق وصدق قوامه الجمال، يأتي من متخيّل منفتح على «غوامض الكون».

ينطوي خطاب جبرا، وهو يلهث وراء جمال لا تستوعبه الكلمات، على مقولات ثلاث تتبادل المواقع: الفردية «الرائية» بصيرة تحتضن الزمن المعيش وما سبقه وما يتلوه، والإبداع إنجاز على غير نموذج، يساوي «الخلق»، لا يقلّد ولا يحاكي. وهناك، لزوماً، مقولة الإنسان - الفنان، الذي قد يكون مزارعاً أو مهندساً معمارياً أتى في غير زمنه ويكون، في حالاته كلها، صادقاً، يطمئن إلى سريرته، ولا يلتفت إلى أحد.

استهل جبرا مقالته: «أدباء، لكنهم رسموا» بالحديث عن نفسه، وهو الذي واظب على الرسم والكتابة طيلة حياته، وأضاف إليها الشعر. ويضيء قوله راجعاً إلى الإنجليزي وليم بليك الشاعر والرسام، وفيكتور هوجو الذي كان غزير الإنتاج شعراً ورواية ورسماً، وصولاً إلى د.هـ. لورانس الشاعر الروائي والرسام، الذي كان يبحث عن «القوى الغامضة المظلمة التي تتأجج في دم الإنسان». تفصح هذه الأمثلة عن تكامل الفنون في ممارسات فنية لامعة، وقد تشير إلى «الفنان الشامل»، الذي تكمل روايته شعره، ويكمل رسمه شعره وروايته معاً. لكن الأساسي في منظور جبرا قائم في «رؤيا» تتشوّق إلى احتضان الكون وترجمته في صور متكاملة. لذا لا يميل إلى قول تقني يتحدث عن: تبادلية المواقع بين الفنون المختلفة، بل يؤثر الكلام عن «قوة الروح»، التي ينبثق منها إبداع يتفق مع قواها الغامضة.

تتراءى فلسفة جبرا، في مستوى ظاهري، في تكامل صور الإبداع الإنساني، فما يكتبه وليم بليك يرسمه، وما ينصت إليه الفنان يكتبه ويرسمه، وتتكشف، في مستوى عميق، في: الإنسان الرائع، الذي يودّ أن يكون جميلاً وخالقاً في آن. ينزع هذا الإنسان إلى المطلق، ولا ينظر إلى المجزوء والنسبي إلا بقلق مأساوي، فهو وجود متناهٍ يتطلع إلى اللامتناهي. ولعل هذا التطلع إلى مثال عالٍ، هو الذي يوقظ في «الإنسان الرائع» إرادة فاعلة، تسائل معنى الوجود في وجوهها كلها، وتستولد المعنى من ممارسات فنية متعددة، تتضمن النحت والهندسة والمعادلات الرياضية التي «تشرح» الانسجام. ولهذا يقول جبرا راضياً: «تشكّل الفنون الجزء الأكبر من الحضارة الإنسانية».

***

لم يتخلَّ جبرا عن إيمان ذاتي يقول بأمرين: إن فلسطين جمال فريد ومركزها القدس «أجمل مدينة في الدنيا»، وأن فلسطين راجعة إلى أهلها ومنتصرة بمقدسها الجميل. والقول في ضفتيه ينطلق من الجميل، الذي آمن به الفنان وتحالف معه، والذي يعيّن فلسطين موضوعاً جمالياً رائعاً، تتداخل فيه الصور والأنغام والقصائد، وسَكَناً ذهبياً يعانق السماء.

تنتصر فلسطين بجمالها، ويؤمن الفنان بقوة الجميل الذي ينتسب إليه. يبدو مآل فلسطين، التي احتلها الصهاينة، سؤالاً غامضاً. غير أن جبرا يمسح الغموض، حين يمايز بين منطق العقل، السائر من المشخص والمحسوس إلى القياس والمقارنة، ومنطق الفن المنبني على البصيرة والرؤى وما لا زمن له، والقائم على شكل مغاير من المقدمات والنتائج. لا يفصل جبرا، وهو يقرأ الفن في مستوياته المخلتفة، بين الواقع والخيال، ويقرر أن الواقع خيال وأن الخيال واقع، وأن الفنان يرى الواقع - الخيال ويؤمن به. لا فرق بين الواقع والخيال،ولا فرق بين الواقع الخيال والأحلام. فهذه «الوقائع» قائمة وموجودة وفاعلة، يعيش معها الفنان الذي أوتي بصيرة لم تتأتَ لغيره، وتمتع بالسر الكبير الذي لا يلازم سواه.

بعد أن يقرأ جبرا مستويات الفن المتداخلة، التي تعرّف بالقلب قبل العقل، ويؤكد طبقات الفنان التي تحتضن الحواس والسر معاً، يذهب مباشرة إلى نتيجة مستريحة: أن الفن الحقيقي صادق، وأن الفنان «الرائي» صادق ومؤمن بصدقه، وأن ما تراه عينه الداخلية قائم، يراه قبل وصوله، وهو الذي يحرّر من أسر المكان والزمان، بعيداً عن «الجموع»، المشدودة إلى مكان ضيق، وإلى زمن أكثر ضيقاً. إنه الفنان البصير، كما يقول الرومانسيون، الذي يصافح الأحلام - الوقائع، ويحتفي بالوقائع - الأخيلة.

فلسطين الجميلة هي ما رآه الفنان الصادق فيها، ليس بينها وبين الفنان الجميل فرق ولا مسافة. وإذا كان الجميل منتصراً بجماله، والفنان الرائي منتصراً بصدقه، فإن فلسطين، التي «أورق فيها الحجر» سائرة إلى الانتصار، فعين القلب لا تخيب، وما أبصره الفنان، الذي يوحد بين الحاضر والمستقبل، موجود في فلسطين القادمة، وما على «الآخرين» إلا انتظار رؤيته.

تتحول فلسطين، في منظور جبرا إلى قضية جمالية، لها أسئلة وإجابات جمالية، تتجاوز «العقل» و«الماديات»، وتركن إلى الرؤى التي تتوزع على الفنانين والأنبياء. أعلن صاحب الرؤيا عن قوة الفن والأمل، مهمشاً ما تقول به السياسة، راضياً بما قاله به الرومانسيون. أخذ في «صرخة الحب»، وهي مقالة كتبها عام 1984 بما قال به أي. هـ. غومبريتش «من ذا الذي يستطيع التأكيد على أنه ليس ثمة عالم غير مرئي غير محسوس، يدركه الحس الداخلي...». ارتكن جبرا إلى بصيرة الفن، القائلة بانتصار فلسطين، مرتكناً إلى حس داخلي يؤمن باللامرئي وبغير المحسوس وبدور الفنان في نشر رسالة خاصة به. قاسم

جبرا الشاعر الرومانسي الإنجليزي شلي قناعته حين قال: «الشعراء مشرعو البشرية غير المعترف بهم أنهم يشرعون لشائفها، لسعاتها، لديمومتها.» كان جبرا شاعراً ورومانسياً وأدرج شيئاً عن شلي في روايته «صيادون في شارع ضيق»، وآمن مثله بدور «يشفي» شعبه الفلسطيني ويمنحه السعادة.

لم ينتبه الأديب الفلسطيني، ربما، إلى سؤالين: إذا كان الفنان، المأخوذ بالتناغم والانسجام والاتساق والروعة، يفصل بين الفن والمنفعة وبين الجميل والمفيد، ألا يعتقد أن «تحرير فلسطين» وثيق الصلة بالفائدة والمنفعة، وأن «سعادة اللاجئ» تأتي من تجاوز اللجوء والعودة إلى مكان مستقر؟ والسؤال الثاني: إذا كان الرائع، وهو مشتق من الروع والروعة، مأساوياً بالضرورة، فما هو وضع «السعادة» لدى إنسان يرى إلى الكون المتناهي في روعته، ويرى معه تناهيه وعجزه وغربته؟

بقي جبرا مع فنه و«فلسطينه» وأنصت إلى صمت طويل لم يستطع الحوار معه، صمت الغربة الحزين، البعيد عن الصمت، الذي تتصادى فيه أصوات انهيارات قديمة، وصرخات مجازر متتالية، وضجيج دموع لا يسمعه إلا الغريب. أدرج فلسطين في «بصيرته»، وأعتقها من قيود الزمن، وأخلص لبصيرة تساوي بين الفن والقدر، وتؤمن بأن «الدهر» لا يظلم أحداً، ذلك «أن الدهر هو الله».

جبرا مثقف مربك ملتبس وأقرب إلى الفرادة، أرهقه المنفى، وحاور فلسطين الضائعة بأصوات متنوعة.

المراجع:

1. **عرق**، مجموعة قصصية، دار الآداب، بيروت، 1981 (الطبعة الرابعة).
2. جبرا إبراهيم جبرا: **أقنعة الحقيقة وأقنعة الخيال**، المؤسسة العربية للدراسات والنشر، بيروت، 1992، انظر معالجته للفن في دراسته «ينابيع الرؤيا» ص: 77 – 112.
3. «الفن والفنان» وهو جملة مقالات صدرت عن دارة الفنون/ مؤسسة عبد المجيد شومان، والمؤسسة العربية للدراسات والنشر - بيروت 2000. (ومنها اقتُبست أقوال جبرا الواردة في المقالة).

تعريف: جبرا إبراهيم جبرا

جبرا إبراهيم جبرا (1919 – 1994) امتداد نوعي للمثقف العربي الحديث، في شكله الكلاسيكي، ذلك أنه وطّد ما جاء به سابقوه وأضاف إليه جديداً. فقد درس في جامعة كيمبردج، في نهاية العقد الرابع من القرن الماضي ومطلع العقد الذي تلاه، وجمع معرفة عميقة بالثقافتين العربية والأوروبية، وعمل أستاذاً جامعياً وأولى اهتماماً خاصاً بالصحافة الثقافية، ومارس جملة من الأجناس الأدبية، مثل الرواية والشعر والقصة القصيرة والنقد الأدبي، وعني عناية خاصة بالنقد التشكيلي والموسيقا والترجمة، ... لم يكن يضيف لوناً كتابياً إلى آخر، مدفوعاً بشغف الكم والإضافة الشكلانية، بل عمل على تقديم إنجاز نوعي، تجلى في حقلين على الأقل هما: الرواية والترجمة.

استهل هذا الفلسطيني، الذي ولد في بيت لحم وتوفي في بغداد، الكتابة الروائية بعمل صغير الحجم عنوانه: «صراخ في ليل طويل»، أنجزه قبل الخروج من فلسطين بعامين، ونشره خارجها. عبّر هذا العمل، كما رأى الناقد المصري الراحل علي الراعي، عن موهبة حقيقية وميل إلى التجديد، فقد تضمن الأسطورة والرمز وشيئاً من الشعر، مستبقاً بعقدين من الزمن دعوات الحداثة الروائية اللاحقة. تمثّل الجديد الحاسم فيه بعناصر ثلاثة، تحيل على الأدب، وتنفتح على أسئلة الثقافة وتجديد المجتمع في آن: دعا إلى التجريب الكتابي، الذي هو معاينة للكتابة المسيطرة وكشف عن محدوديتها، ووحّد بين التجريب الكتابي ونقد صارم لمجتمع قديم تمنع عنه عاداته الراكدة المبادرة والوقوف، واحتفى بالفردية المبدعة التي ترفض الانقياد للمجموع وتبشّر بمستقبل جديد. تمسّك جبرا بهذه العناصر الفكرية، قبل الخروج من فلسطين وبعده، كاشفاً عن خيار فكري حداثي، يتميّز بالوضوح والرسوخ. لذا لن تكون أعماله الروائية اللاحقة، وأشهرها السفينة – 1970 – والبحث عن وليد مسعود – 1978 – إلاّ صقلاً وتطويراً لما جاء به في روايته الأولى.

وإذا كان جبرا قد وجد في الكتابة الروائية جنساً أدبياً نقدياً، أتاح له نقد المجتمع العربي والدعوة إلى تحويله، فقد عمّق منظوره الحداثي متوسلاً الترجمة، التي تتضمن أبعاداً ثقافية ثلاثة: فهي تقدم للقارئ معرفة جديدة وافدة من ثقافة أخرى، والتعرّف على ثقافة الآخر بشكل منهجي بعيد عن

الارتجال. ولعل الفكر المنهجي، الذي يترجم من أجل هدف واضح، هو الذي قاد جبرا إلى «سياسة في الترجمة»، إن صح القول، ذلك أن ما أنجزه، في هذا المجال، يتصف بالترابط والتكامل: فقد ترجم جزءاً من «الغصن الذهبي» لجيمس فريزر، ملقياً الضوء على الأسطورة، ثم ذهب إلى «ما قبل الفلسفة» شارحاً الأسطورة من وجهة نظر أخرى وتقدم، لاحقاً، إلى «الأسطورة والرمز»، قبل أن يترجم أعمالاً أخرى تجسّد أدبياً، معنى الأساطير والرموز والإشارات الأدبية، مثل: «حكايات من لافونتين»، و«الأمير السعيد» لأوسكار وايلد، وصولاً إلى «في انتظار غودو» لصموئيل بيكيت. ومع أن النظر البسيط يرى في هذه الأعمال «تراجم أدبية» لا أكثر، فإن الربط بينها يكشف عن سياسة ثقافية واعية تفرض سياسة في الترجمة خاصة بها.

أمّا البعد الثاني، الذي قصده جبرا في ترجماته، فيتمثل في مبدأ المقارنة بين ثقافة محددة، هي الثقافة العربية، وثقافة أخرى أكثر تقدماً، هي الثقافة الغربية، ذلك أن العقل لا يتقدم إلا حين يقارن. أعطى في هذا المجال أمثلة متنوعة منها رواية «الصخب والعنف» للأمريكي وليم فوكنر، التي حاول جبرا محاكاتها في روايته «السفينة» ومارست تأثيراً على عدد من الروائيين العرب، ليس آخرهم «غسان كنفاني» في روايته «ما تبقى لكم». يتراءى البعد الثالث في الحقل اللغوي، ذلك أن الترجمة حوار بين اللغة المترجمة واللغة المترجم عنها، يكشف عن المختلف والمؤتلف بين اللغتين، ويطور اللغة المترجمة «بكسر الجيم» ويوسع آفاقها. عبّر جبرا عن مهارة لغوية مزدوجة، حين أقدم على ترجمة شكسبير (العاصفة، مكبث، الملك لير، ...)، مبرهناً عن امتلاكه للغتين الإنجليزية والعربية وقدرته على «امتلاك المدى المتداخل ثقافياً»، كما يقول روجر ألن. لم يكن جبرا وهو يترجم شكسبير يستعرض مهاراته اللغوية، بقدر ما كان يستولد من اللغة العربية، التي يتهمها بعضهم بالقصور، لغة أخرى قادرة على الحوار مع اللغات الأخرى. يقول جبرا متحدثاً عن ترجمته لمسرحية شكسبير «الليلة الثانية عشرة»: لا بدّ من القول هنا بأنني تردّدت سنين طويلة بنقل هذه المسرحية إلى العربية، ...، غير أنني أعدت النظر في هذا الرأي، ...، مطمئناً أن ليس ثمة ما تعجز عن استيعابه هذه اللغة العبقرية، مهما أوغل الأصل، في تشابكه وضرب جذوره الخاصة به».

يكشف هذا المنظور، الذي يواجه لغة قومية بلغة قومية أخرى، عن وعي تاريخي يربط بين الحداثة والحوار الثقافي مع الآخر، وبين الحداثة والموروث الثقافي. تجلّى البعد الأول في نصرة جبرا للشعر الحديث، الذي استفاد كثيراً من الأسطورة و«الرمز التموّزي»، القائل بالفداء والانبعاث والميلاد الجديد، وصولاً إلى فكرة المقاومة، كما تجلّت في الشعر العربي في خمسينات وستينات القرن الماضي. لا غرابة أن يبدأ جبرا الترجمة بكتاب: «أدونيس - من كتاب الغصن الذهبي»، الذي تضمن الرمز التموزي، مدركاً، منذ البداية، آفاق الخيال الخلّاق ووحدة الثقافة والمقاومة. وهذه الوحدة جعلته يستنكر الزخرف اللغوي المبتذل، الذي ازدهر في عصر الانحطاط العربي، ويرى في «المقامة» شكلاً قديماً لا يمكن

ترهينه. بل إن هذه الوحدة أقنعته بأن يحتفل بـ «ألف ليلة وليلة» وأن يرى فيها تعبيراً عن الخيال الشعبي و«فوران المخيلة الإنسانية» ومصدراً خصيباً للرواية العربية، يقول: «ربما عدنا مرة ثانية إلى جذورنا في الأدب، ...، وبذلك فإن ما أكتبه يجب ألا يعتبر بشكل قاس، كأنه محاولة جاءت في أفضل الأحوال من السماء، وفي أسوأ الأحوال من الرواية الغربية...».

ومع أن في تعددية جبرا الأدبية ما يقنع بعضهم باختصاره إلى «أديب محترف» لا أكثر، فإن في رواياته، بخاصة، وفي إبداعه الكلي بعامة، ما يصرّح بفلسفة ثقافية محددة المعالم وواضحة الحدود، أولى مقولاتها: المثقف «كقائد ومعلم للناس» يعلّمهم ويصحح أذواقهم، ويسبقهم إلى المستقبل، لأنهم لا يرون ما يرى المثقف إلا بعد حين (مجلة حوار، تموز، 1966)، وثانيها «النخبة الثقافية»، التي تعلّم الناس وتقودهم، وصولاً إلى «بطولة الثقافة»، التي هي الشرط اللازم والضروري لإنجاز التغيّر والثورة. فلا جديد إلا بهدم القديم الذي يحاصر حركته، ولا جديد إلا بوعي ثقافي يمايز بين الأزمنة المختلفة وحاجاتها، ولا انبعاث إلا بثورة ثقافية تأتي من وعي نقدي، يؤسس لمجتمع يوحّد بين الديمقراطية والتحديث الاجتماعي.

أوكل نجيب محفوظ إلى روايته الفصل بين الاستبداد والديمقراطية، وآثرت رواية جبرا الفصل بين الجهل والمعرفة، وبين استبداد القديم وجمالية الحديث. وما بطله المثقف، الممتد من «صراخ في ليل طويل» إلى «البحث عن وليد مسعود» إلا صورة عن الارتقاء القيمي والأخلاقي والجمالي الذي تأتي به الثقافة، بعيداً عن نظر ومجتمع قديمين يدفنان الإنسان في مقابر العادات. وإذا كان الوعي الساذج، أو البريء، يرى السياسة في جملة من الشعارات السياسية، العالمية الصوت والفارغة المضمون، فقد رأى جبرا السياسية في ثورة ثقافية تعيد بناء القيم والرموز والمعايير، ذلك أن «التحزّب السياسي»، من دون وعي ثقافي، يعيد إنتاج التخلّف بشكل جديد. ومع أن في وحدة الثقافة والسياسة، كما رآها جبرا، ما يذكر بشيء من طه حسين في كتابه «مستقبل الثقافة في مصر»، فإن رومانسية جبرا الجامحة، التي جاءته من الشعر الرومانسي الإنجليزي، تقيم فرقاً واضحاً بين الطرفين. فقد آمن طه حسين بدور المثقف، دون أن يقول بـ «المثقف الرسولي»، الذي قال به جبرا، وأكّد دور النخبة كدور «مؤقت» لا يحتاجه الشعب المتعلّم لاحقاً.

ولعل رومانسية جبرا الجامحة هي التي جعلته يردّد بغبطة كبرى كلاماً عابراً سمعه في بغداد حين قابل المؤرخ الإنجليزي «أرنولد توينبي»: «أنتم الفلسطينيون خرجتم من فلسطين كما خرج العلماء الإغريق من القسطنطينية بعد أن احتلها الأتراك عام 1453، أنتم تلعبون نفس الدور الحضاري الهائل في الأمة العربية». نسي جبرا، في افتراضه المتفائل، أمرين: الشروط الموضوعية التي يعيش فيها الفلسطينيون، والعلاقة الموضوعية بين الفلسطينيين والشعوب العربية... جاء اندفاع جبرا، ربما، عن تعلقه الشديد بالقدس، التي رأى فيها مرآة لكل ما هو جميل ومقدس في هذا العالم. تحوّلت القدس في نثر جبرا

إلى لؤلؤة إلهية فريدة، وإلى مكان مقدس قادر وحده على هزيمة الأشرار. يقول عن مدينته الأثيرة: «لقد كانت القدس دائماً مدينة الحلم والتوق وتطلع النفس البشرية إلى الله»، ويقول أيضاً: «القدس أجمل مدينة في الدنيا على الإطلاق. قيل إنها بنيت على سبعة تلال، ...، لقد ارتقيت ما فيها من تلال، وهبطت كل ما فيها من منحدرات من حجر وحجر وردي وحجر أحمر. بيوت كالقلاع تعلو وتنخفض مع الطرق الصاعدة والنازلة كأنها جواهر منثورة على ثوب الله...».

جبرا، الروائي الرسام المترجم، يذكّر القارئ العربي بأشياء كثيرة: بولادة الشعر العربي الحديث وبمدينة بغداد، وبالإنسان الفلسطيني الذي عاش المنفى وانتصر عليه، وبالمسيحي الذي لا يرى الفرق بين الأديان، وبالفكر الديمقراطي الذي يوحّد بين المعرفة والتقدم، ......، ويذكرنا بأن «القدس» أجمل مدينة في الدنيا.

عشرون عاماً على رحيل جبرا إبراهيم جبرا
الكاتب الذي رحل عن زمنه مرتين

قال الراحل إميل حبيبي ذات مرة، وهو يرثي صديقاً له في حيفا: لم نكن نموت في ذاك الزمان بل كنا نسافر. استرجع الأديب الساخر صورة فلسطين «في أيام العرب»، حين كان الفلسطيني يعيش في أرضه ويدفن فيها، ولا ينتهي إلى قبر في مكان مجهول. لن يحظى جبرا إبراهيم جبرا بنعمة الولادة والعيش والموت في وطنه. رحل بعد النكبة من القدس إلى بغداد، وبقي في بغداد إلى أن رحل عنها عام 1994 مع أشياء كثيرة رحلت، فلا القدس التي عاش فيها بقيت كما كانت، ولا بغداد وقاها الزمن من لعنات قادمة.

إن كان لهذا الفلسطيني، المصاغ من الألفة والنجابة، صفة تليق به، فهي: المتعدد، لا بمعنى عدم اليقين، كما يقال، بل بمعنى: فائض الموهبة، الذي أخذ به إلى أجناس كتابية متعددة، وإلى ألوان من الفنون. فبعد أن ترجم في صباه المبكّر فصلاً من كتاب فريزر «الغصن الذهبي»، الذي أضاء بلاغة الأساطير والرموز، كتب روايته الأولى: «صراخ في ليل طويل»، حيث رومانسية التمرّد حجبت أطياف القدس، التي كان يعيش فيها آنذاك - 1946 - غير أن سقوطه إلى المنفى سيجعل من القدس (أجمل مدينة في الدنيا كما قال في روايته السفينة) مجازاً شاملاً، لرواياته اللاحقة، فهي مكان مقدس ومطر وذهب وإرادة منتصرة، تظلّلها أطياف السيد المسيح، وتظلل الإنسان المقدسي، الذي اختلف إلى مدارسها وحواريها وكنائسها، وكان روحاً نظيفة، تعطي غيرها نوراً ولا تحتاج إلى أحد.

أراد جبرا الذي تلقى تربية دينية في عائلة فقيرة، كما جاء في سيرته «البئر الأولى»، أن يكون مقدسياً نموذجياً، يعيش على صلابة روحه ويجتهد في تحصيل المعرفة وترويض ألغاز الحياة.

تخبر العودة إلى دراساته المنشورة في كتبه «الحرية والطوفان - ينابيع الرؤيا - الرحلة الثامنة - وغيرها» عن شغف بالمعرفة، وتحدّث عن مثقف حر، يتصرف بإرادته ويستأنس بأفكار غيره، ويطمئن إلى ما يبقيه راضياً مسترشداً، في أطوار حياته كلها، بمسيح فتن والده وبوالد فقير، لقنه تعاليم السيد المسيح.

ومع أنه اطمأن، براحة كبرى، إلى أفكار الرومانسيين الإنجليز، وهو الذي درس في جامعة كامبردج، وارتضى بأفكار اللورد بايرون وتشيلي ووليم بليك، فإن لتلك الرومانسية المستريحة، المنجذبة إلى اللامتناهي والغموض وطبقات الأسرار، أصولاً سابقة تمتد إلى عبق بيت لحم وهالة القدس، وإلى زمن يسبقها، وتظل غامضة ضنينة الوضوح. كان جبرا، وهو يشرح أفكاره، يرتاح إلى كلمة: «السر»، التي تتجسّد «في ما حصل» ولا تلتفت إلى أسباب حصوله. ولهذا بدا بطل جبرا، اللاجئ الذي يتحصن بضلوعه، منتصراً في رواياته جميعاً.

مارس جبرا «المتفرّد»، والداعي إلى فردية ضرورية، الترجمة والرواية والقصة القصيرة والدراسة الأدبية، وانتقل في حقل الترجمة من شكسبير إلى وليم فوكنر وصموئيل بيكيت وألبير كامو، وتوقف أمام السريالية والوجودية و«لورانس العرب»، الذي كان يحتقر العرب، .... لم يمنع هذا ابن القدس، من معالجة السيرة الذاتية وكتابة الشعر (تموز في المدينة، لوعة الشمس)، وإنجاز دراسات عن الشعر (النار والجوهر)، ولم يمنعه من أن يكون ابناً نجيباً للحياة، يتأمل الجمال ويرتاح إلى السخرية ويخلص للأصدقاء ولا يقتصد في ملاطفة النساء، ... عاش مع نشيد الكتابة، واحترف تمجيد الحياة، وكان أنيقاً داخل الكتابة وخارجها.

ربما كانت شهوة تغيير العالم والنفاذ إلى ألوان الحياة، هي التي قادت جبرا، قبل أن يبلغ العشرين، إلى صداقة مع الرسم، رافقته طيلة حياته، وإلى نقده والتوسّع فيه والدعوة إلى تجديده ونصرة المجدّدين فيه. كل هذا وغيره جعله متعدداً، وهو يحاول أن يبني «رؤيا»، كما كان يقول. ولم تكن هذه «الرؤيا»، التي تحدّث القلب ويحدثها القلب، إلا «العتمة المنيرة»، التي حاول تجسيدها «وليد مسعود» في الرواية التي تحمل اسمه، ذلك «الوليد» الغامض والموجود في أكثر من مكان، الوسيم والمضيء الذي ولد في بيت لحم واعتنق دين القدس وتبعثر في الفضاء.

لا يُقرأ جبرا، الذي كان يهجس في سرّه بـ «الإنسان الكامل»، روائياً فحسب، أو شاعراً، ناقداً، أو رساماً مترجماً، بل يقرأ في العلاقات المتبادلة بين ممارساته الأدبية - الفنية المتنوعة، التي عبّرت عن «فائض الموهبة»، أو عن نزوعه إلى «مثال ما»، تتكامل فيه صورة المسيح وبيئة القدس وأصداء الصلوات وأنوار الكنائس. فمن الخفة قراءة رواياته بمنأى عن «الشعر» الذي وضعه فيها، ومن العبث إغفال الموسيقى التي أدرجها في بنية «السفينة»، والشعر الذي بثّه في رواية «البحث عن وليد مسعود». عاش حياته مؤرقاً بشيء يثقل عليه، وعاشها مهجوساً بهدف يريد الوصول إليه، وسلك نحو حلمه دروباً افتراضية.

إعاقتان استقرتا في فكر جبرا وأحاسيسه: لجوء الفلسطيني إلى المنفى، الذي رمى عليه بالتهديد والمهانة والنقص، وأعلن عنه بصوت يقترب من الصراخ في نهاية روايته «صيادون في شارع ضيّق».

وإيمانيته المفردة التي كانت تجذبه إلى «نور مشتهى» وتصدّه عن السواد وأحادية الألوان. كان عليه، وهو الذي كان يتأذى من صفة اللاجئ «ما أبشع هذه الصفة كان يقول» أن يرسم فلسطينياً غنائياً، لا نقص فيه، يحتاجه غيره ولا يحتاج إلى أحد. وكان على هذا الفلسطيني، الأقرب إلى الحلم، أن يكون مقدسياً، وأن يعود إلى القدس منتصراً. وهذا الاستحواذ، في ملامحه الدينية، همّش بغداد - المكان، التي بقيت عنده قائمة في «خمسينات القرن الماضي»، واستدعى القدس في أزمنتها الواقعية والمتخيلة.

يقوم سر جبرا، وهو الذي كان مفتوناً بكلمة السر، في مراجع ثلاثة: إيمانه المسيحي المتسق، المجسد في الكتابة والسلوك واللغة اليومية، والتعامل مع الناس، وافتتانه بصورة أبيه، ذلك الأمي المتدين الأشبه بسنديانة، لن تهزمها الريح إلا إذا استهدفتها أكثر من مرة، ومدينة القدس المفتوحة على السماء وعلى «الكينونة الأولى» التي يمتزج فيها الدف بالنقاء.

ما الذي أعقب جبرا بعد رحيل جبرا؟ لم يعقبه أحد. فقد نشأ وتربى في مكان فلسطيني تصدّع، وفي زمن اشتقه من مدينتيه (بيت لحم والقدس) ومن صباه الحالم، ومن فضول معرفي رحيب ورّثه ثقافة موسوعية تعضدها الموهبة، وعاش تجربة المنفى الفلسطيني حزيناً صابراً مقتصد الكلام، يشير إلى فلسطين وبغداد الخمسينات، ثم يذهب إلى الصمت والإشارات والجمل الناقصة. مع رحيل جبرا رحل معه نموذج نادر من المبدعين الفلسطينيين ومناخ ثقافي واعد استقر في صفحات الكتب أو في لا مكان. فلا قدس اليوم قدسه، ولا بيت لحم تنتمي إليه. وما كان رحيله المتوجّع عن بغداد مختلفاً، فبعد «شارع الأميرات» يأتي التحارب وركام السواد القاتل. رحل بلا رجوع عن وطنه «الأول»، وغاب بلا عودة عن مدينة عراقية كانت تدعى «عاصمة الرشيد»

بعد المبدع المتعدّد، الذي أثّث رواياته بثقافة متنوعة مديدة، وصلت الثقافة الفلسطينية إلى ما وصلته إليه، فلا من يستكمل جبرا أو يحيل عليه، إلا صدفة، ولا من يحتفي بأعماله، في «غزة العتيدة» التي غمرها الخراب. جاء بعده كاتب أحادي البعد، من جيل جديد، يلهو مع لغة إنجليزية تقيم بينه وبين «المنظمات اللاحكومية» جسراً موعوداً، وجاءت «إدارات ثقافية» لا تلبي من طموحات «المتعدد» الراحل إلا القليل. عاش جبرا الثقافة منهجاً في الحياة، واختصر الكاتب الأحادي البعد الكتابة إلى مهنة «مجزوءة».

إذا كان المؤرخ الأنيس إميل توما سافر ولم يمت، كما قال الراحل إميل حبيبي يوم تأبينه، فإن جبرا مات أكثر من مرة، واستقر في زاوية من قبور بغداد الكثيرة.

جبرا ابراهيم جبرا
مقتطفات من سيرته

إعداد: عصام الأعرج [1]

- روائي وشاعر وناقد ومترجم.
- ولد في بيت لحم/ فلسطين عام 1920.
- تلقى العلم في الكلية العربية (القدس)، جامعة اكستر، فيتنر وليام هاوس، كامبردج وهارفارد.

الشهادات العلمية

- بكاليوريوس في الأدب الإنجليزي – جامعة كامبردج 1943.
- ماجستير في الأدب الإنجليزي – جامعة كامبردج 1948.
- درّس الأدب الإنجليزي في الكلية الرشيدية بالقدس 1944 – 1948.
- رئيس نادي الفنون/ القدس 1944 – 1948.
- درّس الأدب الإنجليزي في كلية الآداب والعلوم ببغداد كما حاضر في كلية الملكة عالية/ بغداد 1948 – 1952.
- أسس في بغداد بالتعاون مع الفنان العراقي جواد سليم (جماعة للفن الحديث).
- زمالة بحث في النقد الأدبي من مؤسسة روكفلر، في هارفرد، كامبردج، ماساشوستس 1952 – 1954.

---

(1) من كتاب القلق وتمجيد الحياة. كتاب تكريم، المؤسسة العربية للدراسات والنشر، بيروت، 1995.

- مساعد في العلاقات العامة، ثم رئيس دائرة مواصلات الإدارة والمستخدمين ودائرة المنشورات في شركة نفط العراق - بغداد.

- أسس وأشرف على مجلتها الأدبية الرائجة يومئذ «العاملون في النفط» 1961 - 1972.

- كان يحاضر في المدة نفسها من وقت لآخر، في كلية الآداب 1956ـ 1964.

- ألقى محاضرات عامة في سنة 1968 في كل من الجامعات التالية بإنجلترا: أكسفورد، كامبردج، لندن، درهام، مانشستر، وأدنبرة.

- شـارك كرسام بأعمـال فنية في المعارض التي كانت تقيمها (جماعة بغداد للفن الحديث) ببغداد 1951 - 1971.

- رئيس مكتب الإعلام والنشر في شركة النفط الوطنية العراقية 1972 - 1974، ثم رئيس مكتب الترجمة في هذه الشركة 1974 - 1977.

- أستاذ زائر في جامعة كاليفورنيا في بيركلي، كانون الثاني، حزيران 1976، وحاضر في المدة نفسها، إضافة إلى بيركلي، في كل من ا لجامعات الأمريكية التالية: جامعة كاليفورنيا في لوس أنجلوس، ستانفورد، تكاس في أوستن، ستيت يونيفر سيتي في سان دييجو كاليفورنيا.

- ألقى محاضرات عامة عبر السنين في عد كبير من المدن العربية منها القدس، بيت لحم، بغداد، الموصل، البصرة، الرباط، تطوان، مراكش، تونس، سوسة، القاهرة، عمان، بيروت، وغيرها.

- أسندت إليه وظيفة خبير مع التفرغ في وزارة الثقافة والإعلام بغداد 1977 - 1984.

- رئيس لجنة التحكيم العالمية في مهرجان الفن العالمي/ بغداد 1988.

- رئيس لجنة التحكيم في مهرجان مسرح قرطاج العالمي/ تونس 1991.

- رئيس تحرير مجلة «فنون عربية» الصادرة في لندن.

- شارك بانتظام في العديد من المؤتمرات الأدبية والفنية العربية والعالمية في باريس وموسكو وأثينا، وبروكسل، وكاراكاس، ولشبونة، والقاهرة، وغيرها.

- رئيس رابطة نقاد الفن في العراق 1982 - 1990.

- عضو في اتحاد الأدباء والكتّاب/ العراق.

- عضو في الرابطة الدولية لنقاد الفن في باريس.

- عضو شرف في (جمعية المترجمين العراقيين).

- عضو شرف في (جمعية الفنانين العراقيين).

- منحته (مؤسسة منتدى الآداب العالمية) روما جائزة «تارغا يوربا» للثقافة 1983.

- منحته (مؤسسة الكويت للتقدم العلمي) في الكويت جائزتها السنوية المميزة لعام 1987 لإنجازاته المهمة في حقلي التأليف والترجمة.

- منح (جائزة صدام للرواية) في بغداد 1988.

- منح (وسام القدس للآداب والفنون) في دولة فلسطين، القاهرة 1990.

- منح جائزة (سلطان العويس) عن كتاباته النقدية – الشارقة 1990.

- منح وسام الاستحقاق من الدرجة الأولى من قبل رئيس الجمهورية التونسية، تونس 1991.

- منح جائزة (ثورنتون نيفن وايلدر) عن ترجماته الإبداعية المميزة من قبل جامعة كولومبيا. نيويورا 1991.

- أستاذ زائر مميز في الجامعة الأمريكية بالقاهرة 1993.

- يكتب بهمة ونشاط منذ عام 1938، وقد غطت كتاباته الإبداعية، بالعربية أو الإنجليزية، حقول الفن والنقد والشعر والرواية.

في ما يلي أسماء بعض كتبه الموضوعة المهمة مع تواريخ طباعتها الأولى:

1 - **صراخ في ليل طويل** - رواية بغداد 1995.

2 - **عرق وقصص أخرى**، قصص قصيرة، بيروت 1956.

3 - **تموز في المدينة** - شعر بيروت 1959.

4 - **صيادون في شارع ضيق** - رواية بالإنجليزية - هارنمان، لندن 1960.

5 - **الحرية والطوفان** - مقالات في النقد الأدبي - بيروت 1960.

6 - **الفن في العراق اليوم** - بالإنجليزية - لندن 1961.

7 - **المدار المغلق** - شعر - 1964.

8 - **الرحلة الثامنة**، (دراسات نقدية) - 1967.

9 - السفينة (رواية) - 1970.

10 - جواد سليم ونصب الحرية (دراسة نقدية) بغداد 1974.

11 - النار والجوهر (دراسات في الشعر) بيروت 1975.

12 - البحث عن وليد مسعود (رواية) بيروت 1978.

13 - ينابيع الرؤيا (دراسات نقدية) بيروت 1979.

14 - لوعة شمس - شعر - بغداد 1979.

15 - عالم بلا خرائط (رواية مع د. عبد الرحمن منيف) بيروت 1982.

16 - جذور الفن العراقي (بالإنجليزية) بغداد 1983.

17 - جذور الفن العراقي (بالعربية) بغداد 1985.

18 - الفن والحلم والفعل (دراسات وحوارات) بغداد 1985.

19 - الملك الشمس - سيناريو روائي 1985.

20 - الغرف الأخرى - رواية - بيروت، بغداد، تونس، القاهرة 1986.

21 - بغداد بين الأمس واليوم (مع إحسان فتحي) 1987.

22 - البئر الأولى - (فصول من سيرة ذاتية) لندن 1987.

23 - تمجيد الحياة (مقالات في الأدب والفن) بالإنجليزية، بغداد 1989.

24 - أيام العقاب - سيناريو روائي - بغداد 1988.

25 - تأملات في بنيان مرمري (دراسات وحوارات) لندن 1989.

26 - الأعمال الشعرية الكاملة (باللغة العربية) لندن 1990.

27 - يوميات سراب عفان (رواية) بيروت 1992.

28 - معايشة النمرة (مقالات) بيروت 1992.

29 - أقنعة الحقيقة وأقنعة الخيال، بيروت 1992.

30 - الاكتشاف والدهشة - بيروت 1993.

- نشر عدداً ضخماً من الدراسات والبحوث والمقالات في العديد من المجلات الفكرية والفنية والأدبية في الوطن العربية والخارج.
- نشر مقالات وبحوثاً بالإنجليزية وخاصة في المجلات والكتب والتالية:
  - ميلد إيست فورام/ بيروت.
  - جورنال أوف أرابك ليتريتشر/ كامبردج.
  - (الشرق الأوسط) كتاب حرره (مايكل أدمز) لندن.
  - (الشرق الأوسط) كتاب حرره (بيتر مانسفيلد) (أكسفورد) ميدل إيست انترناشيونال/ لندن.
  - غزال (لندن).
  - أور ماغازين/ لندن.
  - جلجامش/ بغداد.
- حول أعماله الروائية والنقدية كتبت بحوث ودراسات كثيرة، والعديد من الأطروحات الجامعية بالعربية والإنجليزية والفرنسية والإسبانية وغيرها من اللغات.

تربو ترجماته إلى العربية على الثلاثين كتاباً، نذكر منها الكتب التالية:

- **أدونيس** (من كتاب «الغضن الذهبي») جيمز فريزر.
- **ما قبل الفلسفة** - هنري فرانكفورت وآخرون.
- **آفاق الفن،** الكسندر إليوت.
- **الصخب والعنف** (رواية) وليم فوكنر.
- **البير كامو.** جرمين بري.
- **الأديب وصناعته،** عشرة نقاد أمريكيين.
- **الحياة في الدراما** - إريك بنتلي.
- **الأسطورة والرمز** - إدموند ولسون.
- **شكسبير معاصرنا،** يان كوت.
- **شكسبير والإنسان المستوحد** - جانيت ديلون.

- في انتظار غودو - صموئيل بيكيت.
- ديلان توماس أربعة عشر ناقداً.
- ما الذي يحدث في «هاملت» جون دوفر ولسون.
- حكايات من لافونتين.
- الأمير السعيد وحكايات أخرى - أوسكار وايلد.
- ترجم سبعاً من أهم مسرحيات شكسبير إلى العربية مع مقدمات ودراسات:
- هاملت - الملك لير - كوريولانس، عطيل - مكبث - العاصفة - الليلة الثانية عشرة، بالإضافة إلى أربعين سونيته من سونيتات شكسبير، مع دراسة وملاحظات نقدية.

المحتويات

تقديم: لماذا العودة إلى جبرا؟ 5

إضاءات 11

إضاءة أولى: وجوه القدس في كتابة جبرا إبراهيم جبرا 13

إضاءة ثانية: روايات جبرا: رومانسية تنظر إلى السماء 19

إضاءة ثالثة: الإنسان - المثال في رواية جبرا 23

   1. جمالية التحدّي والاستجابة 23

   2. جمالية التوازن 24

   3. جمالية الإنسان المتعدد واغترابه 26

ثلاثة نصوص أساسية 29

البئر الأولى: بداية البدايات 31

   1. مفتتح أول 31

   2. مدخل إلى السيرة الذاتية 34

   3. عن معنى السيرة الذاتية 34

   4. جبرا في سيرته الذاتية 36

   5. الحنين إلى براءة مفقودة 37

   6. الرجل والطفل والأب، جمالية الانتساب 40

   7. جمالية المكان والأرواح 43

   8. الملمح الديني في نص جبرا 45

صراخ في ليل طويل: الغريب والحداثة الرومانسية ... 49

1. الإنسان الغريب والمدينة الآثمة ... 49
2. مدينة الإثم في مجازات ثلاثة ... 53
3. وجوه الحداثة الملتبسة ... 56
4. دلالة الرواية في تصوّر شعري ... 58

صيادون في شارع ضيّق: المنفى وأطياف الوطن المستعاد ... 61

1. من المدينة الذهنية إلى مدينة مجزوءة ... 62
2. إشارات الوجود المديني ... 63
3. حكايات صغيرة في حكاية كبيرة ... 65
4. الدورة الكاملة وتعددية الأزمنة ... 68
5. إضاءة: مرور الموت وبهجة الميلاد ... 70
6. جماليات الحياة والحاضر المطلق ... 71
7. البنية الروائية والخطاب المزدوج ... 73
8. الحوار اليومي والمعنى ... 75

الإبداع وبطولة الثقافة ... 79

السفينة: مأساة الوجود والفلسطيني المتوازن ... 81

1. وجود إنساني لا تمكن السيطرة عليه ... 81
2. الوجود الخرب في إشارات مؤسية ... 85
3. بين الشر العارض والشر الجوهري:
   - بين المعنى المباشر والمعنى الإشاري ... 86
4. بين المسيح الفلسطيني وديستويفكسي ... 88

المثقف في رواية جبرا إبراهيم جبرا ... 91

1. المثقف الرومانسي وتثوير الأرواح ... 92
2. المثقف الرسولي وإعادة بناء العالم ... 94
3. شارع الأميرات والنخبة الثقافية المؤودة ... 98

4. السفينة: المثقف الحديث وطبقات الاغتراب 101
5. حلم البطل الذي لا يخذل الأحلام 105

مراجع جبرا إبراهيم جبرا الثقافية 109
1. مراجع جبرا الثقافية وقوة الثقافة 109
2. المثقف الفلسطيني بين الواقع والأسطورة 113
3. المرجع المسيحي في فكر جبرا 115
4. الإيمان بالله والطاعة المرغوبة 118
5. الوعي الرومانسي والمفرد الثابت 120

وجوه وليد مسعود المتعددة 125
1. التعدد كتابة وشخصية 125
2. التعددية في وجود الفلسطيني المختلف 128
3. بناء السيرة الذاتية 129
4. في خطاب الرواية 132
5. البطل وحلم البطولة 136

إضاءة خامسة: ديمومة المرأة الجميلة 139

رواية جبرا إبراهيم جبرا 143

فلسطيني الأحلام أو: الفلسطيني المستحيل 143
1. أيديولوجيا البطولة في مصادرها الأولى 143
2. صيادون في شارع ضيّق: الفلسطيني المتحقّق 146
3. بطولة الثقافة أو الثقافة كبطل غريب 151

ملحقان 155

ملحق أول: الحلم الفلسطيني في كتابات روائيّين 157
1. جبرا إبراهيم جبرا: المنفى وأسطورة الفلسطيني الكامل 158
2. غسان كنفاني وانبثاق الفلسطيني المقاتل 161

المأساة الفلسطينية بلغة جديدة: حسين البرغوثي يساجل جبرا	167
1. حسين البرغوثي ومحاورة الأطياف	167
2. حدود رواية الأمل	171
ملحق ثانٍ: جبرا إبراهيم جبرا وتأويل الفن	175
تعريف: جبرا إبراهيم جبرا	181
عشرون عاماً على رحيل جبرا إبراهيم جبرا: الكاتب الذي رحل عن زمنه مرتين	185
جبرا ابراهيم جبرا: مقتطفات من سيرته	189